Die Haftung Dritter bei Erzeugung von kollusiven Marktergebnissen im europäischen Kartellrecht

Europäische Hochschulschriften Recht

European University Studies in Law

Publications Universitaires Européennes de Droit

Band/Volume **6145**

Matthias Doetsch

Die Haftung Dritter bei Erzeugung von kollusiven Marktergebnissen im europäischen Kartellrecht

PETER LANG

Bibliografische Information der Deutschen Nationalbibliothek
Die Deutsche Nationalbibliothek verzeichnet diese Publikation in der Deutschen Nationalbibliografie; detaillierte bibliografische Daten sind im Internet über http://dnb.d-nb.de abrufbar.

Zugl.: Bayreuth, Univ., Diss., 2019

Gedruckt auf alterungsbeständigem, säurefreiem Papier.
Druck und Bindung: CPI books GmbH, Leck

D 703
ISSN 0531-7312
ISBN 978-3-631-80920-4 (Print)
E-ISBN 978-3-631-81346-1 (E-PDF)
E-ISBN 978-3-631-81347-8 (EPUB)
E-ISBN 978-3-631-81348-5 (MOBI)
DOI 10.3726/b16595

Diese Publikation wurde begutachtet.

www.peterlang.com

Für meine Mutter

Vorwort

Die vorliegende Arbeit wurde von der juristischen Fakultät der Universität Bayreuth im Wintersemester 2019/2020 als Dissertation angenommen. Für die Veröffentlichung wurden Rechtsprechung und Literatur bis Oktober 2019 berücksichtigt.

Mein besonderer Dank gilt meinem Doktorvater Herrn Prof. Dr. Peter W. Heermann für seine vollumfängliche Unterstützung meiner Dissertation. Besonders hervorheben möchte ich die immer klare, freundliche und gewinnbringende Kommunikation. Darüber hinaus ist seine Bereitschaft, alles für einen schnellen und reibungslosen Ablauf des Verfahrens zu tun, bei weitem keine Selbstverständlichkeit, weshalb ihm auch hierfür danken möchte.

Weiterhin danke ich meinen Freunden Herrn Sven Leber und Herrn Maximilian Schoone für den juristischen Input und das Korrekturlesen meiner Arbeit.

Mein größter Dank gilt meiner Familie und insbesondere meinem Vater, der mich bei meinem Vorhaben in jeglicher Hinsicht unterstützt hat. Gewidmet ist diese Arbeit meiner lieben Mutter.

Düsseldorf, im Oktober 2019
Matthias Doetsch

Inhaltsverzeichnis

Abkürzungsverzeichnis

a.A.	andere Auffassung
ABl.	Amtsblatt
Abs.	Absatz
AEUV	Vertrag über die Arbeitsweise der Europäischen Union
a.F.	alte Fassung
AGB	Allgemeine Geschäftsbedingungen
Alt.	Alternative
Anm.	Anmerkung
Art.	Artikel
Aufl.	Auflage
BeckOK	Beck'scher Online-Kommentar
BeckRS	Elektronische Entscheidungsdatenbank in beck-online
BGB	Bürgerliches Gesetzbuch
BGBl.	Bundesgesetzblatt
BGH	Bundesgerichtshof
BGHSt	Entscheidungen des Bundesgerichtshofes in Strafsachen
BGHZ	Entscheidungen des Bundesgerichtshofes in Zivilsachen
bspw.	beispielsweise
BT-Drucks.	Bundestagsdrucksache
BVerfG	Bundesverfassungsgericht
BVerfGE	Entscheidungssammlung des Bundesverfassungsgerichts
DB	Der Betrieb
d.h.	das heißt
Diss.	Dissertation
EG	Vertrag zur Gründung der Europäischen Gemeinschaft
EGKSV	Vertrag über die Gründung der Europäischen Gemeinschaft für Kohle und Stahl
EGMR	Europäischer Gerichtshof für Menschenrechte
EGV	Vertrag zur Gründung der Europäischen Gemeinschaft
Einf.	Einführung
Einl.	Einleitung
EMRK	Konvention zum Schutz der Menschenrechte und Grundfreiheiten
EMRK-ZP	Zusatzprotokoll zur Konvention zum Schutz der Menschenrechte und Grundfreiheiten

Entsch.	Entscheidung
etc.	et cetera
EU	Europäische Union
EuG	Europäisches Gericht 1. Instanz
EuGH	Europäischer Gerichtshof
EuGRZ	Europäische Grundrechte-Zeitschrift
EuR	Zeitschrift Europarecht
EUV	Vertrag über die Europäische Union
EuZ	Zeitschrift für Europarecht
EuZW	Europäische Zeitschrift für Wirtschaftsrecht
EWG	Europäische Wirtschaftsgemeinschaft
EWGV	Vertrag zur Gründung der Europäischen Wirtschaftsgemeinschaft
EWR-Abkommen	Abkommen über den Europäischen Wirtschaftsraum
EWS	Europäisches Wirtschafts- und Steuerrecht
f.	folgende
ff.	folgende (Plural)
Fn.	Fußnote
FS	Festschrift
GA	Generalanwalt
gem.	gemäß
GG	Grundgesetz
GRCh	Charta der Grundrechte der Europäischen Union
GRUR	Gewerblicher Rechtsschutz und Urheberrecht
GWB	Gesetz gegen Wettbewerbsbeschränkungen
Habil.-Schr.	Habilitationsschrift
h.M.	herrschende Meinung
Hrsg.	Herausgeber
hrsg.	herausgegeben
i.E.	im Ergebnis
i.e.S.	im engeren Sinne
insb.	insbesondere
i.S.d.	im Sinne des
i.V.m.	in Verbindung mit
i.w.S.	im weiteren Sinne
JA	Juristische Arbeitsblätter
JuS	Juristische Schulung
JZ	JuristenZeitung

Kap.	Kapitel
Lfg.	Lieferung
lit.	litera
MüKo	Münchener Kommentar
m.w.N.	mit weiteren Nachweisen
Neubearb.	Neubearbeitung
NJW	Neue Juristische Wochenschrift
Nr.	Nummer
NZKart	Neue Zeitschrift für Kartellrecht
OLG	Oberlandesgericht
OWiG	Gesetz über Ordnungswidrigkeiten
RabelsZ	Rabels Zeitschrift für ausländisches und internationales Privatrecht
RGZ	Entscheidungen des Reichsgerichts in Zivilsachen
RIW	Recht der internationalen Wirtschaft
Rn.	Randnummer
Rs.	Rechtssache
Rspr.	Rechtsprechung
S.	Satz, Seite
Slg.	Sammlung der Entscheidungen des Gerichtshofs und des Gerichts
sog.	so genannt
StGB	Strafgesetzbuch
st. Rspr.	ständige Rechtsprechung
teilw.	teilweise
u.a.	und andere; unter anderem
UAbs.	Unterabsatz
Univ.	Universität
Urt.	Urteil
UWG	Gesetz gegen den unlauteren Wettbewerb
v.	vom
Var.	Variante
vgl.	vergleiche
VO	Verordnung
Vor.	Vorbemerkung
WuW	Wirtschaft und Wettbewerb
z.B.	zum Beispiel
ZEuP	Zeitschrift für Europäisches Privatrecht

ZfRV	Zeitschrift für Europarecht, Internationales Privatrecht und Rechtsvergleichung
zit.	zitiert
ZJS	Zeitschrift für das Juristische Studium
ZStrR	Schweizerische Zeitschrift für Strafrecht
ZStW	Zeitschrift für die gesamte Strafrechtswissenschaft
zugl.	zugleich

Erster Teil: Einleitung

A. Problemstellung und Zielsetzung

Im europäischen Kartellrecht musste sich der EuGH in der jüngeren Vergangenheit mit der Frage beschäftigen, wann und unter welchen Kriterien sog. Kartellgehilfen,[1] welche wettbewerbswidriges Verhalten anderer Unternehmen unterstützen, sanktioniert werden können.[2] Der Entscheidung des EuGH und den diesem Urteil vorausgehenden Entscheidungen von EuG[3] und Kommission[4] lag jeweils ein Sachverhalt zugrunde, bei dem die Unternehmen unproblematisch einen Kartellverstoß nach Art. 101 Abs. 1 AEUV verwirklicht haben. Demzufolge war Kern der Diskussionen nur noch die Frage, ob den Kartellgehilfen selbst ein Verstoß gegen Art. 101 Abs. 1 AEUV zur Last gelegt werden kann.[5]

In diesem Kontext sind Fallkonstellationen denkbar, bei denen ohne die Handlung eines Externen, eines selbstständigen Dienstleisters oder eines Dritten[6]

1 Diesen Begriff verwendend u.a. *Jüchser,* Die Beteiligung am Kartell, S. 109. Weitere in diesem Zusammenhang verwendete Bezeichnungen sind: Kartellwächter (*Bremer,* Die Beteiligung Dritter an Wettbewerbsverstößen, S. 8); Gehilfe (*GA Wahl*, Schlussanträge v. 21.5.2015, Rs. C-194/14 P – *AC-Treuhand II*, BeckRS 2015, 80679, Rn. 59, 87); Facilitator (*GA Wahl*, Schlussanträge v. 21.5.2015, Rs. C-194/14 P – *AC-Treuhand II*, BeckRS 2015, 80679, Rn. 72, 86 und *Eufinger*, EWS 2015, 198, 200 f. welcher den Begriff „cartel facilitators" benutzt); Mittäter (*Schuhmacher*, ZfRV 2009, 9, 11); oder externer Kartellunterstützer. Zu allen aufgezählten Begrifflichkeiten m.w.N. auch *Schwarzkopf,* Externe Kartellunterstützer im Europäischen Kartellrecht, S. 22 f. Dieser nennt auch die Begriffe des Beratungsunternehmens und der Verwaltungsgesellschaft, wobei diese Begriffe in den zitierten Entscheidungen nicht als Sammelbegrifflichkeiten für das vorgeworfene Verhalten verwendet werden, sondern als bloße Beschreibung deren geschäftlicher Tätigkeit. Nachfolgend wird nur noch der Begriff des Kartellgehilfen verwendet. Der Begriff ist unabhängig von einer Beihilfe i.S.d. § 27 StGB gewählt; siehe auch *J. Otto,* Der Kartellgehilfe als Bußgeldadressat im Europäischen Kartellrecht, S. 31, Fn. 7. Der Begriff des Kartellgehilfen wird genauer unter Erster Teil, V. erläutert.

2 *EuGH*, Urt. v. 22.10.2015, Rs. C-194/14 P – *AC-Treuhand II*, BeckRS 2015, 81458.

3 *EuG*, Urt. v. 06.02.2014, Rs. T-27/10 – *AC-Treuhand II*, BeckRS 2014, 80323.

4 *Kommission*, Entsch. v. 11.11.2009, COMP/38589 – *Wärmestabilisatoren*, ABl. 2010 C 307/9 (nur als Zusammenfassung veröffentlicht).

5 Vgl. etwa *Jungermann/Steger*, DB 2015, 2865 f.

6 Nachfolgend wird nur noch die Bezeichnung Dritter benutzt.

kein Kartell vorliegen würde. Das kollusive[7] Verhalten der Unternehmen wird in erster Linie durch Dritte selbst oder mit ihrer Hilfe vorgenommen. Die Handlungen der Unternehmen für sich genommen erfüllen nicht den Tatbestand des Art. 101 Abs. 1 AEUV. Die kartellrechtliche Behandlung derartiger Fälle ist schwieriger, als sie es in der zuvor beschriebenen Konstellation eines Kartellgehilfen ist.[8] Auf diese Schwierigkeiten und die daraus resultierende Möglichkeit von „Haftungslücken" hat die Monopolkommission in ihrem aktuellen Hauptgutachten aus 2018 hingewiesen.[9] Das Fehlverhalten Dritter müsste nämlich konstitutiv für einen Verstoß gegen Art. 101 Abs. 1 AEUV sein, da sonst ihre Einbeziehung in das Kartell und damit verbunden ihre effektive Sanktionierung nicht möglich wären.[10]

Aus diesem Umstand ergibt sich, dass im ersten Schritt zumindest eines der Unternehmen für die Handlungen Dritter verantwortlich sein müsste oder die Handlungen ein eigenes Fehlverhalten der Unternehmen hervorrufen. Da es sich bei Dritten nicht um Mitarbeiter der Unternehmen handelt, ist ein Rekurs auf die Rechtsprechung[11] zur Zurechnung des Fehlverhaltens von Mitarbeitern nicht ohne Weiteres möglich. Der EuGH hat sich jedoch in einer anderen Fallkonstellation bereits mit der Frage beschäftigt, unter welchen Voraussetzungen das Fehlverhalten Dritter den Unternehmen zugerechnet werden kann.[12] Die aufgestellten Kriterien sollen den Ausgangspunkt für die Ermittlung von Anforderungen zur Verantwortlichkeit bilden. Im zweiten Schritt ist zu klären, ob Dritte selbst gegen Art. 101 Abs. 1 AEUV verstoßen können. Hierbei sind

---

7 Der Begriff der Kollusion soll hier als ein sich einstellendes Marktergebnis verstanden werden, wodurch nicht zwangsweise ein Verstoß gegen Art. 101 Abs. 1 AEUV vorliegt. Hierbei werden durch die Unternehmen regelmäßig höhere Gewinne erzielt, als sie durch normalen Wettbewerb entstehen würden, entsprechend *Monopolkommission*, Hauptgutachten XXII: Wettbewerb 2018, BT-Drucks. 19/3300, Rn. 173, 200, 227.

8 Zur genauen Abgrenzung der Konstellationen von Kartellgehilfen und sonstiger Dritter siehe Erster Teil, C. V.

9 *Monopolkommission*, Hauptgutachten XXII: Wettbewerb 2018, BT-Drucks. 19/3300, Rn. 266.

10 Vgl. zur Notwendigkeit der Verantwortlichkeit der Unternehmen für das Fehlverhalten Dritter, um diesen sanktionieren zu können *Monopolkommission*, Hauptgutachten XXII: Wettbewerb 2018, BT-Drucks. 19/3300, Rn. 254. Siehe zu der Frage, inwieweit eine außerkartellrechtliche Sanktionierung Dritter sonst möglich ist, Fünfter Teil, B.

11 Siehe hierfür grundlegend *EuGH*, Urt. v.7.6.1983, Rs. C-100/80 u.a. – *Musique Diffusion Française*, Slg. 1983, 1825, Rn. 97.

12 *EuGH*, Urt. v. 21.7.2016, Rs. C-542/14 – *VM Remonts*, BeckRS 2016, 81617.

ähnliche Fragen zu diskutieren wie bei der soeben angeführten Rechtsprechung zu den Kartellgehilfen.

Es besteht darüber hinaus die Möglichkeit, dass sich in entsprechend gelagerten Fällen das Verhalten der beteiligten Unternehmen und der Dritten im Ergebnis nicht unter Art. 101 Abs. 1 AEUV subsumieren lässt, sodass dort möglicherweise Haftungslücken existieren.[13] Dies ist insbesondere deshalb problematisch, da eine explizite Regelung für die Haftung Dritter nicht existiert.[14] Ziel dieser Arbeit ist es insofern aufzuzeigen, unter welchen Voraussetzungen überhaupt ein Kartellverstoß zustande kommt und ob die beteiligten Dritten selbst für die Erzeugung kollusiver Marktergebnisse verantwortlich gemacht werden können.

B. Gang der Darstellung

Zunächst werden die Fallgruppen erläutert, welche im Rahmen dieser Arbeit als problematisch angesehen werden und auf die an den entsprechenden Stellen zurückgekommen wird. Hierbei wird ebenfalls auf die Abgrenzung zu Hub-and-Spoke-Konstellationen und zu Kartellgehilfen eingegangen (Erster Teil).

Als Vorfrage für die im dritten Teil erfolgende Auslegung des Art. 101 Abs. 1 AEUV muss der Auslegungsmaßstab ermittelt werden. Maßgebend für die Auslegung ist, inwieweit verschiedene Ausprägungen des Rechtsstaatsprinzips als Grenze von Auslegung und Rechtsfortbildung fungieren. Zu klären sind sowohl die Anwendbarkeit als auch der Gewährleistungsgehalt. Der Anwendbarkeit des Rechtsstaatsprinzips kommt für den Umgang mit der Normambivalenz von Art. 101 Abs. 1 AEUV entscheidende Bedeutung zu. Im Fokus der Betrachtung steht dabei das strafrechtliche Prinzip des nullum crimen, nulla poena sine lege. Neben dem Auslegungsmaßstab werden die im europäischen Recht gängigen Auslegungsmethoden kurz dargestellt (Zweiter Teil).

Wie bereits ausgeführt, ist im ersten Schritt das Zustandekommen eines Kartells zwischen den Unternehmen notwendig.[15] Aus diesem Grund muss mindestens einem der Unternehmen ein Fehlverhalten anzulasten sein, welches

13 *Monopolkommission*, Hauptgutachten XXII: Wettbewerb 2018, BT-Drucks. 19/3300, Rn. 266.

14 *Monopolkommission*, Hauptgutachten XXII: Wettbewerb 2018, BT-Drucks. 19/3300, Rn. 272.

15 Siehe S. 19.

zumindest auf dem Fehlverhalten eines Dritten beruht. Im Zuge dessen sind die möglichen Kriterien für eine Verantwortlichkeit[16] des Dritten herauszuarbeiten und hinsichtlich der Anwendung auf die in dieser Arbeit betrachteten Fallkonstellationen zu bewerten. Hierbei wird die einschlägige EuGH-Entscheidung[17] zu dem Thema analysiert. Ziel der Analyse soll es sein, sowohl die dogmatische Konstruktion als auch die konkreten Anforderungen, welche der EuGH an das Verhalten der Unternehmen stellt, zu erörtern. Darüber hinaus wird der Tatbestand des Art. 101 Abs. 1 AEUV ausgelegt, um möglichst unabhängig von den gefundenen Ergebnissen des EuGH zu ermitteln, unter welchen Voraussetzungen ein Unternehmen verantwortlich ist (Dritter Teil).

Nachdem die Voraussetzungen für eine kartellrechtliche Verantwortlichkeit der Unternehmen erläutert wurden, kann im zweiten Schritt geklärt werden, ob Dritte ebenfalls gegen Art. 101 Abs. 1 AEUV verstoßen. Bei der Auslegung kommt dem Bestimmtheitsgrundsatz und dem Analogieverbot entscheidende Bedeutung zu. Klärungsbedürftig ist zudem die Anwendbarkeit der *AC-Treuhand II*-Kriterien, um zu ermitteln, ob sich die Rechtsprechung des EuGH auf die untersuchten Fallgruppen übertragen lässt (Vierter Teil).

Im Anschluss werden die möglichen Sanktionen aufgezeigt, welche den Dritten treffen können. Dabei ist danach zu differenzieren, ob der Dritte auf Tatbestandsebene einen Kartellverstoß begangen hat. Für die Fälle der fehlenden kartellrechtlichen Verantwortlichkeit Dritter sind die außerkartellrechtlichen Sanktionen zu erörtern (Fünfter Teil). Hierauf folgt ein Ausblick auf eine mögliche kartellrechtliche Verantwortlichkeit de lege ferenda (Sechster Teil). Abschließend werden die gefundenen Ergebnisse zusammengefasst (Siebter Teil).

C. Fallgruppen von Dritten

Der Begriff des Dritten ist sprachlich verschiedenen Interpretationen zugänglich, sodass zunächst festgehalten werden muss, welche Bedeutung ihm in dieser Arbeit zukommt. Zudem sind im Kontext der Problematik dieser Arbeit mehrere Fallgestaltungen denkbar, welchen sich an dieser Stelle gewidmet wird.

---

16 Warum dieser Begriff treffender als der Begriff der Zurechnung ist, wird unter Dritter Teil, F. II. 4. noch erläutert.

17 *EuGH*, Urt. v. 21.7.2016, Rs. C-542/14 – *VM Remonts*, BeckRS 2016, 81617.

I. Begriff des Dritten

Dritte sind als natürliche Personen oder Unternehmen zu verstehen, welche nicht in einem Wettbewerbsverhältnis zu den Unternehmen stehen, für die sie tätig werden.[18] Darüber hinaus sind Dritte nicht auf vor- oder nachgelagerten Marktstufen tätig, sodass ebenfalls kein produktbezogenes Verhältnis zu dem Markt besteht, auf welchem die entsprechenden Unternehmen tätig sind.[19] Inwieweit sie bei einem derartigen Sachverhalt dennoch Normadressaten sein können, ist noch zu klären.[20] Welche Einschränkungen hinsichtlich der Fallgruppen von Dritten vorgenommen werden, wird in den nachfolgend dargestellten Fallgruppen exemplarisch aufgezeigt.

II. Externe Berater

Die eben beschriebenen Dritten sind häufig externe Berater, sog. Unternehmensberater.[21] Diese beraten Unternehmen beispielsweise in ihrer strategischen Ausrichtung. Dabei kann es zu einer bewussten Erzeugung kollusiver Marktergebnisse durch Handlungen der Berater kommen. Denkbar sind hierbei verschiedene Fälle:

Nachdem eine Unternehmensberatung ein Projekt bei ihrem Kunden abgeschlossen hat, bei dem sie z.B. eine entsprechende Preisstrategie implementieren sollte, könnte sie für ein ähnliches Projekt von einem anderen Unternehmen beauftragt werden. Geht es bei diesem Projekt ebenfalls um die Erstellung einer Preisstrategie, bestünde für die Unternehmensberatung die Möglichkeit, die nahezu identische Preisstrategie ein zweites Mal zu implementieren. Wenn das andere Unternehmen in derselben Branche und damit auf demselben Markt tätig ist, kann es hierdurch zu kollusiven Marktergebnissen kommen.

Weiterhin könnte die Unternehmensberatung auf Grundlage der zuerst erstellten Preisstrategie eine zweite Preisstrategie entwickeln, die zwar nicht identisch zur ersten ist, in welcher die Preise jedoch in gleicher Weise nicht autonom festgesetzt werden. Der hieraus resultierende, letzten Endes veranschlagte Preis ist dann zwar unter Umständen ein anderer, als der des ersten Unternehmens.

---

18 Ähnlich zur Definition des Kartellgehilfen, zu dem eine Schnittmenge besteht *Schwartz*, Kartellgehilfen im europäischen Kartellrecht, S. 1.

19 So auch *Schwarzkopf*, Externe Kartellunterstützer im Europäischen Kartellrecht, S. 22, welcher sich hierbei auf Kartellgehilfen bezieht.

20 Siehe dazu Vierter Teil.

21 Insb. im Beratungsbereich, der bei dieser Arbeit relevant ist, wird spezieller der Begriff der Strategieberatung verwendet.

Die Preisfindung hat sich dann allerdings nicht lediglich am Markt, sondern an der Preisstrategie des zuvor beratenen Unternehmens orientiert. Hierdurch können deshalb gleichermaßen kollusive Marktergebnisse entstehen. Maßgeblich sind für diese Arbeit nur Fälle, bei denen entweder beide oder zumindest eines der Unternehmen keine Kenntnis vom Vorgehen der Unternehmensberatung haben. So ist es möglich, dass eines der Unternehmen darauf abzielt, eine Beratung zu erhalten, welche die Informationen aus der Beratung des anderen Unternehmens nutzt.[22] Bei allseitiger Kenntnis läge in jedem Fall ein Kartellverstoß vor.[23] Da bei der Verantwortlichkeit im Ergebnis keine Uneinigkeit besteht, wäre eine Diskussion nicht ergiebig. Derartige Fälle sind daher für diese Arbeit nicht relevant.

Die Unternehmensberatungen können verschiedene Motive für ihr Handeln haben. Zum einen ist die zwei- oder mehrmalige Verwertung einer bereits erstellten Strategie kostensparend. Selbst wenn notwendigerweise noch Änderungen vorgenommen werden, so ist der Aufwand hierfür unter Effizienzgesichtspunkten deutlich geringer, als sich von Grund auf eine neue Strategie zu überlegen. Zum anderen kann zumindest einem der beiden Kunden ein besseres Produkt im Sinne einer gewinnmaximierenden Beratung angeboten werden. Die Gewinne, welche durch die kollusive Handlung erzielt werden, sind – auch hier zumindest für eine Seite – höher, als wenn die Unternehmen eine unabhängige Beratung erhalten hätten.[24] Für Unternehmensberatungen, welche eine entsprechende Beratung vornehmen, ist es im Ergebnis folglich handlungsleitend, ihren eigenen Umsatz und Gewinn zu erhöhen.

III. Softwareprogrammierer

Eine weitere Konstellation, in der es zu Kollusionen kommen kann, ist die Beauftragung von externen Softwareprogrammierern oder IT-Dienstleistern durch die Unternehmen. Gerade wenn die Softwareprogrammierer für die Unternehmen

22 Vgl. hierzu den ähnlich gelagerten nationalen Sachverhalt, welcher *EuGH*, Urt. v. 21.7.2016, Rs. C-542/14 – *VM Remonts*, BeckRS 2016, 81617 zugrunde liegt. Näher zu dieser Entscheidung Dritter Teil, F. I. 5.

23 Dies ergibt sich zum einen aus dem im Folgenden herausgearbeiteten Erfordernis der Kenntnis des fremden Marktverhaltens mit hinreichender Wahrscheinlichkeit, welches bei Kenntnis der Kollusion in jedem Fall erfüllt wäre. Zum anderen läge, selbst wenn auf die Berechtigung abgestellt wird, eine solche in diesen Fällen immer vor, vgl. Dritter Teil, D.

24 Vgl. dazu Fn. 7.

Algorithmen erstellen sollen, kann dies zu Kollusionen führen.[25] Die Fälle sind dabei ähnlich gelagert wie bei den externen Beratern. Eine Kollusion kann durch die Implementierung desselben Preisalgorithmus bei zwei verschiedenen Unternehmen durch den Softwareprogrammierer zustande kommen. Dies führt dazu, dass die automatische Preisanpassung und die kollusiven Effekte, welche durch die Algorithmen stattfinden, nochmals stärker sind als bei gänzlich verschiedenen Algorithmen. Dies ist auf die im Vergleich zu individuellen Algorithmen verbesserte Möglichkeit der Kommunikation zurückzuführen.[26] Die bessere Kommunikation wird durch die gleiche Arbeitsweise der Algorithmen verursacht.[27] Ob hierin überhaupt ein Effekt erblickt werden kann, welcher aus wettbewerblicher Sicht rechtlich zu missbilligen ist, soll nachfolgend noch geklärt werden.[28] Relevant für diese Arbeit sind ebenfalls nur solche Fälle, bei denen zumindest eines der Unternehmen keine Kenntnis von der fehlenden Unabhängigkeit seines Algorithmus hat.[29]

Entsprechend den Ausführungen zu den externen Beratern, müssen die Preisalgorithmen nicht zwingend identisch sein. Für einen verstärkten kollusiven Effekt genügt es, wenn ein Preisalgorithmus auf der Grundlage eines anderen entwickelt und an ein weiteres Unternehmen verkauft wird. Der Anreiz für die Softwareprogrammierer besteht im Übrigen genauso wie bei den externen Beratern in der eigenen Umsatz- und Gewinnmaximierung. Es kann gegenüber Wettbewerbern dadurch ein Vorteil am Markt erlangt werden, dass dem Kunden ein Algorithmus angeboten werden kann, welcher gegenüber einem autonom agierenden Algorithmus einen höheren Umsatz und Gewinn generiert. Zudem entstehen den Softwareprogrammierern ebenfalls weniger Kosten, wenn ein bereits erstellter Algorithmus wiederverwendet werden kann.

IV. Abgrenzung zu Hub-and-Spoke

Bei einem Hub-and-Spoke- oder Sternkartell[30] findet keine direkte Abstimmung im Horizontalverhältnis statt, sondern es werden über eine zentrale Stelle

---

25 Zur generellen marktwirtschaftlichen Problematik von Algorithmen *Salaschek/Serafimova*, WuW 2018, 8, 9 f.

26 *Salaschek/Serafimova*, WuW 2018, 8, 13.

27 *Salaschek/Serafimova*, WuW 2018, 8, 13.

28 Siehe insb. Sechster Teil, B.

29 Zur Begründung Erster Teil, C. II.

30 Zwischen einem Hub-and-Spoke- und einem Sternkartell besteht praktisch kein relevanter Unterschied. Letztlich bestehen bei Sternverträgen im Vertikalverhältnis bereits Verträge, sodass sich der Unterschied auf das Mittel beschränkt, mit dem im Horizontalverhältnis eine Vereinbarung erreicht wird, siehe *Streicher*, Vertikale Information

Informationen ausgetauscht.[31] Die Unternehmen, welche die Informationen austauschen wollen, sind die Spokes (Speichen), die zentrale Stelle, welche die Informationen erlangt und an die Unternehmen weiterkommuniziert, ist der Hub (Radnabe).[32] Der Hub ist häufig auf einer vor- oder nachgelagerten Marktstufe tätig.[33]

Zu einer solchen Konstellation könnte es beim Einsatz von Algorithmen kommen. Die Nutzer des Algorithmus wären die Spokes, wohingegen der Algorithmus der Hub wäre.[34] Das klassische Beispiel, welches in diesem Zusammenhang genannt wird, ist Uber.[35] Uber ist eine Fahrdienstvermittlungsplattform, bei der selbstständige Fahrer ihre Fahrdienste anbieten.[36] Ein Preissetzungsalgorithmus schlägt dann automatisch einen Preis vor, welcher sich aus verschieden Faktoren, wie z.B. Strecke und Verfügbarkeit von Fahrern ergibt.[37] Die Fahrer müssen für die Nutzung der Plattform zustimmen, insbesondere die für die Verfügbarkeit von Fahrern relevanten Informationen an Uber weiterzureichen.[38] Es findet aufgrund des vorgeschlagenen Preises durch den Algorithmus im Ergebnis kaum ein Preiswettbewerb zwischen den Fahrern statt.[39]

Im Unterschied zu den gegenständlichen Fallkonstellationen wissen die Spokes im Uber-Beispiel, dass sie ihre Informationen weiterleiten und sie sich wenig bis keinen Preiswettbewerb im Horizontalverhältnis liefern. Wie bereits erklärt, geht es in dieser Arbeit demgegenüber nicht um Fälle, bei denen alle beteiligten Unternehmen mit Wissen und Wollen handeln.[40] Für Hub-and-Spoke-Kartelle

---

im Lichte des Kartellverbots, S. 98. Eine weitere Bezeichnung ist Radnabenkartell, was letztlich nur die deutsche Übersetzung ist, vgl. *Stöcker*, WuW 2012, 935, 936.

31 *Monopolkommission*, Hauptgutachten XXII: Wettbewerb 2018, BT-Drucks. 19/3300, Rn. 191; *Dohrn/Huck*, DB 2018, 173, 177; ähnlich auch *Bundeskartellamt*, Tätigkeitsbericht 2009/2010, BT-Drucks. 17/6640, S. 70.

32 *Dohrn/Huck*, DB 2018, 173, 177.

33 *Hainz/Benditz*, EuZW 2012, 686.

34 *Salaschek/Serafimova*, WuW 2018, 8, 12.

35 Dieses Bsp. aufgreifend *Monopolkommission*, Hauptgutachten XXII: Wettbewerb 2018, BT-Drucks. 19/3300, Rn. 192 ff.; *Dohrn/Huck*, DB 2018, 173, 177 f.; *Salaschek/Serafimova*, WuW 2018, 8, 12.

36 Vgl. *Monopolkommission*, Hauptgutachten XXII: Wettbewerb 2018, BT-Drucks. 19/3300, Rn. 192.; *Dohrn/Huck*, DB 2018, 173, 177 f.

37 *Salaschek/Serafimova*, WuW 2018, 8, 12.

38 *Salaschek/Serafimova*, WuW 2018, 8, 12.

39 *Monopolkommission*, Hauptgutachten XXII: Wettbewerb 2018, BT-Drucks. 19/3300, Rn. 192; *Salaschek/Serafimova*, WuW 2018, 8, 12.

40 Siehe Erster Teil, C. II., III.

ist nach Ansicht der Literatur die Informationsweiterleitung mit Wissen und Wollen der Spokes zwingend erfolgt.[41] Letztlich ist es eine Frage der Terminologie, ob Hub-and-Spoke-Konstellationen zu den Fallgruppen dieser Arbeit zu zählen sind. Da der Begriff des Hub-and-Spokes-Kartells bisher nur im Zusammenhang mit Akteuren verwendet wurde, die mit Wissen und Wollen gehandelt haben, wird auf diese Terminologie nicht für die hier exemplarisch verwendeten Fallgruppen zurückgegriffen.

V. Abgrenzung zu Kartellgehilfen

Mit den Fallgruppen dieser Arbeit eng verknüpft ist der Begriff des Kartellgehilfen. Kartellgehilfen sind Unternehmen, welche andere Unternehmen bei ihrem Kartell unterstützen, ohne selbst auf dem jeweiligen Markt tätig zu sein.[42] Darüber hinaus sind sie auch nicht auf einem vor- oder nachgelagerten Marktstufe tätig, sodass kein produktbezogenes Verhältnis zu dem Markt besteht, auf welchem die unterstützen Unternehmen tätig sind.[43] Die Unterstützung kann dabei grundsätzlich auf jede Art und Weise erfolgen, etwa im organisatorischen oder logistischen Bereich.[44] Zwar wirken die Handlungen der Unternehmensberater und Softwareentwickler ebenfalls unterstützend. Der Unterschied liegt jedoch darin, dass, wie eingangs bereits erwähnt[45], der Begriff des Kartellgehilfen nur in Fällen verwendet wird, bei denen die Unternehmen den Tatbestand des Art. 101 Abs. 1 AEUV auch ohne Zutun einer weiteren Partei verwirklichen. Vorliegend sollen jedoch Fälle analysiert werden, bei denen das Verhalten des Dritten konstitutiv für einen Kartellverstoß ist. Darüber hinaus werden nur solche Konstellationen betrachtet, bei denen die Kollusion durch den Dritten ohne Wissen und Wollen von mindestens einem der Unternehmen zustande kommt. Bei Kartellgehilfen geht es jedoch immer um Fälle, bei denen die Unternehmen diesen explizit damit beauftragt haben, für sie und ihr geplantes Kartell unterstützend tätig zu werden.[46] Aus diesem Grund sind Kartellgehilfen nicht (unmittelbar)[47] Teil dieser Arbeit.

---

41 *Stöcker*, WuW 2012, 935, 937; *Streicher*, Vertikale Information im Lichte des Kartellverbots, S. 105.

42 *J. Otto*, WuW 2016, 454 ff.

43 *Schwarzkopf*, Externe Kartellunterstützer im Europäischen Kartellrecht, S. 22.

44 *J. Otto*, WuW 2016, 454 ff.

45 Siehe S. 19.

46 Vgl. etwa *EuGH*, Urt. v. 22.10.2015, Rs. C-194/14 P – *AC-Treuhand II*, BeckRS 2015, 81458; *EuG*, Urt. v. 8.7.2008, Rs. T-99/04 – *AC-Treuhand I*, Slg. 2008, II-1501.

47 Mittelbar sind viele Erkenntnisse, die für Kartellgehilfen erlangt wurden, auch auf Dritte im Sinne dieser Arbeit anwendbar.

Zweiter Teil: Auslegungsmaßstab und Auslegungsmethoden im europäischen Kartellrecht

Um Dritte kartellrechtlich sanktionieren zu können, ist ein Verstoß gegen Art. 101 Abs. 1 oder Art. 102 AEUV unerlässlich. Ein Verstoß gegen Art. 102 AEUV kommt nicht in Betracht. Zum einen ist bei den exemplarisch herangezogenen Fallgruppen zu unterstellen, dass sowohl die Unternehmen als auch etwaige Dritte keine marktbeherrschende Stellung innehaben. Zum anderen werden keine Fälle in Betracht gezogen, bei denen die Unternehmen oder Dritte ihre Stellung missbräuchlich ausnutzen. Demnach ist die Auslegung von Art. 101 Abs. 1 AEUV maßgebend. Für die Auslegung[48] muss der Auslegungsmaßstab im europäischen Kartellrecht bestimmt werden. Es geht darum zu ermitteln, welche rechtsstaatlichen Grundsätze Anwendung finden und wie diese als Auslegungsgrenze fungieren. Von Bedeutung ist dabei weiterhin, ob diese Prinzipien nur auf Ebene von (bestimmten) Sanktionsnormen, wie beispielsweise Art. 23 Abs. 2 UAbs. 1 lit. a Alt. 1 VO 1/2003[49], Anwendung finden, oder schon auf Ebene der Ausfüllungsnorm des Art. 101 Abs. 1 AEUV. Darüber hinaus sind die Auslegungsmethoden zu ermitteln.

A. Rechtsstaatsprinzip als Auslegungs- und Rechtsfortbildungsgrenze im Unionsrecht

Der Anwendbarkeit und dem Gewährleistungsgehalt des Rechtsstaatsprinzips kommt bei der Auslegung hohe Bedeutung zu, da es die Grenze zur unzulässigen Rechtsanwendung durch die Judikative zieht.[50] Vorangestellt sind die Begrifflichkeiten der Auslegung und Rechtsfortbildung im Unionsrecht zu erörtern, um daraus Erkenntnisse abzuleiten, in welchen Fällen eine unzulässige Rechtsanwendung vorliegt.

---

48 Zur Auslegung selbst näher Dritter Teil, F. IV. – VII.

49 Verordnung (EG) Nr. 1/2003 des Rates vom 16. Dezember 2002 zur Durchführung der in den Artikeln 81 und 82 des Vertrags niedergelegten Wettbewerbsregeln, ABl. 2003 L 1/1.

50 Siehe sogleich Zweiter Teil, A. II.

I. Auslegung und Rechtsfortbildung im Unionsrecht

Die Terminologie ist in Bezug auf Auslegung und Rechtsfortbildung im deutschen Recht und im Unionsrecht nicht einheitlich. Im deutschen Recht wird klar zwischen Auslegung und Rechtsfortbildung differenziert.[51] Auslegung meint, dass der Normgehalt aus der Norm selbst ermittelt wird.[52] Rechtsfortbildung beschreibt hingegen einen Prozess, in welchem über den Norminhalt hinaus Gesetzeslücken durch Richter geschlossen werden.[53] Der EuGH differenziert demgegenüber nicht zwischen diesen beiden Begriffen.[54] Stattdessen spricht er einheitlich von der Auslegung des Rechts.[55] Die deutsche Literatur differenziert teilweise auch in Bezug auf das Unionsrecht.[56] Da sich anhand der Terminologie von Auslegung und Rechtfortbildung die Grenzen der Rechtsanwendung besser darstellen lassen, wird nachfolgend ebenfalls eine Differenzierung vorgenommen.

II. Rechtsanwendungsgrenze

Bei der Anwendung von Unionsrecht durch die Judikative sind die Grenzen der Rechtsanwendung zu beachten. Da sich die Auslegung lediglich an der Norm selbst orientiert, entsteht bei dieser kein Konflikt mit dem Rechtsstaatsprinzip. Bedeutsam wird das Rechtsstaatsprinzip auf Ebene der Rechtsfortbildung. Grundsätzlich ist die Befugnis des EuGH zur Rechtsfortbildung allgemein anerkannt.[57] Von der Literatur wird die Befugnis aus den Grundsätzen von Art. 2 EUV und Art. 19 Abs. 1 UAbs. 1 S. 2 EUV hergeleitet.[58] Im Unterschied zur Auslegung entfernt sich der EuGH bei der Rechtsfortbildung von der

---

51 Vgl. etwa MüKo BGB-*Säcker*, Einl. BGB, Rn. 75 ff., 150 ff.

52 *Calliess*, NJW 2005, 929.

53 Vgl. *Rüthers/Fischer/Birk*, Rechtstheorie, Rn. 906 ff. Dazu und zur Notwendigkeit von richterlicher Rechtsfortbildung *Anweiler*, Die Auslegungsmethoden des Gerichtshofs der Europäischen Gemeinschaften, S. 30 f.

54 *M. Schweitzer/Hummer*, Europarecht, Rn. 451; *Walter*, Rechtsfortbildung durch den EuGH, S. 55 f.

55 *M. Schweitzer/Hummer*, Europarecht, Rn. 451; *Walter*, Rechtsfortbildung durch den EuGH, S. 55 f.

56 *Calliess*, NJW 2005, 929 ff.; *Stein*, FS 600 Jahre Univ. Heidelberg, 619 ff.; *Dänzer-Vanotti*, RIW 1992, 733, 734; *Walter*, Rechtsfortbildung durch den EuGH, S. 58.

57 *BVerfGE* 75, 223, 242 ff. Generell zur Erlaubnis der Rechtsfortbildung durch die Judikative *K. Friedrich Röhl/H. C. Röhl*, Allgemeine Rechtslehre, S. 635.

58 *Everling*, JZ 2000, 217, 221 (in Bezug auf die Vorgängernorm des Art. 220 EGV); Riesenhuber-*Neuner*, § 12, Rn. 8; *W.-H. Roth*, RabelsZ 2011, 787, 821 ff.

gesetzgeberischen Norm. Deshalb rückt dort der Gewaltenteilungsgrundsatz in den Fokus.[59] Um die Kompetenz des europäischen Gesetzgebers nicht zu verletzten, muss das „institutionelle Gleichgewicht“ gewahrt werden.[60]

Der Gesetzgeber hat die Gesetzgebungskompetenz inne.[61] Dem Gerichtshof kommt demgegenüber keine gestaltende, sondern eine das Recht wahrende Funktion zu.[62] In erster Linie ist seine Aufgabe demnach die Auslegung des Rechts. Um das ungeschriebene Recht zu wahren, kann er das geschriebene Recht allerdings im Rahmen einer Rechtsfortbildung weiterentwickeln.[63] Dies ist rechtlich nur dann möglich, wenn eine planwidrige Regelungslücke besteht.[64] Wird eine planwidrige Regelungslücke im Unionsrecht erkannt, kommt es zu keinem Konflikt mit dem Gesetzgeber, da er in diesen Fällen nicht bewusst auf seine Regelungsmöglichkeit verzichtet hat.[65] Um das institutionelle Gleichgewicht zu wahren, müssen darüber hinaus rechtsstaatliche Grundsätze berücksichtigt werden.[66] Im Bereich des strafrechtlichen Gesetzlichkeitsprinzips existiert kein Spielraum für die Judikative, im Wege einer richterlichen Rechtsfortbildung in den Kompetenzbereich der Legislative einzugreifen.[67]

Weniger eindeutig ist die Behandlung des allgemeinen (verwaltungsrechtlichen) Bestimmtheitsgrundsatzes und Analogieverbotes.[68] Die Möglichkeit der Rechtsfortbildung wäre hinfällig oder zumindest auf Fälle der

59 Ähnlich auch *J. Otto*, Der Kartellgehilfe als Bußgeldadressat im Europäischen Kartellrecht, S. 64, für den sich dies aus dem Rechtsstaatsprinzip ergibt.

60 *EuGH*, Urt. v. 22.5.1990, Rs. C-70/88 – *Parlament/Rat*, Slg. 1990, I-2041, Rn. 21 f.; Urt. v. 6.5.2008, Rs. C-133/06 – *Parlament/Rat*, Slg. 2008, I-3189, Rn. 57; *Anweiler*, Die Auslegungsmethoden des Gerichtshofs der Europäischen Gemeinschaften, S. 408 ff.

61 Dies ergibt sich auf europäischer Ebene aus Art. 14 Abs. 1 S. 1 und Art. 16 Abs. 1 S. 1 EUV.

62 *Dänzer-Vanotti*, RIW 1992, 733, 735; *Seyr*, Der effet utile in der Rechtsprechung des EuGH, S. 339 f.

63 *J. Otto*, Der Kartellgehilfe als Bußgeldadressat im Europäischen Kartellrecht, S. 66.

64 *Anweiler*, Die Auslegungsmethoden des Gerichtshofs der Europäischen Gemeinschaften, S. 52 ff.; *Rüthers/Fischer/Birk*, Rechtstheorie, Rn. 912a ff. Zu beachten ist, dass es sich hierbei um eine planwidrige Regelungslücke im Unionsrecht handeln muss. Die unionsrechtlichen Wertungen sind deshalb nach Riesenhuber-*Neuner*, § 12, Rn. 3 mit einzubeziehen.

65 *J. Otto*, Der Kartellgehilfe als Bußgeldadressat im Europäischen Kartellrecht, S. 66 f.

66 *J. Otto*, Der Kartellgehilfe als Bußgeldadressat im Europäischen Kartellrecht, S. 68.

67 *J. Otto*, Der Kartellgehilfe als Bußgeldadressat im Europäischen Kartellrecht, S. 68.

68 Zur Herleitung eines verwaltungsrechtlichen Analogieverbotes Zweiter Teil, B. I.

Leistungsverwaltung beschränkt,[69] wenn bei verwaltungsrechtlichen Grundsätzen das institutionelle Gleichgewicht ebenfalls bei jeglicher Analogie nicht mehr gewahrt wäre. Deshalb kann es sich denknotwendig um keine starre Grenze zwischen Judikative und Legislative handeln, wenn die Möglichkeit der Rechtsfortbildung – wie zuvor bejaht –[70] bestehen soll. Vielmehr sind der allgemeine Bestimmtheitsgrundsatz und das verwaltungsrechtliche Analogieverbot als Ausprägung des Rechtsstaatsprinzips[71] der Abwägung zugänglich.

B. Anwendbarkeit verschiedener Ausprägungen des Rechtsstaatsprinzips

Da das Rechtsstaatsprinzip als mögliche Auslegungsgrenze identifiziert wurde, müsste es im europäischen Kartellrecht Anwendung finden.

I. Verwaltungsrechtlicher Bestimmtheitsgrundsatz und Analogieverbot

Der allgemeine Bestimmtheitsgrundsatz geht wie gesehen direkt auf das Rechtsstaatsprinzip zurück.[72] Dieses ergibt sich im Unionsrecht unmittelbar aus Art. 2 EUV. Hierin wird sich zur Rechtsstaatlichkeit durch die Union bekannt. Darüber hinaus müssten das Rechtsstaatsprinzip und dessen Gewährleistungsgehalt auch im europäischen Kartellrecht Anwendung finden. Obwohl es auf europäischer Ebene hierfür keine klare Definition zu geben scheint,[73] kann ein ähnlicher Maßstab wie im deutschen Recht angelegt werden. Dort findet das Bestimmtheitsgebot insbesondere bei Beeinträchtigung eines subjektives öffentliches Recht (wobei dies keine zwingende Voraussetzung ist), etwa in Form eines Grundrechts Anwendung.[74] Juristische Personen sind in Bezug auf

---

69 Wie nachfolgend unter Zweiter Teil, B. I. noch erläutert wird, gilt das Analogieverbot nach Riesenhuber-*Neuner*, § 12, Rn. 40 insb. im Rahmen der Eingriffsverwaltung.

70 S. 31 f.

71 Zum Bestimmtheitsgrundsatz als Teil des Rechtsstaatsprinzips, vgl. *EuGH*, Urt. v. 9.7.1981, Rs. 169/80 – *Gondrand Freres*, Slg. 1981, 1931, Rn. 17; Calliess/Ruffert-*Calliess*, Art. 2 EUV, Rn. 26; Epping/Hillgruber-*Huster/Rux*, Art. 20 GG, Rn. 182 f.

72 Siehe Fn. 71.

73 Die Ausführungen zu Eingriffen im Unionsrecht beschränken sich auf den Kontext von Grundrechten. Da auch auf dieser Ebene das deutsche Verständnis zur Bestimmung herangezogen wird, vgl. *Schöbener*, Europarecht, Rn. 1639, erfolgt eine ähnliche Behandlung für den Eingriffsbegriff im Bereich der Eingriffsverwaltung.

74 Vgl. Epping/Hillgruber-*Huster/Rux*, Art. 20 GG, Rn. 182; Maunz/Dürig-*Grzeszick*, Art. 20 Abs. 3 GG, Rn. 60.

Art. 16[75] und Art. 17[76] GRCh grundrechtsfähig. Durch die kartellrechtlichen Sanktionsnormen, wie beispielsweise Art. 23, 24 VO 1/2003 und auch Art. 101 Abs. 1 AEUV selbst, liegt ein Eingriff in die unternehmerische Freiheit und das Eigentumsrecht vor (letzteres nicht durch Art. 101 Abs. 1 AEUV).[77] Der Bestimmtheitsgrundsatz findet somit im europäischen Kartellrecht in jedem Fall Anwendung. Inhaltlich müssen Rechtsakte, um den Bestimmtheitsgrundsatz zu wahren, „klar und deutlich sein", damit der Betroffene seine „Rechte und Pflichten unzweideutig erkennen [kann]".[78]

Neben dem Bestimmtheitsgrundsatz existiert auch im Verwaltungsrecht ein Analogieverbot.[79] Dieses gilt im Grundsatz generell bei belastenden Eingriffen.[80] Wie zuvor schon aufgezeigt, handelt es sich jedoch um keine starre Grenze.[81] Vielmehr findet eine Abwägung zwischen der Rechtssicherheit des Betroffenen und der Möglichkeit der Verwaltung, effektiv agieren zu können, statt.[82]

75 Calliess/Ruffert-*Ruffert*, Art. 16 GRCh, Rn. 3; Jarass-*Jarass*, Art. 16 GRCh, Rn. 11; Streinz-*Streinz*, Art. 16 GRCh, Rn. 7.

76 Dies regelt Art. 1 Abs. 1 S. 1 EMRK-ZP; siehe auch *EuGH*, Urt. v. 13.12.1979, Rs. 44/79 – *Hauer/Rheinland-Pfalz*, Slg. 1979, 3727, Rn. 14 ff.

77 Die Abgrenzung zwischen Art. 16 und Art. 17 GRCh ist unklar. Der EuGH differenziert teilweise gar nicht, vgl. *EuGH*, Urt. v. 28.4.1998, Rs. C-200/96 – *Metronome Musik/Music Point Hokamp*, Slg.1998, I-1953, Rn. 21 ff.; Urt. v. 9.9.2008, Rs. C-120, 121/06 – *Fiamm*, Slg. 2008, I-6513, Rn. 183 f. Wenn – so wie das hier der Fall ist – sowohl Eigentumspositionen als auch die unternehmerische Betätigung beeinträchtigt werden, kommt nach Frankfurter Kommentar EUV, GRC und AUEV-*Kühling*, Art. 17 GRCh, Rn. 45 eine parallele Anwendung in Betracht. Letztlich ist nach Frankfurter Kommentar EUV, GRC und AUEV-*Kühling*, Art. 17 GRCh, Rn. 45 eine trennscharfe Abgrenzung jedoch im Ergebnis nur marginal von Bedeutung.

78 *EuGH*, Urt. v. 9.7.1981, Rs. 169/80 – *Zollverwaltung/Gondrand Freres*, Slg. 1981, 1931, Rn. 17; *Schillig*, Konkretisierungskompetenz und Konkretisierungsmethoden im Europäischen Privatrecht, S. 196.

79 *EuGH*, Urt. v. 9.7.1981, Rs. 169/80 – *Zollverwaltung/Gondrand Freres*, Slg. 1981, 1931, Rn. 17; *Anweiler*, Die Auslegungsmethoden des Gerichtshofs der Europäischen Gemeinschaften, S. 402 f.; *Langenbucher*, Vorüberlegungen zu einer Europarechtlichen Methodenlehre, 65, 77; Riesenhuber-*Neuner*, § 12, Rn. 40.

80 Riesenhuber-*Neuner*, § 12, Rn. 40.

81 S. 31 f.

82 So auch *J. Otto*, Der Kartellgehilfe als Bußgeldadressat im Europäischen Kartellrecht, S. 84 f.

II. Strafrechtliches Gesetzlichkeitsprinzip

Das strafrechtliche Gesetzlichkeitsprinzip könnte im europäischen Kartellrecht ebenfalls Anwendung finden.

1. Mitgliedstaatliche Verfassungsüberlieferung

Nach Art. 6 Abs. 3 Alt. 2 EUV sind die mitgliedstaatlichen Verfassungsüberlieferungen „als allgemeine Grundsätze Teil des Unionsrechts." Das strafrechtliche Gesetzlichkeitsprinzip ist in nahezu allen Mitgliedstaaten unmittelbarer Teil des nationalen Verfassungsrechts.[83] Dahingehend besteht deshalb eine ausreichende verfassungsrechtliche Verankerung, sodass das strafrechtliche Gesetzlichkeitsprinzip Teil der mitgliedstaatlichen Verfassungsüberlieferung ist. Ausweislich des Wortlautes von Art. 23 Abs. 5 VO 1/2003 haben mögliche verhängte Geldbußen keinen strafrechtlichen Charakter. Eine Einordnung von Kartellgeldbußen als Sanktionen, welche dem Strafrecht i.e.S. zuzuordnen ist, scheidet somit aus.[84] Die Rechtsnatur wird dafür größtenteils als strafrechtlich i.w.S. (strafrechtsähnlich) eingestuft.[85] In den Mitgliedstaaten wird darüber hinaus das strafrechtliche

83 Siehe Aufzählung von *J. Otto*, Der Kartellgehilfe als Bußgeldadressat im Europäischen Kartellrecht, S. 72 Fn. 242: Art. 14 belgische Verfassung, Art. 5 Abs. 3 bulgarische Verfassung, Art. 103 Abs. 2 deutsche Verfassung (GG), § 23 estnische Verfassung, § 8 finnische Verfassung, Art. 8 französische Erklärung der Menschen- und Bürgerrechte i.V.m. der Präambel der Verfassung, Art. 7 Abs. 1 griechische Verfassung, Art. 15 Abs. 5 irische Verfassung; Art. 25 Abs. 2 italienische Verfassung, Art. 31 kroatische Verfassung, Art. 31 litauische Verfassung, Art. 14 luxemburgische Verfassung, Art. 39 Abs. 8 maltesische Verfassung, Art. 16 niederländische Verfassung, Art. 42 Abs. 1 polnische Verfassung, Art. 29 Abs. 1 portugiesische Verfassung, Art. 23 Abs. 12 rumänische Verfassung, Kap. 2 § 10 schwedische Verfassung, Art. 50 Abs. 6 slowakische Verfassung, Art. 28 slowenische Verfassung, Art. 39 tschechische Grundrechte-Charta, Art. XXVII Abs. 4 ungarische Verfassung, Art. 12 Abs. 1 zypriotische Verfassung. Zu den Regelungen von Dänemark, Lettland, Österreich, dem Vereinigte Königreich Großbritannien und Nordirland ebenfalls *J. Otto*, Der Kartellgehilfe als Bußgeldadressat im Europäischen Kartellrecht, S. 71 f.

84 *Bremer*, Die Beteiligung Dritter an Wettbewerbsverstößen, S. 90 ff.; Immenga/Mestmäcker-*Biermann*, Art. 23 VO 1/2003, Rn. 332; *Schwartz*, Kartellgehilfen im europäischen Kartellrecht, S. 225. In der Vorschrift wird ein Hinweis auf die fehlende Kompetenz der EU in Bezug auf das Strafrecht i.e.S. gesehen, vgl. Immenga/Mestmäcker-*Biermann*, Art. 23 VO 1/2003, Rn. 328.

85 *Heine*, ZStrR 2007, 105, 112 f.; Immenga/Mestmäcker-*Biermann*, Art. 23 VO 1/2003, Rn. 338; Langen/Bunte-*Sura*, Art. 23 VO 1/2003, Rn. 6; *Schwarze*, WuW 2009, 6, 8; *Schwarze/Weitbrecht*, Grundzüge des europäischen Kartellverfahrensrechts, § 7, Rn. 19;

Gesetzlichkeitsprinzip größtenteils als auf das Strafrecht i.w.S. anwendbar erachtet.[86] Über Art. 6 Abs. 3 Alt. 2 EUV findet das strafrechtliche Gesetzlichkeitsprinzip daher im europäischen Kartellrecht Anwendung.

2. *Art. 7 Abs. 1 S. 1 EMRK*

Die erste Alternative von Art. 6 Abs. 3 EUV regelt, dass auch die Grundrechte der EMRK im Unionsrecht als allgemeine Grundsätze berücksichtigt werden. Nach überwiegender Auffassung fungiert die EMRK als Rechtserkenntnisquelle und nicht als unmittelbare (primärrechtliche) Rechtsquelle.[87] Praktisch hat dieser Streit keine Auswirkungen, da der EuGH das Schutzniveau der EMRK ohnehin nicht unterschreitet.[88] Zumindest ist der Gerichtshof nach einer Entscheidung des EGMR noch nicht ausdrücklich von diesem Schutzniveau abgewichen.[89] Problematischer ist, ob Art. 7 Abs. 1 S. 1 EMRK im europäischen Kartellrecht Anwendung findet. Hiernach darf niemand wegen einer Handlung oder Unterlassung verurteilt werden, die zur Zeit ihrer Begehung nach innerstaatlichem oder internationalem Recht nicht strafbar war. Das entscheidende Merkmal ist die Strafbarkeit der Handlung. Wie gesehen, scheidet eine Strafbarkeit i.e.S. für

Tiedemann, ZStW 2004, 945, 947. Obwohl verschiedene Formulierungen verwendet werden, machen alle Literaturstimmen deutlich, dass es sich um keine Einordnung als Strafrecht i.e.S. handelt. Zu einer detaillierten Auseinandersetzung mit der Frage, ob europäisches Kartellbußgeldrecht strafrechtsähnlich ist (in Bezug auf Art. 7 Abs. 1 S. 1 EMRK, wo die gleichen Überlegungen angestellt werden), siehe *J. Otto*, Der Kartellgehilfe als Bußgeldadressat im Europäischen Kartellrecht, S. 87 ff. m.w.N.

86 *Friedmann*, Die Geltung rechtsstaatlicher Grundsätze im kartellrechtlichen Bußgeldverfahren der Europäischen Gemeinschaft (unter besonderer Berücksichtigung des italienischen Rechts), S. 72; *Pascu*, Strafrechtliche Fundamentalprinzipien im Gemeinschaftsrecht, S. 108 ff.; *Tsolka*, Der allgemeine Teil des europäischen supranationalen Strafrechts i.w.S., S. 72 f.

87 Calliess/Ruffert-*Kingreen*, Art. 6 EUV, Rn. 20 f.; *Eiffler*, JuS 1999, 1068, 1072; Groeben/Schwarze/Hatje-*Beutler*, Art. 6 EUV, Rn. 22; Jarass-*Jarass*, Art. 6 EUV, Rn. 32; Streinz-*Streinz*, Art. 6 EUV, Rn. 25; jeweils m.w.N.

88 *Eiffler*, JuS 1999, 1068, 1072; *Griller*, Der Anwendungsbereich der Grundrechtecharta und das Verhältnis zu sonstigen Gemeinschaftsrechten, Rechten aus der EMRK und zu verfassungsgesetzlich gewährleisteten Rechten, 131, 155; *Schneiders*, Die Grundrechte der EU und die EMRK, S. 82 f.; Streinz-*Streinz*, Art. 6 EUV, Rn. 25.

89 Die abweichenden Entscheidungen waren stets vor denen des EGMR ergangen, siehe *Eiffler*, JuS 1999, 1068, 1072; *Griller*, Der Anwendungsbereich der Grundrechtecharta und das Verhältnis zu sonstigen Gemeinschaftsrechten, Rechten aus der EMRK und zu verfassungsgesetzlich gewährleisteten Rechten, 131, 155 f.

das Kartellbußgeld aus.[90] Jedoch handelt es sich um eine strafrechtliche Vorschrift i.w.S.[91] Das strafrechtliche Gesetzlichkeitsprinzip ist deshalb auch über Art. 6 Abs. 3 Alt. 1 EUV i.V.m. Art. 7 Abs. 1 S. 1 EMRK anwendbar.

3. *Art. 49 Abs. 1 GRCh*

Eine ausdrückliche Normierung des strafrechtlichen Gesetzlichkeitsprinzips ist in Art. 49 Abs. 1 GRCh niedergelegt. Dieser Norm kommt gem. Art. 6 Abs. 1 EUV primärrechtlicher Rang zu. Die Bestimmung des Inhalts richtet sich nach Art. 52 Abs. 3 GRCh, welcher regelt, dass, „soweit diese Charta Rechte enthält, die den durch die Europäische Konvention zum Schutz der Menschenrechte und Grundfreiheiten garantierten Rechten entsprechen, […] sie die gleiche Bedeutung und Tragweite [haben], wie sie ihnen in der genannten Konvention verliehen wird." Eine solche Norm ist Art. 7 Abs. 1 S. 1 EMRK.

Art. 49 Abs. 1 GRCh und Art. 7 Abs. 1 S. 1 EMRK sind wortlautgleich, sodass ein „Entsprechen" unproblematisch ist.[92] Die „Bedeutung und Tragweite" meint nach verbreiteter Auffassung den Schutzbereich, den Eingriffsbegriff und die Rechtfertigungsmöglichkeit (Schranken).[93] Bei der Frage, inwieweit die Rechte „ihnen in der genannten Konvention verliehen" werden, ist nicht nur der Normtext isoliert maßgebend, sondern auch die Rechtsprechung des EGMR zum strafrechtlichen Gesetzlichkeitsprinzip.[94] Besonders streitig ist die Reichweite der Formulierung „gleiche" Bedeutung und Tragweite.[95] Diese Streitigkeit soll

90 S. 34.

91 S. 34 f.

92 Dass die beiden Normen identisch sind, ist dabei nicht zwingend erforderlich, allerdings in jedem Fall hinreichend, *Schneiders*, Die Grundrechte der EU und die EMRK, S. 157.

93 *Bühler*, Einschränkung von Grundrechten nach der europäischen Grundrechtecharta, S. 313; Streinz-*Streinz/Michl*, Art. 52 GRCh, Rn. 28 ff. Teilweise werden Einschränkungen nur auf bestimmte Bereiche vorgenommen, siehe *J. Otto*, Der Kartellgehilfe als Bußgeldadressat im Europäischen Kartellrecht, S. 115 f. m.w.N.

94 *Callewaert*, EuGRZ 2003, 198 f.; *Griller*, Der Anwendungsbereich der Grundrechtecharta und das Verhältnis zu sonstigen Gemeinschaftsrechten, Rechten aus der EMRK und zu verfassungsgesetzlich gewährleisteten Rechten, 131, 158; Meyer-*Schwerdtfeger*, Art. 52 GRCh, Rn. 61; *Ruffert*, EuR 2004, 165, 173 mit Hinweis auf aktualisierte Erläuterung zum Text der Charta der Grundrechte, CONV 828/1/03 REV 1 v. 18.7.2003, S. 49, wo die Berücksichtigung der EGMR-Rechtsprechung ebenfalls explizit festgehalten wird.

95 Dazu Calliess/Ruffert-*Kingreen*, Art. 52 GRCh, Rn. 31 ff.; Jarass-*Jarass*, Art. 52 GRCh, Rn. 62 ff.; Meyer-*Schwerdtfeger*, Art. 52 GRCh, Rn. 59 jeweils m.w.N.

mangels Auswirkungen für diese Arbeit nicht vertieft behandelt werden. Im Folgenden ist zu unterstellen, dass die Regelung der EMRK die Untergrenze der Gewährleistung von Art. 49 Abs. 1 GRCh bildet, der Regelungsgehalt jedoch über den Gewährleistungsgehalt von Art. 7 Abs. 1 S. 1 EMRK hinausgehen kann.

4. *Konkurrenzverhältnis*

Da sich das strafrechtliche Gesetzlichkeitsprinzip aus verschiedenen Rechtsquellen herleiten lässt, ist deren Verhältnis zueinander klärungsbedürftig. Art. 6 Abs. 1 EUV nimmt auf die Grundrechte der GRCh Bezug, wohingegen Art. 6 Abs. 3 EUV die Einbeziehung der Grundrechte aus allgemeinen Rechtsgrundsätzen regelt. Beide Rechtsquellen sind Teil des Primärrechts.[96] Sie haben im Ausgangspunkt deshalb denselben rechtlichen Rang. Dennoch wird der GRCh Vorrang gegenüber den allgemeinen Rechtsgrundsätzen eingeräumt.[97] Wenn Lücken bei den Charta-Grundrechten bestehen, werden sie durch die allgemeinen Rechtsgrundsätze ergänzt.[98] Im Verhältnis zum allgemeinen Rechtsstaatsprinzip und dem darin enthaltenen strafrechtlichen Gesetzlichkeitsprinzip gehen die Charta-Grundrechte aufgrund ihrer Spezialität vor.[99]

C. Normambivalenz

Die entscheidenden kartellrechtlichen Normen im Unionsrecht sind die Art. 101, 102 AEUV und die VO 1/2003. Letztere steht nicht auf derselben Stufe wie die Art. 101, 102 AEUV, sondern hat eine ergänzende Funktion.[100] Im Kern geht es darum, Unionsrecht dezentral durch nationale Gerichte und Verwaltung

---

96 Grabitz/Hilf/Nettesheim-*Schorkopf*, Art. 6 EUV Rn. 29, 50; Jarass-*Jarass*, Einl. GRCh, Rn. 11 ff.; Streinz-*Streinz*, Art. 6 EUV, Rn. 36.

97 Grabitz/Hilf/Nettesheim-*Schorkopf*, Art. 6 EUV, Rn. 56; *T. Schmitz*, EuR 2004, 691, 698; Streinz-*Streinz*, Art. 6 EUV, Rn. 35. Implizit auch Jarass-*Jarass*, Einl. GRCh, Rn. 34.

98 Grabitz/Hilf/Nettesheim-*Schorkopf*, Art. 6 EUV, Rn. 56; *Kober*, Der Grundrechtsschutz in der Europäischen Union, S. 258; *Schneiders*, Die Grundrechte der EU und die EMRK, S. 140 f.; Streinz-*Streinz*, Art. 6 EUV, Rn. 35. A.A. Calliess/Ruffert-*Kingreen*, Art. 6 EUV, Rn. 18; *Stein*, EuZ 2008, 37, 43, welche den allgemeinen Rechtsgrundsätzen keine Bedeutung beimessen.

99 Für das deutsche Verfassungsrecht vgl. Dreier-*Schulze-Fielitz*, Art. 103 Abs. 2 GG, Rn. 59; Jarass/Pieroth-*Pieroth*, Art. 103 GG, Rn. 61; Mangoldt/Klein/Starck-*Nolte/Aust*, Art. 103 Abs. 2 GG, Rn. 166.

100 Ähnlich auch *Schwarzkopf*, Externe Kartellunterstützer im Europäischen Kartellrecht, S. 70.

anzuwenden.[101] Regelungstechnisch ist in einigen Normen der VO 1/2003, beispielsweise Art. 23 Abs. 2 UAbs. 1 lit. a, eine Verweisung auf Art. 101, 102 AEUV verankert. Durch diese sog. Blanketttechnik werden die Wertungen der kartellrechtlichen Normen der AEUV gewahrt. Die Blankettnorm oder Sanktionsnorm regelt dabei nur die weiteren Voraussetzungen sowie die angedrohte Strafe.[102] Für das sanktionsbewehrte Verhalten wird auf eine andere Vorschrift, die sog. Ausfüllungsnorm verwiesen.[103] Bei den Blankettnormen der VO 1/2003 sind dies Art. 101, 102 AEUV.[104] Relevant ist im Rahmen dieser Arbeit wie gesehen nur Art. 101 AEUV.[105]

I. Normambivalenz von Art. 101 AEUV

Bei einem Verstoß gegen Art. 101 Abs. 1 AEUV sind verschiedene Sanktionen möglich. Nach Art. 23 Abs. 2 UAbs. 1 lit. a VO 1/2003 ist beispielsweise die Erhebung eines Bußgeldes möglich. Es wurde bereits dargelegt, dass in diesem Bereich das strafrechtliche Gesetzlichkeitsprinzip gewahrt werden muss.[106] Weiterhin ist Art. 101 Abs. 1 AEUV jedoch auch Ausfüllungsnorm von verwaltungsrechtlichen Sanktionen, etwa dem Zwangsgeld nach Art. 24 VO 1/2003, dem Auskunftsverlangen gem. Art. 18 VO 1/2003 sowie von zivilrechtlichen Sanktionen, wie nationale Schadensersatzansprüche gem. § 33a Abs. 1 GWB (im deutschen Recht). Art. 101 Abs. 2 AEUV beinhaltet ferner eine eigene Rechtsfolge, sodass es bei dieser überhaupt keine Blankettnorm gibt. Da Art. 101 AEUV in den drei Rechtsgebieten des Zivil-, Verwaltungs- und Strafrechts zur Anwendung gelangt, ist dieser als ambivalente Norm einzuordnen.[107]

---

101 Loewenheim/Meessen/Riesenkampff-*Ost*, Einf. VO 1/2003, Rn. 1.

102 *Papakiriakou,* Das europäische Unternehmensstrafrecht in Kartellsachen, S. 29; *Schwarzkopf,* Externe Kartellunterstützer im Europäischen Kartellrecht, S. 71; *Tiedemann,* Tatbestandsfunktionen im Nebenstrafrecht, S. 94; implizit auch Immenga/Mestmäcker-*Biermann*, Art. 23 VO 1/2003, Rn. 56 ff.

103 *Papakiriakou,* Das europäische Unternehmensstrafrecht in Kartellsachen, S. 29; *Schwarzkopf,* Externe Kartellunterstützer im Europäischen Kartellrecht, S. 71; *Tiedemann,* Tatbestandsfunktionen im Nebenstrafrecht, S. 94.

104 Immenga/Mestmäcker-*Biermann*, Art. 23 VO 1/2003, Rn. 56 ff. ordnen Art. 23 Abs. 2 UAbs. 1 lit. a VO 1/2003 als echte Blankettvorschrift ein.

105 Siehe hierzu S. Zweiter Teil: Auslegungsmaßstab und Auslegungsmethoden im europäischen Kartellrecht10.

106 Zweiter Teil, B. II.

107 *J. Otto,* Der Kartellgehilfe als Bußgeldadressat im Europäischen Kartellrecht, S. 171; *Papakiriakou,* Das europäische Unternehmensstrafrecht in Kartellsachen, S. 21;

II. Konsequenz für die Bestimmung des Auslegungsmaßstabes

Bei der Bestimmung des Auslegungsmaßstabes ist die Normambivalenz von Art. 101 AEUV zu berücksichtigen. Bei den verwaltungs- und zivilrechtlichen Sanktionsnormen muss das strafrechtliche Gesetzlichkeitsprinzip nicht zwingend berücksichtigt werden.[108] Dort könnten geringere Maßstäbe anzusetzen sein als im Bereich des Kartellbußgeldes. Es stellt sich insofern die Frage, ob das strafrechtliche Gesetzlichkeitsprinzip schon auf Tatbestandsebene des Art. 101 Abs. 1 AEUV bei der Auslegung berücksichtigt werden muss oder erst in Verbindung mit der entsprechenden Bußgeldnorm.

1. Normgespaltene Auslegung

Die auf den ersten Blick am nächsten liegende Lösung des Problems ist eine normgespaltene Auslegung.[109] Je nach sanktionsrechtlichem Kontext, in dem Art. 101 Abs. 1 AEUV ausgelegt werden würde, käme die Auslegung zu unterschiedlichen Ergebnissen. Bei der Auslegung in Verbindung mit Art. 23 Abs. 2 UAbs. 1 lit. a VO 1/2003 wäre dann der strenge strafrechtliche Maßstab anzulegen, bei Art. 24 VO 1/2003 hingegen nicht. Das Kernargument dieser Ansicht basiert auf der Feststellung, dass die Anwendung der besonders strengen Anforderungen im Strafrecht im außerstrafrechtlichen Bereich unbegründet wäre.[110]

2. Einheitlich restriktive Auslegung

Neben der Normspaltung kommt eine einheitliche Auslegung in Betracht. Art. 101 Abs. 1 AEUV würde nach der einheitlich restriktiven Auslegung unabhängig von der jeweiligen Sanktionsnorm nach dem strengen Maßstab des strafrechtlichen Gesetzlichkeitsprinzips ausgelegt werden. Eine solche Auslegung würde in jedem Fall zur Wahrung der strafrechtlichen Garantien führen.[111]

Schwarzkopf, Externe Kartellunterstützer im Europäischen Kartellrecht, S. 72 f.; *Tiedemann*, FS Schaffstein, 195, 197 f.

108 Die Anforderungen sind schon deshalb andere, um die Leistungsfähigkeit der Verwaltung gewährleisten zu können, vgl. *Schwarzkopf*, Externe Kartellunterstützer im Europäischen Kartellrecht, S. 74.

109 So Frankfurter Kommentar Kartellrecht-*Kindhäuser*, Art. 81 EG Bußgeldrechtliche Folgen, Rn. 22 [69. Lfg.: August 2009]; *H. Otto*, FS Gitter, 715, 718; *Richter*, Die Diskriminierung als Kartellordnungswidrigkeit, S. 16 ff. Dazu auch *J. Otto*, Der Kartellgehilfe als Bußgeldadressat im Europäischen Kartellrecht, S. 172 m.w.N.

110 *H. Otto*, FS Gitter, 715, 718.

111 So implizit Leipziger Kommentar StGB-*Dannecker*, § 1 StGB, Rn. 150 f.

Weiterhin wird angeführt, dass sich in Bezug auf die Ausfüllungsnorm eindeutig ergebe, in welchen Fällen sie verwirklicht sei und in welchen nicht.[112]

3. *Einheitlich extensive Auslegung*

Das logische Pendant zur einheitlich restriktiven ist die einheitlich extensive Auslegung. Da die Anwendbarkeit des strafrechtlichen Gesetzlichkeitsprinzips bereits herausgearbeitet wurde,[113] wird sich an dieser Stelle auf Ansichten beschränkt, welche dieses im Ausgangspunkt ebenfalls als anwendbar erachten. Um den strafrechtlichen Garantien gerecht zu werden, wird zwar Art. 101 Abs. 1 AEUV nicht nach dem strengen Maßstab ausgelegt, jedoch auf Rechtsfolgenseite eine entsprechende Einschränkung vorgenommen.[114] Beispielsweise wird unter Anwendung des Opportunitätsprinzips eine Einzelfallausnahme gemacht.[115] Ferner wurde die Verhängung nur symbolischer Geldbußen bereits durch die Kartellbehörden praktiziert, um die strafrechtlichen Grundsätze zu wahren.[116]

4. *Stellungnahme*

Die normgespaltene Auslegung bietet auf den ersten Blick die pragmatischste Lösung. Das strafrechtliche Gesetzlichkeitsprinzip wird hierdurch unproblematisch gewahrt. Außerdem hat sie den Vorteil, dass im außerstrafrechtlichen Bereich der strenge Strafrechtsmaßstab nicht angewendet werden muss. Sie führt allerdings, entgegen der von der herrschenden Meinung in Literatur und Rechtsprechung geforderten Ansicht, zu einer fehlenden einheitlichen Auslegung von Art. 101 Abs. 1 AEUV. Diese vorherrschende Meinung wird üblicherweise entweder aus sich heraus mit der Erhebung eines Gebotes der einheitlichen

112 Die hinreichende Genauigkeit fordert das BVerfG, vgl. *BVerfGE* 23, 265, 269.

113 Zweiter Teil, B. II.

114 Immenga/Mestmäcker-*Biermann*, Vor. Art. 23 f. VO 1/2003, Rn. 33.

115 Immenga/Mestmäcker-*Biermann*, Vor. Art. 23 f. VO 1/2003, Rn. 33; *Papakiriakou*, Das europäische Unternehmensstrafrecht in Kartellsachen, S. 64 ff.; *Tsolka*, Der allgemeine Teil des europäischen supranationalen Strafrechts i.w.S., S. 106 f.

116 *Kommission*, Entsch. v. 10.12.2003, COMP/E-2/37.857 – *Organische Peroxide*, ABl. 2005 L 110/44, Rn. 15. Die Möglichkeit einer symbolischen Geldbuße ist geregelt in *Kommission*, Leitlinien für das Verfahren zur Festsetzung von Geldbußen gemäß Artikel 23 Absatz 2 Buchstabe a) der Verordnung (EG) Nr. 1/2003, ABl. 2006 C 210/02, Rn. 36.

Auslegung eines Tatbestandmerkmals begründet.[117] Oder es wird die Gefährdung der „Einheit der Wirtschaftsordnung“ proklamiert.[118]

Diese Begründungen können nur bedingt überzeugen. Zwar mag die Einheit der Rechtsordnung ein schützenswertes Gut sein, jedoch wäre es ergiebiger, den dahinterstehenden Gedanken zu erläutern. Gleichermaßen kann die Unwirksamkeit des Vertrages je nach Rechtsgebiet durchaus wirtschaftlich zu hinterfragen sein.[119] Wie in diesen Ausführungen vermutlich zugrunde gelegt, besteht letzten Endes das Problem hauptsächlich darin, dass die Rechtsordnung ein Verhalten zunächst erlaubt und dasselbe Verhalten im bußgeldrechtlichen Kontext verbietet.[120] Innerhalb einer Rechtsordnung muss für die Rechtsunterworfenen eine Handlung jedoch entweder erlaubt oder verboten sein. Eine normgespaltene Auslegung ist deshalb abzulehnen.

Es ist demzufolge eine einheitliche Auslegung vorzunehmen. Die einheitlich restriktive Auslegung führt zu einer Verdrängung der zivil- und verwaltungsrechtlichen Grundsätze durch die strengeren strafrechtlichen Grundsätze. Dies ist unter anderem aufgrund der Notwendigkeit der Leistungsfähigkeit der Verwaltung bedenklich.[121] Diese Problematik wird durch eine extensivere Auslegung umgangen, wo im Einzelfall Einschränkungen auf Rechtsfolgenseite vorgenommen werden. Hauptkritikpunkt einer derartigen Auslegung ist jedoch die Vereinbarkeit mit dem Grundsatz des nullum crimen sine lege.[122] Es wird insbesondere die fehlende gewaltenteilende Komponente kritisiert, welche verloren geht, wenn nur der Rechtsanwender im Einzelfall darüber entscheidet, ob sich der Rechtsunterworfene strafbar macht.[123]

Diese Kritik ist im Grundsatz anzuerkennen. Die Lösung liegt darin, dass nicht der Rechtsanwender im Einzelfall von der Bestrafung absieht, sondern

---

117 *Schwarzkopf*, Externe Kartellunterstützer im Europäischen Kartellrecht, S. 75 f. m.w.N.; *Tiedemann*, FS Jescheck, 1411, 1415.

118 Dazu *Schwarzkopf*, Externe Kartellunterstützer im Europäischen Kartellrecht, S. 75 m.w.N.

119 Diesen Gedanken führt *Möhring*, GRUR 1968, 541, 543 aus.

120 Dieses Problem sieht ebenfalls *J. Otto*, Der Kartellgehilfe als Bußgeldadressat im Europäischen Kartellrecht, S. 176.

121 Dazu *Schwarze/Weitbrecht*, Grundzüge des europäischen Kartellverfahrensrechts, § 5, Rn. 1.

122 Der Standpunkt von *J. Otto*, Der Kartellgehilfe als Bußgeldadressat im Europäischen Kartellrecht, S. 175 wird detailliert durch *Schwarzkopf*, Externe Kartellunterstützer im Europäischen Kartellrecht, S. 78 herausgearbeitet.

123 *J. Otto*, Der Kartellgehilfe als Bußgeldadressat im Europäischen Kartellrecht, S. 175.

schon die jeweilige strafrechtliche Sanktionsnorm Art. 101 Abs. 1 AEUV nur dann in Bezug nimmt, wenn dabei das strafrechtliche Gesetzlichkeitsprinzip noch gewahrt wird.[124] Das heißt eine kartellrechtliche Handlung ist unter Umständen verboten, wird jedoch nur zivil- und verwaltungsrechtlich sanktioniert. Bestimmte nach Art. 101 Abs. 1 AEUV verbotene Verhaltensweisen sind somit nicht strafrechtlich relevant. Der Vorteil dieser Lösung besteht im fehlenden Ermessen des Rechtsanwenders, ob ein kartellrechtlich relevantes Verhalten auch strafbar (i.w.S.) ist. Vielmehr findet schon auf Tatbestandsebene (z.B. von Art. 23 Abs. 2 UAbs. 1 lit. a VO 1/2003) das strafrechtliche Gesetzlichkeitsprinzip Anwendung. Somit finden die strafrechtlichen Grundsätze bei Art. 101 Abs. 1 AEUV isoliert keine Anwendung, jedoch bei der Auslegung von beispielsweise Art. 23 Abs. 2 UAbs. 1 lit. a VO 1/2003 i.V.m. Art. 101 Abs. 1 AEUV.

D. Gewährleistungsgehalt

Nachdem die Anwendung rechtsstaatlicher Prinzipien im europäischen Kartellrecht bejaht wurde, geht es im nächsten Schritt darum, ihren Gewährleistungsgehalt zu ermitteln. Im Einzelnen sind dies die allgemeinen (verwaltungsrechtlichen) rechtsstaatlichen Garantien und im Bereich der Bußgeldvorschriften die strafrechtlichen Garantien. Diese untergliedern sich in vier Teilgarantien: Das Erfordernis einer Rechtsgrundlage (nullum crimen, nulla poena sine lege), das Bestimmtheitsgebot (nullum crimen, nulla poena sine lege certa), das Analogieverbot (nullum crimen, nulla poena sine lege stricta) und das Rückwirkungsverbot (nullum crimen, nulla poena sine lege praevia).[125]

Für diese Arbeit ist die relevante Sanktionsnorm im strafrechtlichen Bereich (i.w.S.) Art. 23 Abs. 2 UAbs. 1 lit. a VO 1/2003 i.V.m. Art. 101 Abs. 1 AEUV. Ob diese Norm eine taugliche Rechtsgrundlage darstellt, soll nachfolgend nicht untersucht werden. Die Geeignetheit ist zu unterstellen.[126] Weiterhin wird das Rückwirkungsverbot unproblematisch gewahrt, da Art. 23 Abs. 2 UAbs. 1 lit. a VO 1/2003 nicht auf Fälle vor Beginn seines Geltungszeitraumes angewendet werden soll.

---

124 *J. Otto*, Der Kartellgehilfe als Bußgeldadressat im Europäischen Kartellrecht, S. 176.

125 Kindhäuser/Neumann/Paeffgen-*Hassemer/Kargl*, § 1 StGB, Rn. 12 ff.; Meyer-*Eser/Kubiciel*, Art. 49 GRCh, Rn. 11; Sachs-*Degenhart*, Art. 103 GG, Rn. 53.

126 Vertiefend dazu *J. Otto*, Der Kartellgehilfe als Bußgeldadressat im Europäischen Kartellrecht, S. 141 ff.

I. Bestimmtheitsgrundsatz

Der allgemeine Bestimmtheitsgrundsatz stellt wie gesehen keine starre Grenze dar,[127] sodass in diesem Bereich eine Rechtsfortbildung möglich ist. Für das strafrechtliche Gesetzlichkeitsprinzip ist festzuhalten, dass es ausgehend vom Wortlaut von Art. 7 Abs. 1 S. 1 EMRK vorbehaltslos gewährt wird.[128] Da diese Norm den Mindeststandard darstellt, müsste sich eine entsprechende Einschränkung aus der EMRK selbst ergeben. Hierbei kommen nur immanente Schranken in Betracht. Der EGMR erkennt solche Schranken vom Prinzip her an,[129] obgleich er diese dogmatisch anders einordnet.[130] Art. 49 Abs. 1 GRCh ist demzufolge in gleicher Weise einschränkbar. Klärungsbedürftig ist folglich, wie und durch welche Schutzgüter eine Einschränkung vorgenommen werden kann.

Die Schutzgüter können sich konsequenterweise nicht aus der GRCh oder anderem Unionsrecht ergeben. Zumindest müssen sie sich auch aus der EMRK ableiten lassen.[131] Für die weitere Bearbeitung lässt sich hieraus folgern, dass der Schutz des Wettbewerbs mangels Verankerung in der EMRK kein geeignetes Schutzgut darstellt.[132] Vielmehr kann auf das der EMRK immanente Rechtsstaatsprinzip selbst zurückgegriffen und somit eine Abwägung vorgenommen werden.[133] Das Ziel ist es dabei, der einer Norm immanenten Problematik der

---

127 S. 31 f.

128 Art. 49 Abs. 1 GRCh darf dessen Gewährleistungsgehalt nicht unterschreiten, siehe S. 36.

129 *EGMR (GK)*, Urt. v. 12.7.2001, Nr. 42527/98 – *Fürst Hans-Adam II von Liechtenstein/Deutschland*, ECHR 2001-VIII, 7 = BeckRS 9998, 94344, Rn. 44 in Bezug auf Art. 6 Abs. 1 EMRK.

130 Der EGMR geht dabei einen dogmatisch anderen Weg als die deutsche Dogmatik und ordnet eine etwaige Abwägung schon auf Ebene des Schutzbereichs ein, vgl. etwa *EGMR*, Urt. v. 7.12.1976, Nr. 5095/71 u.a. – *Kjeldsen/Dänemark*, Serie A, Nr. 23, 53; vgl. auch *Bühler*, Einschränkung von Grundrechten nach der europäischen Grundrechtecharta, S. 318; *J. Otto*, Der Kartellgehilfe als Bußgeldadressat im Europäischen Kartellrecht, S. 184; *Stieglitz*, Allgemeine Lehren im Grundrechtsverständnis nach der EMRK und der Grundrechtsjudikatur des EuGH, S. 91.

131 Dies ist ebenfalls darauf zurückzuführen, dass die EMRK den Mindeststandard darstellt.

132 So auch *J. Otto*, Der Kartellgehilfe als Bußgeldadressat im Europäischen Kartellrecht, S. 186.

133 Ob und inwieweit auf den nullum crimen-Grundsatz zurückgegriffen werden kann ist äußerst streitig. Teilweise wird eine Einschränkbarkeit nur hinsichtlich anderer EMRK-Grundrechte bejaht. Vgl. zu dieser Problematik *J. Otto*, Der Kartellgehilfe als Bußgeldadressat im Europäischen Kartellrecht, S. 186 f.

abstrakten Regelung und der damit verbundenen Kategorisierung von Problemen entgegenzuwirken, um dem Gleichbehandlungsgrundsatz und der Einzelfallgerechtigkeit bestmöglich nachzukommen.[134]

Weiterhin ist die Intensität des Bestimmtheitsgebotes zu ermitteln. Da eine abstrakte Bestimmung der inhaltlichen Strenge des Bestimmtheitsgebotes nicht darstellbar ist, soll es an dieser Stelle nur darum gehen, die relative Intensität zu bestimmen. Konkret geht es darum, das strafrechtliche Bestimmtheitsgebot in ein Verhältnis zum allgemeinen Bestimmtheitsgebot zu setzen. In diesem Zuge ist ebenfalls darauf einzugehen, ob aufgrund der Einordnung von Kartellbußgeldern in den Bereich des Strafrechts i.w.S. eine geringere Intensität als im Kriminalstrafrecht angezeigt ist.

Im deutschen Verfassungsrecht stellt das BVerfG die Regel auf, dass „[...] die Strafbarkeitsvoraussetzungen um so präziser [zu] bestimmen [sind], je schwerer die angedrohte Strafe ist."[135] Dieses Prinzip wird von Teilen der Literatur auch auf europäischer Ebene angewendet.[136] Dogmatisch ließe sich dies über Art. 52 Abs. 4 GRCh begründen, wonach Charta-Grundrechte „im Einklang" mit „gemeinsamen Verfassungsüberlieferungen" auszulegen sind. Wenn es denn überzeugt, kann es in jedem Fall ein vergleichbares Prinzip auch auf Ebene der GRCh geben, da hierdurch nur die Intensität des Rechtsstaatsprinzips ermittelt wird. Der Regel des BVerfG wird entgegengehalten, dass sie nicht zu einem zu starken Absinken des Schutzniveaus bei Bagatelldelikten führen dürfe, sondern in jedem Fall eine „größtmögliche Präzision" erforderlich sei.[137] Die sich im Kern hierauf beschränkende Kritik wirkt auf den ersten Blick plausibel, da ein hohes Schutzniveau als erstrebenswert erachtet wird. Da bei Gesetzen allerdings die Schwierigkeit besteht, abstrakte Sachverhalte bei größtmöglicher anzustrebender Einzelfallgerechtigkeit zu regeln,[138] ist die Bestimmtheit zwangsweise eine relative Größe. Die Bemessung des Grads der Bestimmtheit nach der

---

134 *J. Otto,* Der Kartellgehilfe als Bußgeldadressat im Europäischen Kartellrecht, S. 187 ff.

135 *BVerfGE* 14, 245, 251f.; 41, 314, 320; 75, 329, 342 f.; 105, 135, 155 f.; Mangoldt/Klein/Starck-*Nolte/Aust*, Art. 103 GG, Rn. 145; Maunz/Dürig-*Remmert*, Art. 103 Abs. 2 GG, Rn. 93; Schmidt-Bleibtreu/Hofmann/Henneke-*Schmahl*, Art. 103 GG, Rn. 68.

136 Immenga/Mestmäcker-*Biermann*, Vor. Art. 23 VO 1/2003, Rn. 42.

137 Münch/Kunig-*Kunig*, Art. 103 GG, Rn. 29; so auch *M. Köhler,* Strafrecht, S. 89; Leipziger Kommentar StGB-*Dannecker*, § 1 StGB, Rn. 186, welcher allerdings eine Abschwächung der Bestimmtheitsanforderungen außerhalb des strafrechtlichen Bestimmtheitsprinzips für zulässig erachtet; *J. Otto,* Der Kartellgehilfe als Bußgeldadressat im Europäischen Kartellrecht, S. 193 ff.

138 Vgl. S. 43 f.

Eingriffsintensität vermag auf Grundlage dieser Überlegungen zu überzeugen. Dies gilt auch im Hinblick auf das fehlende objektivierbare Differenzierungskriterium zwischen den Bestimmtheitsanforderungen im Kriminalstrafrecht, dem Strafrecht i.w.S. und der Eingriffsverwaltung.

II. Analogieverbot

Das strafrechtliche und verwaltungsrechtliche Analogieverbot ist nicht isoliert zu betrachten, sondern steht immer in Bezug zum Bestimmtheitsgebot. Lässt sich beispielsweise ein bestimmtes Verhalten nicht unter eine (ausgelegte) Strafnorm subsumieren, ist für den Täter seine Strafbarkeit nicht erkennbar. Die Norm selbst kann dann zwar dem Bestimmtheitsgebot genügen. Sie ist allerdings keine taugliche Grundlage, um das entsprechende Verhalten zu sanktionieren. Die Gerichte und Behörden sind bei der Anwendung des Rechts wiederum in der Pflicht, die Strafbarkeit nicht im Wege einer Analogie zulasten des Täters zu begründen. Das Bestimmtheitsgebot setzt die Anforderungen für die Legislative, wohingegen das Analogieverbot diese Anforderungen in Bezug auf die Judikative und Exekutive wahren soll. Inhaltlich ist die Grenze der Auslegung nach herrschender Ansicht der allgemeinsprachlich noch mögliche Wortsinn einer Norm.[139]

Das Hauptproblem bei dem Versuch, die inhaltlichen Anforderungen des Analogieverbotes greifbar zu machen, besteht darin, die genannte Grenze zwischen einer noch zulässigen weiten Auslegung und einer unzulässigen entsprechenden Anwendung (Analogie) zu finden.[140] So hat jede Auslegung eine Erweiterung des Regelungsinhalts zur Folge, da z.B. klarere Sachverhalte mit weniger eindeutigen Fällen verglichen werden, um über die Anwendbarkeit der Norm zu entscheiden.[141] Es lässt sich festhalten, dass die Grenzziehung letztlich überwiegend einer freien Wertung unterliegt. Das Ziel kann es deshalb nur sein, sich dem Ergebnis mit einer möglichst umfassenden Auslegung zu nähern.

---

139 *BVerfGE* 71, 108, 115; 92, 1, 12; *BGHSt* 4, 144, 148; Kindhäuser/Neumann/Paeffgen-*Hassemer/Kargl*, § 1 StGB, Rn. 78 m.w.N.; MüKo StGB-*R. Schmitz*, § 1 StGB, Rn. 73; Sachs-*Degenhart*, Art. 103 GG, Rn. 69.

140 Maunz/Dürig-*Remmert*, Art. 103 Abs. 2 GG, Rn. 83.

141 Maunz/Dürig-*Remmert*, Art. 103 Abs. 2 GG, Rn. 83.

E. Auslegungsmethoden im europäischen Kartellrecht

Nachdem der im europäischen Kartellrecht anzulegende Maßstab ermittelt wurde, sind die im Unionsrecht anzuwenden Auslegungsmethoden kurz darzustellen.

I. Auslegung im Unionsrecht

Zu der Auslegung von Unionsrecht gibt es verschiedene Ansatzpunkte. Im Wesentlichen kann auf die mitgliedstaatlichen (verfassungsrechtlicher Ansatz), die völkerrechtlichen oder eigenständige unionsrechtliche Auslegungsregeln zurückgegriffen werden.[142] Da die Diskussion in der Literatur bereits erschöpfend dargelegt wurde, soll nicht näher auf die Argumente des Für und Wider dieser Ansätze eingegangen, sondern nur die Rechtspraxis abgebildet werden. Letztlich geht die überwiegende Ansicht davon aus, dass es zwar im Unionsrecht keine gänzlich eigenständigen Auslegungsregeln gibt, sondern auf eine Kombination von mitgliedstaatlichen und völkerrechtlichen Auslegungsgrundsätzen zurückgegriffen wird.[143] Allerdings werden diese „in einer spezifisch gemeinschaftsrechtlichen Weise gewichtet".[144] Streitig ist dabei die Zielsetzung der Auslegung im Unionsrecht. Nach der subjektiven Theorie geht es um die Ermittlung des tatsächlichen Willens des Gesetzgebers beim Erlass einer Norm.[145] Demgegenüber steht die objektive Theorie, bei der es auf den hinter einer Norm stehenden Sinn, unabhängig vom historischen Gesetzgeberwillen, entscheidend ankommt.[146] Der EuGH hat sich diesbezüglich nicht klar positioniert.[147]

---

142 Zu den verschiedenen Ansichten *Anweiler*, Die Auslegungsmethoden des Gerichtshofs der Europäischen Gemeinschaften, S. 77 ff.

143 *Anweiler*, Die Auslegungsmethoden des Gerichtshofs der Europäischen Gemeinschaften, S. 377; *Buck*, Über die Auslegungsmethoden des Gerichtshofs der Europäischen Gemeinschaft, S. 141 f.; Riesenhuber-*Pechstein/Drechsler*, § 7, Rn. 11.

144 *Anweiler*, Die Auslegungsmethoden des Gerichtshofs der Europäischen Gemeinschaften, S. 377; vgl. dazu auch Riesenhuber-*Pechstein/Drechsler*, § 7, Rn. 11.

145 *Anweiler*, Die Auslegungsmethoden des Gerichtshofs der Europäischen Gemeinschaften, S. 62 ff.; *Leisner*, EuR 2007, 689 f.; Riesenhuber-*Neuner*, § 12, Rn. 18.

146 *Anweiler*, Die Auslegungsmethoden des Gerichtshofs der Europäischen Gemeinschaften, S. 64 ff.; *Bleckmann*, NJW 1982, 1177, 1178; *Leisner*, EuR 2007, 689, 690.

147 Dahingehend lassen sich die Aussagen von *Leisner*, EuR 2007, 689, 698 ff. deuten. A.A. Riesenhuber-*Pechstein/Drechsler*, § 7, Rn. 13, welche eine klare Zuordnung der objektiven Auslegung in Bezug auf Primärrecht und der subjektiven Auslegung in Bezug auf Sekundärrecht erkennen.

Letztlich kann insoweit von einer Mischform je nach Einzelfall ausgegangen werden.[148]

Bei den Auslegungsmethoden lässt sich eine Einteilung entsprechend dem klassischen Auslegungskanon vornehmen. Dies sind die grammatikalische, die historische, die systematische und die teleologische Auslegung. Dazu kommt die rechtsvergleichende Auslegung. Insoweit ist das Rangverhältnis der Auslegungskriterien klärungsbedürftig. Keine Probleme entstehen, wenn sämtliche Auslegungskriterien zu demselben Ergebnis kommen. Schwieriger wird es, wenn die Auslegungsmethoden einen unterschiedlichen Norminhalt nahelegen. Die Beantwortung der Frage des Rangverhältnisses der Auslegungsmethoden ist wiederum eng verknüpft mit dem Streit, ob die subjektive oder die objektive Theorie vorzugswürdig ist. Entsprechend den vorherigen Ausführungen wendet der Gerichtshof eine Kombination der Auslegungsmethoden an.[149] Zwar beginnt die Auslegung aus Praktikabilitätsgründen mit dem Wortlaut,[150] jedoch lässt sich abseits davon kein Rangverhältnis feststellen.[151] Das Gewicht der Auslegungsmethode hängt deshalb von den im Einzelfall zu gewinnenden Erkenntnissen ab.[152] Eine erhöhte Bedeutung lässt der EuGH dabei der Systematik und dem Sinn und Zweck zukommen.[153]

II. Grammatikalische Auslegung

Den Ausgangspunkt der Auslegung bildet die grammatikalische Auslegung.[154] In erster Linie wird der allgemeine Sprachgebrauch zugrunde

---

148 Ebenfalls auf die unterschiedliche Gewichtung abstellend *Leisner*, EuR 2007, 689, 698 ff.; Riesenhuber-*Pechstein/Drechsler*, § 7, Rn. 13.

149 Vgl. bspw. *EuGH*, Urt. v. 19.2.2002, Rs. C-256/00 – *Besix*, Slg. 2002, I-1737, Rn. 29, 44, 51; Urt. v. 25.4.2002, Rs. C-183/00 – *González Sánchez*, Slg. 2002, I-3901, Rn. 25; Urt. v. 18.11.2004, Rs. C-284/03 – *Temco Europe*, Slg. 2004, I-11237, Rn. 18; dazu auch *Seyr*, Der effet utile in der Rechtsprechung des EuGH, S. 90.

150 *Seyr*, Der effet utile in der Rechtsprechung des EuGH, S. 90.

151 *Buck*, Über die Auslegungsmethoden des Gerichtshofs der Europäischen Gemeinschaft, S. 141 f.; *Häberle/Kotzur*, Europäische Verfassungslehre, Rn. 711; *Seyr*, Der effet utile in der Rechtsprechung des EuGH, S. 90.

152 *Anweiler*, Die Auslegungsmethoden des Gerichtshofs der Europäischen Gemeinschaften, S. 104.

153 *Anweiler*, Die Auslegungsmethoden des Gerichtshofs der Europäischen Gemeinschaften, S. 105; *Seyr*, Der effet utile in der Rechtsprechung des EuGH, S. 92.

154 *EuGH*, Urt. v. 23.3.1982, Rs. 53/81 – *Levin*, Slg. 1982, 1035, Rn. 9; Urt. v. 11.11.1997, Rs. C-251/95 – *Sabèl*, Slg. 1997, I-6191, Rn. 18; Urt. v. 17.4.2008, Rs. C-404/06 – *Quelle*, Slg. 2008, I-2685, Rn. 31 ff.; *Blomeyer/Schachtschneider*, Die Europäische Union als Rechtsgemeinschaft, S. 50; *Everling*, Rechtsanwendungs- und Auslegungsgrundsätze

gelegt.[155] Allerdings kommt dem juristischen Sprachgebrauch, sofern dieser im Einzelfall aussagekräftig ist, regelmäßig vorrangige Bedeutung zu.[156]

Ein speziell unionsrechtliches Problem stellt die Sprachenvielfalt der Mitgliedstaaten dar.[157] Keiner der Sprachen[158] kommt eine vorrangige Bedeutung zu, sodass alle Sprachen bei der grammatikalischen Auslegung zu berücksichtigen sind.[159] Gelegentlich wird der Arbeitssprache des Gesetzgebers eine erhöhte Bedeutung beigemessen,[160] was allerdings aufgrund der Gleichwertigkeit der Sprachen abzulehnen ist.[161] Durch die verschiedenen Sprachfassungen wird zudem die Wortlautgrenze beim Analogieverbot[162] im Vergleich zu einem

---

des Gerichtshofs der Europäischen Gemeinschaften, 51, 59; *S. Grundmann,* Die Auslegung des Gemeinschaftsrechts durch den Europäischen Gerichtshof, S. 202 m.w.N.; Riesenhuber-*Riesenhuber*, § 10, Rn. 13.

155 *EuGH*, Urt. v. 15.7.1963, Rs. 25/62 – *Plaumann*, Slg. 1963, 211, 237; *S. Grundmann,* Die Auslegung des Gemeinschaftsrechts durch den Europäischen Gerichtshof, S. 202 f. m.w.N.; *Kutscher,* Thesen zu den Methoden der Auslegung des Gemeinschaftsrechts, aus der Sicht eines Richters, 18; *Potacs,* Auslegung im öffentlichen Recht, S. 47.

156 *Larenz/Canaris,* Methodenlehre der Rechtswissenschaft, S. 142 f.; *Neuner,* Die Rechtsfindung contra legem, S. 119 ff.; Riesenhuber-*Riesenhuber*, § 10, Rn. 17.

157 *Müller/Christensen,* Juristische Methodik II, Rn. 315 ff., welche dies allerdings nicht als ein speziell gemeinschaftsrechtliches Problem sehen, sondern als Problem der Einzelsprache. Dies ergebe sich aus den unterschiedlichen Ausprägungen, sodass der Ausdruck „die Sprache“ bereits eine starke Vereinfachung sei; Riesenhuber-*Riesenhuber*, § 10, Rn. 14.

158 Zu den primärrechtlichen Sprachen Art. 55 Abs. 1 EUV, Art. 358 AEUV, was gem. Art. 342 AEUV, Art. 1 Verordnung Nr. 1 zur Regelung der Sprachenfrage für die Europäische Wirtschaftsgemeinschaft, ABl. 1958 P 17/385 ebenfalls für das Sekundärrecht gilt.

159 *EuGH*, Urt. v. 12.11.1969, Rs. 26/69 – *Stauder*, Slg. 1969, 419, Rn. 3; Urt. v. 11.7.1985, Rs. 107/84 – *Kommission/Deutschland*, Slg. 1985, 2655, Rn. 10 ff.; Urt. v. 20.11.2001, Rs. C-268/99 – *Jany*, Slg. 2001, I-8615, Rn. 47; Urt. v. 15.4.2010, Rs. C-511/08 – *Heinrich Heine*, Slg. 2010, I-3047, Rn. 51; Urt. v. 30.5.2013, Rs. C-488/11 – *Brusse*, BeckRS 2013, 81099, Rn. 26; *Anweiler,* Die Auslegungsmethoden des Gerichtshofs der Europäischen Gemeinschaften, S. 146 f.; *Martens,* Methodenlehre des Unionsrechts, S. 344; Riesenhuber-*Neuner*, § 12, Rn. 4; Riesenhuber-*Riesenhuber*, § 10, Rn. 14; *W.-H. Roth,* RabelsZ 2011, 787, 799 f.

160 *Martens,* Methodenlehre des Unionsrechts, S. 343.

161 Riesenhuber-*Riesenhuber*, § 10, Rn. 16.

162 Vgl. S. 45.

einsprachigen Rechtssystem erweitert, da sich der Auslegungsspielraum bei mehreren Sprachen erweitert.[163]

III. Historische Auslegung

Bei der historischen Auslegung ist zwischen der historischen Auslegung i.e.S., die frühere Rechtsnormen betrachtet, und der genetischen Auslegung zu unterscheiden, bei der es um die Analyse von Gesetzgebungsmaterialien geht.[164] Das Ziel beider Auslegungsarten ist es, den Willen des historischen Gesetzgebers zu ermitteln.[165] Unproblematisch können zudem in Betracht kommende Vorgängernormen herangezogen werden. Bei der Relevanz der genetischen Auslegung ist hingegen zwischen Primär- und Sekundärrecht zu differenzieren.

Im Primärrecht, welches auf völkerrechtlichen Verträgen beruht, scheitert die historische (genetische) Auslegung schon an der fehlenden Zugänglichkeit von Verhandlungsprotokollen und sonstigen Entstehungsdokumenten zur Gründung der Europäischen Union.[166] Hintergrund ist, dass sich die unterschiedlichen Standpunkte bei der Verhandlung nicht auf die Auslegung auswirken sollen.[167] Zudem sind bei dem Verfahren der Vertragsbildung zum einen die Vertreter sämtlicher Staaten beteiligt und zum anderen bei der Ratifizierung in den Staaten die jeweiligen Parlamente.[168] Ein historischer Gesetzgeber mit annähernd einheitlichem Willen ist deshalb schwer identifizierbar.

Anders stellt sich dies bei der Auslegung von Sekundärrecht dar. Im Unterschied zum Primärrecht werden bei der Veröffentlichung von Verordnungen und Richtlinien die zugrundeliegenden Stellungnahmen und Vorschläge mitveröffentlicht.[169] Hinzu kommt die Bestimmbarkeit der beteiligten Organe.

---

163 *Anweiler,* Die Auslegungsmethoden des Gerichtshofs der Europäischen Gemeinschaften; *Beck,* The legal reasoning of the Court of Justice of the EU, S. 292; diese Tendenz ebenfalls sehend Riesenhuber-*Riesenhuber,* § 10, Rn. 18.

164 Vgl. Kindhäuser/Neumann/Paeffgen-*Hassemer/Kargl,* § 1 StGB, Rn. 108; *J. Otto,* Der Kartellgehilfe als Bußgeldadressat im Europäischen Kartellrecht, S. 47; Riesenhuber-*Riesenhuber,* § 10, Rn. 32.

165 *S. Grundmann,* Die Auslegung des Gemeinschaftsrechts durch den Europäischen Gerichtshof, S. 77 ff., 238 ff.; MüKo StGB-*R. Schmitz,* § 1 StGB, Rn. 85.

166 Riesenhuber-*Pechstein/Drechsler,* § 7, Rn. 33.

167 Immenga/Mestmäcker-*Immenga/Mestmäcker,* Einl. B, Rn. 18.

168 *J. Otto,* Der Kartellgehilfe als Bußgeldadressat im Europäischen Kartellrecht, S. 47 m.w.N.

169 Riesenhuber-*Pechstein/Drechsler,* § 7, Rn. 35; Riesenhuber-*Riesenhuber,* § 10, Rn. 35.

Allerdings wird der historischen Auslegung überwiegend keine große praktische Relevanz beigemessen.[170]

IV. Systematische Auslegung

Allgemein geht es bei der systematischen Auslegung einer Norm darum, diese als Bestandteil eines Regelungszusammenhangs zu verstehen.[171] Es werden aus der systematischen Stellung einer Norm Erkenntnisse in Bezug auf ihren Sinngehalt gezogen.[172] Hintergrund ist der Gedanke, dass die verschiedenen Vorschriften im Unionsrechts verknüpft ein einheitliches Rechtssystem bilden.[173] Der betrachtete Kontext einer Norm kann sowohl eng als auch weit gewählt werden. So kann der einzelne Rechtsakt selbst und es können darüber hinaus rechtsaktübergreifend andere Regelungen herangezogen werden.[174] Heranziehen lassen sich die äußere Ordnung, welche Rückschlüsse aus den Artikeln, Absätzen und Abschnitten ermöglicht[175], sowie die innere Ordnung, bei der Erkenntnisse aus den Prinzipien der zusammengehörigen Rechtsakte und deren Ordnung gezogen werden.[176]

170 *Hommelhoff*, Die Auslegung angeglichenen Gesellschaftsrechts – eine Analyse der EuGH-Rechtsprechung, 29, 33 f.; Riesenhuber-*Pechstein/Drechsler*, § 7, Rn. 35; siehe auch die weiteren Nachweise in Riesenhuber-*Riesenhuber*, § 10, Fn. 100; a.A. Riesenhuber-*Riesenhuber*, § 10, Rn. 32, welcher einige EuGH-Urteile anführt, in denen der EuGH sich argumentativ mit Gesetzgebungsmaterialien auseinandersetzt.

171 Riesenhuber-*Pechstein/Drechsler*, § 7, Rn. 22; Riesenhuber-*Riesenhuber*, § 10, Rn. 22.

172 *Anweiler*, Die Auslegungsmethoden des Gerichtshofs der Europäischen Gemeinschaften, S. 172; Riesenhuber-*Pechstein/Drechsler*, § 7, Rn. 22.

173 *Anweiler*, Die Auslegungsmethoden des Gerichtshofs der Europäischen Gemeinschaften, S. 173.

174 *EuGH*, Urt. v. 5.7.2012, Rs. C-49/11 – *Content Services, BeckRS 2012, 81358*, Rn. 44 ff.; *S. Grundmann*, Die Auslegung des Gemeinschaftsrechts durch den Europäischen Gerichtshof, S. 295 f.; Riesenhuber-*Riesenhuber*, § 10, Rn. 22.

175 Riesenhuber-*Riesenhuber*, § 10, Rn. 23.

176 Riesenhuber-*Riesenhuber*, § 10, Rn. 25.

V. Teleologische Auslegung

Die teleologische Auslegung dient der Erforschung des „Sinn[s] und Zweck[s]"[177], des „Ziels"[178] oder des „Geistes"[179] einer Norm.[180] Da es bei einem Rechtssystem generell darum geht, Regeln für zukünftige Gegebenheiten zu gestalten, kommt ihr eine besondere Bedeutung zu.[181] Die Ermittlung des Sinns und Zwecks ergibt sich häufig aus den vorangestellten Zielen.[182] Die Ziele sind im Primärrecht festgehalten.[183] Im europäischen Kartellrecht findet sich die Zielbestimmung im Protokoll (Nr. 27).[184] Demnach erfasst der Binnenmarkt nach Art. 3 Abs. 3 UAbs. 1 S. 1 EUV ein System, das den Wettbewerb vor Verfälschungen schützt. Als Protokoll ist dieses gem. Art. 51 EUV Bestandteil der Verträge und damit Teil des Primärrechts. Nach überwiegender Einschätzung ändert die Verbannung des Ziels aus Art. 3 Abs. 1 lit. g EGV nichts an seinem rechtlichen Rang.[185]

---

177 *EuGH*, Urt. v. 3.10.1985, Rs. 154/84 – *FKF*, Slg. 1985, 3165, Rn. 22; Urt. v. 17.12.1998, Rs. C-186/96 – *Demand*, Slg. 1998, I-8529, Rn. 38; Urt. v. 1.3. 2012, Rs. C-393/10 – *Dermod Patrick O'Brien*, BeckRS 2012, 80438, Rn. 44.

178 *Anweiler*, Die Auslegungsmethoden des Gerichtshofs der Europäischen Gemeinschaften, S. 198; *J. Otto*, Der Kartellgehilfe als Bußgeldadressat im Europäischen Kartellrecht, S. 48; *Seyr*, Der effet utile in der Rechtsprechung des EuGH, S. 56.

179 *EuGH*, Urt. v. 9.12.1965, Rs. 44/65 – *Hessische Knappschaft*, Slg. 1965, 1268, 1275; Urt. v. 18.6.2002, Rs. C-92/00 – *HI*, Slg. 2002, I-5553, Rn. 63; Urt. v. 11.11.2010, Rs. C-232/09 – *Danosa*, Slg. 2010, I-11405, Rn. 55.

180 *Anweiler*, Die Auslegungsmethoden des Gerichtshofs der Europäischen Gemeinschaften, S. 198; *J. Otto*, Der Kartellgehilfe als Bußgeldadressat im Europäischen Kartellrecht, S. 48; *Seyr*, Der effet utile in der Rechtsprechung des EuGH, S. 56.

181 Riesenhuber-*Riesenhuber*, § 10, Rn. 41.

182 *J. Otto*, Der Kartellgehilfe als Bußgeldadressat im Europäischen Kartellrecht, S. 49; *Seyr*, Der effet utile in der Rechtsprechung des EuGH, S. 57 ff.

183 *J. Otto*, Der Kartellgehilfe als Bußgeldadressat im Europäischen Kartellrecht, S. 49; *Reimer*, EuR 2003, 992, 997. Neben dem Begriff der „Ziele" wird ebenfalls die Begriffe „Aufgaben" und „Tätigkeiten" etc. verwendet, vgl. *Reimer*, EuR 2003, 992, 997.

184 Protokoll über den Binnenmarkt und den Wettbewerb (Protokoll Nr. 27), ABl. 2008 C 115/309.

185 *EuGH*, Urt. v. 17.2.2011, Rs. C-52/09 – *TeliaSonera Sverige*, Slg. 2011, I-527, Rn. 20; *Basedow*, EuZW 2008, 225; *Behrens*, EuZW 2008, 193; *Bremer*, Die Beteiligung Dritter an Wettbewerbsverstößen, S. 49; Grabitz/Hilf/Nettesheim-*Terhechte*, Art. 3 EUV, Rn. 41; *J. Otto*, Der Kartellgehilfe als Bußgeldadressat im Europäischen Kartellrecht, S. 49 m.w.N.; Schwarze-*Brinker*, Art. 101 AEUV, Rn. 47; *Thomas*, JZ 2011, 485, 487 ff.; *Weitbrecht/Mühle*, EuZW 2010, 327 ff.

VI. Rechtsvergleichende Auslegung

Die herrschende Meinung im Schrifttum sieht die rechtsvergleichende Auslegung als eigene, fünfte Auslegungsmethode an.[186] Dabei ist die Rechtsvergleichung als ein Miteinandervergleichen verschiedener nationaler Rechtsordnungen anzusehen.[187] Der EuGH greift hierzu auf die Regelungen in den verschiedenen Rechtsordnungen zurück und entwickelt daraus einen unionsrechtlich eigenständigen Regelungsgehalt.[188] Ziel ist es, die im Vergleich geeignetste Lösung zu finden.[189] Die Rechtsvergleichung hat im Unionsrecht eine größere Bedeutung, als es auf nationaler Ebene üblich ist,[190] da die europäische Rechtsordnung eng mit den nationalen Rechtsordnungen verbunden ist.[191] Funktional wird die

---

186 *Bleckmann*, Die Rechtsvergleichung im Europäischen Gemeinschaftsrecht, 97, 114; *Müller/Christensen*, Juristische Methodik II, Rn. 514; *J. Otto*, Der Kartellgehilfe als Bußgeldadressat im Europäischen Kartellrecht, S. 56; *Seyr*, Der effet utile in der Rechtsprechung des EuGH, S. 81. Vgl. dazu das Beispiel von *J. Otto*, Der Kartellgehilfe als Bußgeldadressat im Europäischen Kartellrecht, S. 56, Fn. 130, wonach der *EuGH*, Urt. v. 15.5.1982, Rs. 155/79 – *AM & S*, Slg. 1982, 1575, Rn. 27 sein Ergebnis auch „unter Berücksichtigung des Rechts der Mitgliedstaaten" findet. Im deutschen Recht sieht insb. *Häberle*, JZ 1989, 913, 916 die Rechtsvergleichung als fünfte Auslegungsmethode an.

187 *Anweiler*, Die Auslegungsmethoden des Gerichtshofs der Europäischen Gemeinschaften, S. 277; *Müller/Christensen*, Juristische Methodik II, S. 313; Riesenhuber-*Pechstein/Drechsler*, § 7, Rn. 37; *Seyr*, Der effet utile in der Rechtsprechung des EuGH, S. 81.

188 EuGH, Urt. v. 16.12.1960, Rs. 6/60 – *Humblet*, Slg. 1960, 1163, 1195; Urt. v. 15.5.1982, Rs. 155/79 – *AM & S*, Slg. 1982, 1575, Rn. 18 ff.; *Anweiler*, Die Auslegungsmethoden des Gerichtshofs der Europäischen Gemeinschaften, S. 284 ff.; *Bleckmann*, Die Rechtsvergleichung im Europäischen Gemeinschaftsrecht, 97, 112 ff.; Grabitz/Hilf/Nettesheim-*Mayer*, Art. 19 EUV, Rn. 59 f.; *J. Otto*, Der Kartellgehilfe als Bußgeldadressat im Europäischen Kartellrecht, S. 56; *Seyr*, Der effet utile in der Rechtsprechung des EuGH, S. 85.

189 *Anweiler*, Die Auslegungsmethoden des Gerichtshofs der Europäischen Gemeinschaften, S. 278; ähnlich *Seyr*, Der effet utile in der Rechtsprechung des EuGH, S. 83.

190 Als Grund für die geringe Relevanz auf nationaler Ebene sieht *Anweiler*, Die Auslegungsmethoden des Gerichtshofs der Europäischen Gemeinschaften, S. 279 f. das Problem, dass die jeweilige Handhabung der Rechtsprobleme in den anderen Rechtsordnungen nicht dazu führen darf, eindeutige nationale Normen zu „eliminieren". Dies gelte selbst bei unterlegenen nationalen Lösungsansätzen.

191 *Anweiler*, Die Auslegungsmethoden des Gerichtshofs der Europäischen Gemeinschaften, S. 280; *Seyr*, Der effet utile in der Rechtsprechung des EuGH, S. 82.

Rechtsvergleichung sowohl auf Ebene der Auslegung als auch auf Ebene der Rechtsfortbildung eingesetzt.[192]

F. Ergebnis

Das allgemeine Bestimmtheits- und Analogieverbot ist wie gesehen im europäischen Kartellrecht anwendbar und bildet somit den Auslegungsmaßstab.[193] Im Bereich von Kartellbußgeldern nach Art. 23 Abs. 2 UAbs. 1 lit. a Alt. 1 VO 1/2003 findet darüber hinaus das strafrechtliche Gesetzlichkeitsprinzip Anwendung.[194] Für die nachfolgende Untersuchung ist dieser Maßstab insbesondere bei der Frage eines eigenen Kartellverstoßes eines Dritten anzulegen. Des Weiteren ist auf Ebene der Verantwortlichkeit von Unternehmen im Zuge des Fehlverhaltens Dritter eine Grenzziehung zur unzulässigen Rechtfortbildung vorzunehmen.

---

192 Vgl. *Anweiler*, Die Auslegungsmethoden des Gerichtshofs der Europäischen Gemeinschaften, S. 339; *Bleckmann*, Die Rechtsvergleichung im Europäischen Gemeinschaftsrecht, 97 ff.; *Müller/Christensen*, Juristische Methodik II, S. 529; *J. Otto*, Der Kartellgehilfe als Bußgeldadressat im Europäischen Kartellrecht, S. 57.

193 S. 32 f.

194 S. 34 ff.

Dritter Teil: Kartellrechtliche Verantwortlichkeit bei kollusivem Verhalten Dritter

Eine kartellrechtliche Sanktionierung Dritter kommt wie gesehen nur dann in Betracht, wenn überhaupt ein Kartell nach Art. 101 Abs. 1 AEUV vorliegt.[195] Bei Kartellgehilfen geht es um Unterstützungsleistungen hinsichtlich eines Kartells.[196] Bei den in dieser Arbeit relevanten Dritten muss einen Schritt davor ihre Handlung (mittelbar) erst dazu führen, dass überhaupt ein Kartell zustande kommt. Die Gemeinsamkeit zu den Kartellgehilfen besteht in dem Vorsatz Dritter, eine Kollusion anderer Unternehmen herbeizuführen. Ohne an dieser Stelle schon genauer auf die jeweiligen Anknüpfungspunkte für einen eigenen Kartellverstoß der Dritten eingehen zu wollen, kann festgehalten werden, dass diese in jedem Fall im Zusammenhang mit einem bestehenden Kartellverstoß zwischen den Unternehmen stehen. Ein eigener Verstoß gegen das Selbstständigkeitspostulat[197] steht bei Dritten nicht zur Diskussion.[198] Folglich kann es zu einem eigenen Kartellverstoß Dritter nur kommen, wenn aufgrund der entsprechenden Handlungen der Dritten zwischen (mindestens) zwei Unternehmen bereits ein Kartell besteht.

A. Verantwortlichkeit bei einem kollusiven Verhalten Dritter als erforderlicher Ausgangspunkt

Die betrachteten Fallgruppen haben gemeinsam, dass sich ein Kartellverstoß erst aus dem Zusammenspiel mit dem Verhalten eines Dritten ergeben kann. Deshalb müssten die Unternehmen für oder aufgrund des kollusiven Verhaltens des Dritten verantwortlich sein. Überwiegend wird bei diesem Themenkreis der Begriff der Zurechnung verwendet.[199] Warum in dieser Arbeit häufig der Begriff der Verantwortlichkeit bei einem Fehlverhalten Dritter gewählt wird, wo es um

---

195 S. 19 f.

196 S. 27.

197 Siehe zu dem Begriff Dritter Teil, F. III 2.

198 In Bezug auf die dahingehend ähnlich zu behandelnden Kartellgehilfen *Schwarzkopf*, Externe Kartellunterstützer im Europäischen Kartellrecht, S. 95 f.

199 Vgl. etwa *EuGH*, Urt. v. 21.7.2016, Rs. C-542/14 – *VM Remonts*, BeckRS 2016, 81617, Rn. 14; *Jüchser*, Die Beteiligung am Kartell, S. 46 ff.

ein eigenes Fehlverhalten der Unternehmen geht, zu welchem es nur „anlässlich" eines Fehlverhaltens Dritter kommt, ist nachfolgend noch zu erörtern.[200] Je nach betrachtetem Ansatzpunkt wird deshalb die Formulierung der Verantwortlichkeit für fremdes oder bei fremdem Fehlverhalten gewählt. Insbesondere im letzteren Fall ist die Formulierung des „kartellrechtlichen Fehlverhaltens Dritter" nicht so zu verstehen, dass diese gegen eigene kartellrechtliche Pflichten verstoßen, sondern sich ihr Verhalten für die Unternehmen kartellrechtsrelevant auswirken kann. Neben der kartellrechtlichen Relevanz der Handlung drückt die Formulierung auch die erst später zu untersuchende Sanktionswürdigkeit des Dritten selbst und die Pflichtverletzung im Vertragsverhältnis mit zumindest einem der Unternehmen aus.[201]

I. Die drei Formen der Tathandlung

Es gibt in Art. 101 Abs. 1 AEUV drei Koordinationsformen: Die Vereinbarung zwischen Unternehmen, die Beschlüsse von Unternehmensvereinigungen und aufeinander abgestimmte Verhaltensweisen. Da es bei den zu betrachtenden Fallgruppen nicht um Unternehmensvereinigungen geht, scheidet ein Beschluss als Tathandlung von vornherein aus.[202] Es ist deshalb nur eine Vereinbarung oder eine abgestimmte Verhaltensweise zwischen den Unternehmen denkbar. Der Vereinbarungsbegriff wird im Gesetz nicht definiert.[203] Nach dem EuGH bedarf es eines gemeinsamen Willens, der zwischen mindestens zwei Unternehmen zum Ausdruck gebracht wird und inhaltlich ein bestimmtes Marktverhalten festlegt.[204] Die Willensübereinkunft kann ausdrücklich oder konkludent erfolgen und bedarf nicht der Schriftform.[205] Eine abgestimmte Verhaltensweise

200 Siehe dazu Dritter Teil, F. II 4.

201 Die Sanktionswürdigkeit wird insb. bei der Sanktionierung de lege ferenda dargelegt, siehe Sechster Teil, B.

202 Vgl. zu Beschlüssen von Unternehmensvereinigungen Kölner Kommentar Kartellrecht-*Füller*, Art. 101 AEUV, Rn. 133 ff.; Langen/Bunte-*Hengst*, Art. 101 AEUV, Rn. 110 ff.

203 Immenga/Mestmäcker 5. Auflage-*Emmerich*, Art. 101 Abs. 1 AEUV, Rn. 55; Langen/Bunte-*Hengst*, Art. 101 AEUV, Rn. 84.

204 *EuGH*, Urt. v. 15.10.1970, Rs. 41/69 – *ACF Chemiepharma*, Slg. 1970, 661, Rn. 112; Urt. v. 29.10.1980, Rs. 209/78 u.a. – *van Landewyck*, Slg. 1980, 3125, Rn. 86; Urt. v. 8.7.1999, Rs. C-49/92 P – *Anic Partecipazioni*, Slg. 1999, I-4162, Rn. 130 ff.; Urt. v. 8.7.1999, Rs. 235/92 P – *Montecatini*, Slg. 1999, I-4575, Rn. 162; Urt. v. 6.1.2004, Rs. C-2/01 P u.a. – Adalat, Slg. 2004, I-64, 101, Rn. 88 f., 97 ff.

205 Immenga/Mestmäcker 5. Auflage-*Emmerich*, Art. 101 Abs. 1 AEUV, Rn. 55.

stellt demgegenüber einen Auffangtatbestand dar.[206] Eine trennscharfe Abgrenzung zwischen einer Vereinbarung und einer abgestimmten Verhaltensweise ist nicht möglich.[207] Der Unterschied wird teilweise in der „faktischen Bindung“ der Vereinbarung gesehen.[208] Andere sehen den Unterschied darin, dass bei der Vereinbarung bereits ein konkreter Plan hinsichtlich des zukünftigen Marktverhaltens vorliegt und bei der abgestimmten Verhaltensweise die Kooperation auch nur „rein tatsächlich“ erfolgen kann.[209] Im Hinblick auf die in dieser Arbeit relevanten Fallgruppen, bei denen der Informationsaustausch ohne konkreten Plan oder faktische Bindung abläuft, kommt vorliegend eine abgestimmte Verhaltensweise in Betracht. Welche Voraussetzungen hierfür im Detail notwendig sind, wird nachfolgend noch durch Auslegung zu ermitteln sein.[210]

II. Übrige Tatbestandsvoraussetzungen von Art. 101 Abs. 1 AEUV

Die übrigen Tatbestandsmerkmale von Art. 101 Abs. 1 AEUV müssten ebenfalls erfüllt sein. Die Unternehmen sind Normadressaten und von der Eignung zur (spürbaren) Beeinträchtigung des zwischenstaatlichen Handels ist auszugehen. Problematischer könnte das Bezwecken oder Bewirken einer Wettbewerbsbeschränkung sein. Ob es für eine geeignete Tathandlung erforderlich ist, dass die Unternehmen selbst ein wettbewerbswidriges Handeln beabsichtigen, oder inwiefern es einer subjektiven Komponente bedarf, ist noch nicht geklärt worden. Außerhalb einer bewirkten Wettbewerbsbeschränkung müsste die Wettbewerbsbeschränkung bezweckt werden. Das Bezwecken wird dabei objektiv bestimmt.[211] Es kommt darauf an, dass sich der Inhalt der Vereinbarung oder

---

206 Frankfurter Kommentar Kartellrecht-*W.-H. Roth/Ackermann*, Art. 81 Abs. 1 EG Grundfragen, Rn. 183 m.w.N.

207 Grabitz/Hilf/Nettesheim-*Stockenhuber*, Art. 101 AEUV, Rn. 89.

208 Frankfurter Kommentar Kartellrecht-*W.-H. Roth/Ackermann*, Art. 81 Abs. 1 EG Grundfragen, Rn. 152; Immenga/Mestmäcker 5. Auflage-*Emmerich*, Art. 101 Abs. 1 AEUV, Rn. 61.

209 Frankfurter Kommentar Kartellrecht-*W.-H. Roth/Ackermann*, Art. 81 Abs. 1 EG Grundfragen, Rn. 152 ff., 158 m.w.N.; Immenga/Mestmäcker 5. Auflage-*Emmerich*, Art. 101 Abs. 1 AEUV, Rn. 61; Loewenheim/Meessen/Riesenkampff-*Grave/Nyberg*, Art. 101 Abs. 1 AEUV, Rn. 226 ff.

210 Nachfolgend Dritter Teil, F. IV–VII.

211 *EuGH*, Urt. v. 6.10.2009, Rs. C-501/06 P u.a. – *GlaxoSmithKline*, Slg. 2009, I-9291, Rn. 55; Calliess/Ruffert-*Weiß*, Art. 101 AEUV, Rn. 104; Grabitz/Hilf/Nettesheim-*Stockenhuber*, Art. 101 AEUV, Rn. 142; Loewenheim/Meessen/Riesenkampff-*Grave/Nyberg*, Art. 101 Abs. 1 AEUV, Rn. 267.

Abstimmung objektiv wettbewerbsbeschränkend darstellt.[212] Entscheidend ist die objektive Eignung ihrem Wesen nach. Das heißt, es muss im Ergebnis nicht zwingend eine Wettbewerbsbeschränkung vorliegen.[213] Die Absichten der beteiligten Akteure spielen hierbei keine unmittelbare Rolle.[214] Sie können jedoch als Indizien herangezogen werden.[215] Für die in dieser Arbeit betrachteten Fallgruppen hat das zur Folge, dass etwaige fehlende Absichten seitens der Unternehmen für einen Kartellverstoß unschädlich sind. Die übrigen Tatbestandsvoraussetzungen liegen somit vor.

B. Vertretungsmacht

Damit Unternehmen kartellrechtlich verantwortlich gemacht werden können, müssten sie aufgrund der Handlungen Dritter das Tatbestandsmerkmal der abgestimmten Verhaltensweise verwirklichen. Im Bereich der Verantwortlichkeit für fremdes Fehlverhalten ist der auf den ersten Blick am nächsten liegende Zurechnungsgrund die aus dem deutschen Vertragsrecht[216] bekannte Vertretungsmacht. Hierunter wird im deutschen Recht die Rechtsmacht verstanden, welche erforderlich ist, um eine „Rechtswirkung für und gegen den Vertretenen herbeizuführen."[217] Dieser Gedanke kann möglicherweise für den Bereich der Verantwortlichkeit für Dritte im europäischen Kartellrecht nutzbar gemacht werden.

I. Anwendung über Art. 6 Abs. 3 Rom II-VO

Klärungsbedürftig ist zunächst, welche Regelungen es im unionsrechtlichen Kartellrecht zur Stellvertretung gibt. Diskutiert wird die Anwendung von Art. 6

---

212 *EuGH*, Urt. v. 14.3.2014, Rs. C-32/11 – *Allianz Hungari*, BeckRS 2013, 80538, Rn. 38; Urt. v. 11.9.2014, Rs. C-67/13 P – *Cartes Bancaires*, BeckRS 2014, 81848, Rn. 53.

213 Calliess/Ruffert-*Weiß*, Art. 101 AEUV, Rn. 104; Grabitz/Hilf/Nettesheim-*Stockenhuber*, Art. 101 AEUV, Rn. 142; Loewenheim/Meessen/Riesenkampff-*Grave/Nyberg*, Art. 101 Abs. 1 AEUV, Rn. 267.

214 Immenga/Mestmäcker-*Zimmer*, Art. 101 Abs. 1 AEUV, Rn. 129; Loewenheim/Meessen/Riesenkampff-*Grave/Nyberg*, Art. 101 Abs. 1 AEUV, Rn. 267.

215 Immenga/Mestmäcker-*Zimmer*, Art. 101 Abs. 1 AEUV, Rn. 129.

216 Hierzu Staudinger-*Schilken*, Vor. §§ 164 ff. BGB, Rn. 21 ff.; *Brox/Walker*, Allgemeiner Teil des BGB, § 24, Rn. 16 f.

217 MüKo BGB-*Schubert*, § 164 BGB, Rn. 182.

Abs. 3 Rom II-VO[218].[219] Nach Art. 6 Abs. 3 lit. a Rom II-VO ist „auf außervertragliche Schuldverhältnisse[220] aus einem den Wettbewerb einschränkenden Verhalten [...] das Recht des Staates anzuwenden, dessen Markt beeinträchtigt ist oder wahrscheinlich beeinträchtigt wird." Mit dem „den Wettbewerb einschränkenden Verhalten" sind Kartellverstöße gemeint.[221] In Bezug genommen werden sowohl nationale als auch unionsrechtliche Kartellverstöße.[222] Ausweislich des eindeutigen Wortlautes von Art. 1 ist die Rom II-VO nicht auf verwaltungsrechtliche Rechtsfolgen anwendbar, sondern nur auf die zivilrechtliche Haftung. Ersteres gilt auch für das Strafrecht.

Die Regelungen des nationalen Stellvertretungsrechts sind aus mehreren Gründen über Art. 6 Abs. 3 lit. a Rom II-VO nicht auf Art. 101 Abs. 1 AEUV anwendbar. Zum einen findet Art. 6 Abs. 3 lit. a Rom II-VO keine Anwendung im Bereich der wichtigsten Sanktionsnorm des Art. 23 Abs. 2 UAbs. 1 lit. a Alt. 1 VO 1/2003. In diesem Bereich kann die Ausfüllungsnorm des Art. 101 Abs. 1 AEUV deshalb nicht so ausgelegt werden, dass mitgliedstaatliche Zurechnungskriterien berücksichtigt werden. Aufgrund der vorab erläuterten einheitlichen Auslegung von Art. 101 Abs. 1 AEUV[223] sind deshalb keine mitgliedstaatlichen Regelungen des Stellvertretungsrechts anzuwenden. Die Bindungswirkung von Art. 16 Abs. 1 S. 1 VO 1/2003, nach welcher die mitgliedstaatlichen Gerichte keine den Kommissionsentscheidungen zuwiderlaufenden Urteile fällen dürfen, würde ohnehin zu einer fehlenden Abweichung von entsprechenden bußgeldrechtlichen Kommissionsentscheidungen im Rahmen von zivilrechtlichen Sanktionen führen.[224] Durch die verschiedenen nationalen Rechtsordnungen wäre zudem das Gebot der unionsrechtsautonomen Auslegung verletzt.[225] Zum anderen erfasst Art. 6 Abs. 3 lit. a Rom II-VO deliktisches Handeln, wo im deutschen Recht die §§ 164 ff. BGB ebenfalls keine Anwendung finden. Sie gelten nur für Rechtsgeschäfte.[226] Die Vertretungsmacht würde als Kriterium keine

---

218 Verordnung (EG) Nr. 864/2007 des Europäischen Parlaments und des Rates vom 11. Juli 2007 über das auf außervertragliche Schuldverhältnisse anzuwendende Recht, ABl. 2007 L 199/40.

219 *Jüchser*, Die Beteiligung am Kartell, S. 48 f.

220 Relevant ist vorliegend nur eine unerlaubte Handlung gem. Art. 2 Abs. 1 Var. 1 Rom II-VO.

221 Vgl. Bamberger/Roth/Hau/Poseck-*Spickhoff*, Art. 6 Rom II-VO, Rn. 1.

222 So ausdrücklich Erwägungsgrund 22 Rom II-VO.

223 Dazu S. 40 ff.

224 *Jüchser*, Die Beteiligung am Kartell, S. 48 f.

225 Riesenhuber-*Ackermann*, § 21, Rn. 15.

226 MüKo BGB-*Schubert*, § 164 BGB, Rn. 90.

Berücksichtigung finden, selbst wenn nationale Regelungen für außervertragliche Schuldverhältnisse über Art. 6 Abs. 3 lit. a Rom II-VO bei der Auslegung von Art. 101 Abs. 1 AEUV anwendbar wären.

II. Meinungsstand in Literatur und Rechtsprechung

In der europäischen Rechtsprechung wird überhaupt nicht, im Schrifttum nur von einer Mindermeinung[227] die Vertretungsmacht als Zurechnungsgrund herangezogen.[228] *Jüchsers* Ansicht nach stellt das Gericht in der *Graphitelektroden*-Entscheidung ebenfalls mittelbar auf die Vertretungsmacht ab.[229] Diesen Ausführungen kann nicht gefolgt werden, da das EuG ausdrücklich auf die Befugnis der handelnden Person abstellt.[230] *Jüchser* selbst ordnet die Befugnis als eigenen Zurechnungsgrund ein und nicht als Teil der Vertretungsmacht.[231] Die Vermengung verschiedener Ansatzpunkte zeigt sich auch durch die von ihm zitierten[232] *Dannecker* und *Fischer-Fritsch*, die ihrerseits die Ausführungen der Kommission und von Teilen der Literatur heranziehen, welche zumindest der Sache nach ebenfalls auf die Berechtigung abstellen.[233] Darüber hinaus arbeiten sie eine „weite Zurechnung“[234] der Kommission heraus, welche nicht mit dem

227 Immenga/Mestmäcker 5. Auflage-*Emmerich*, Art. 101 Abs. 1 AEUV, Rn. 62. Darüber hinaus verweist auch Calliess/Ruffert-*Weiß*, Art. 101 AEUV, Rn. 72 auf die Kommissionsentscheidung *Kommission*, Entsch. v. 5.12.1983, 83/667/EWG – *IPTC Belgium*, ABl. 1983 L 376/7, Rn. 17 und *Dannecker/Fischer-Fritsch*, Das EG-Kartellrecht in der Bußgeldpraxis, S. 259, welche seiner Meinung nach diese Einordnung vornehmen.

228 Explizit äußert nur MüKo Kartellrecht-*Paschke*, Art. 101 AEUV, Rn. 19, dass eine Zurechnung (in Bezug auf Mitarbeiter) keine Vertretungsmacht erfordert. In der Vorauflage war er noch ausdrücklich gegenteiliger Ansicht, siehe MüKo Kartellecht 1. Auflage-*Paschke*, Art. 101 AEUV, Rn. 19.

229 *Jüchser*, Die Beteiligung am Kartell, S. 47.

230 *EuG*, Urt. v. 29.04.2004, Rs. T-236/01 u.a. – *Tokai Carbon u.a./Kommission*, Slg. 2004, II-1200, Rn. 308.

231 *Jüchser*, Die Beteiligung am Kartell, S. 50 ff.

232 *Jüchser*, Die Beteiligung am Kartell, S. 47.

233 Vgl. *Dannecker/Fischer-Fritsch*, Das EG-Kartellrecht in der Bußgeldpraxis, S. 258 ff. Die inkonsequent anmutende Einordnung zeigt sich weiterhin dadurch, dass Jüchser selbst die Ausführungen von *Dannecker/Fischer-Fritsch*, Das EG-Kartellrecht in der Bußgeldpraxis, S. 353 im Bereich der Berechtigung verortet (vgl. *Jüchser*, Die Beteiligung am Kartell, S. 50), wohingegen dies, wie in Fn. 227 gesehen, die von ihm für die Vertretungsmacht zitierte Quelle als Nachweis für die Notwendigkeit der Vertretungsmacht einordnet.

234 *Dannecker/Fischer-Fritsch*, Das EG-Kartellrecht in der Bußgeldpraxis, S. 260.

engen Kriterium der Vertretungsmacht in Einklang zu bringen wäre. Denn dass die Berechtigung weiter zu verstehen ist als die Vertretungsmacht, wird im nachfolgenden Kapitel ausgeführt.[235]

III. Vergleich zur deutschen Systematik

Die Vertretungsmacht könnte, ungeachtet der fehlenden Verankerung im Kartellrecht, ein geeignetes Kriterium sein, um bei der Verantwortlichkeit für fremdes Fehlverhalten eine sinnvolle Grenze zu ziehen. Dies ist im Ergebnis zu verneinen. Zunächst ist auf die Divergenz zwischen dem systematischen Anwendungsbereich, in welchem die Vertretungsmacht nach deutschem Recht ein Kriterium ist, und dem Bereich des Kartellrechts hinzuweisen. Im Stellvertretungsrecht geht es um rechtsgeschäftliche Beziehungen, bei denen eine dritte Person eingeschaltet wird. Die Zurechnung von fremden Willenserklärungen dient damit der Begründung von Verträgen und anderen Rechtsgeschäften, bei denen Willenserklärungen erforderlich sind. Liegt eine Verantwortlichkeit für das Fehlverhalten Dritter im Kartellrecht vor, hat das demgegenüber in erster Linie Sanktionen zur Folge.[236] Im Zivilrecht resultieren daraus deliktische Schadensersatzansprüche nach § 33a Abs. 1 GWB. Wie oben bereits angedeutet, findet das Stellvertretungsrecht hingegen im Deliktsrecht keine Anwendung.

Weiterhin ist im deutschen Deliktsrecht eine Haftung für fremdes Verschulden die Ausnahme.[237] Nur in den seltenen gesetzlich geregelten Fällen ist eine Haftung für fremdes Verschulden möglich.[238] Deshalb ist es nicht überzeugend, ein Element des Vertragsrechts unter anderem auf Ebene des Deliktsrechts anzuwenden. Dafür spricht außerdem, dass eines der Grundprinzipien im Stellvertretungsrecht der Vertrauensschutz ist.[239] Im Kartellrecht gibt es hingegen keinen schutzwürdigen Geschäftspartner, auf dessen Interessen Rücksicht zu nehmen ist. Die andere Partei ist der andere Kartellant, welcher gerade nicht schutzwürdig ist, sondern bei entsprechender Zurechnung selbst sanktioniert werden würde.

---

235 Dritter Teil, C. I.

236 Vgl. insb. Kapitel VI VO 1/2003.

237 Vgl. Beck Großkommentar-*Spindler*, § 831 BGB, Rn. 2; Staudinger-*Bernau*, § 831 BGB, Rn. 5.

238 Z.B. Amtshaftungsanspruch gem. Art. 34 S. 1 GG i.V.m. § 839 BGB.

239 MüKo BGB-*Schubert*, § 164 BGB, Rn. 25; Staudinger-*Schilken*, Vor. §§ 164 ff. BGB, Rn. 37.

IV. Vereinbarkeit mit den Anforderungen zur Tathandlung

Aufschlussreich könnte zudem die Betrachtung der Anforderungen hinsichtlich der zuvor bereits angesprochenen Bindungswirkung[240] einer Vereinbarung und einer abgestimmten Verhaltensweise sein. Diese müsste mit dem Kriterium der Vertretungsmacht sinnvoll korrelieren. Nur wenn eine Bindungswirkung der Tathandlung erforderlich ist, kann die Vertretungsmacht ein geeignetes Kriterium sein. Im deutschen Stellvertretungsrecht wird der Vertretene an eine fremde Willenserklärung gebunden, wenn der Stellvertreter mit Vertretungsmacht handelt.[241] Besteht im europäischen Kartellrecht schon tatbestandlich keine Notwendigkeit einer Verbindlichkeit der Vereinbarung oder abgestimmten Verhaltensweise zwischen den Unternehmen, wäre es inkonsequent, im Innenverhältnis einen strengen stellvertretungsrechtlichen Maßstab anzulegen.[242]

Es ist zwischen rechtlicher und faktischer Verbindlichkeit zu unterscheiden.[243] Eine rechtliche Verbindlichkeit wird nach herrschender Meinung abgelehnt.[244] Für ein solches Erfordernis würde nur die Verwandtschaft zum Vertragsbegriff in der deutschen Privatrechtsordnung sprechen. Es handelt sich jedoch um einen unionsrechtlich autonom auszulegenden Begriff, sodass diesem Argument keine entscheidende Bedeutung zukommt.[245] Umstritten ist, ob für eine Vereinbarung eine faktische Verbindlichkeit erforderlich ist. Faktische Verbindlichkeit meint auch eine moralische oder gesellschaftliche Verpflichtung.[246] Dies wird in der Literatur teilweise mit dem Hinweis darauf bejaht, dass nur so eine Abgrenzung zur Verhaltensabstimmung möglich sei.[247] Die Kommission hat früher ebenfalls

---

240 S. 56 f.

241 Schulze BGB-*Dörner*, § 164 BGB, Rn. 10.

242 I.E. zustimmend Calliess/Ruffert-*Weiß*, Art. 101 AEUV, Rn. 72.

243 So bspw. Langen/Bunte-*Hengst*, Art. 101 AEUV, Rn. 89.

244 Frankfurter Kommentar Kartellrecht-*W.-H. Roth/Ackermann*, Art. 81 Abs. 1 EG Grundfragen, Rn. 156; Grabitz/Hilf/Nettesheim-*Stockenhuber*, Art. 101 AEUV, Rn. 99; Langen/Bunte-*Hengst*, Art. 101 AEUV, Rn. 89. A.A. siehe Nachweise in Grabitz/Hilf/Nettesheim-*Stockenhuber*, Art. 101 AEUV, Rn. 99, Fn. 11.

245 MüKo Kartellrecht-*Paschke*, Art. 101 AEUV, Rn. 12.

246 Calliess/Ruffert-*Weiß*, Art. 101 AEUV, Rn. 47; Frankfurter Kommentar Kartellrecht-*W.-H. Roth/Ackermann*, Art. 81 Abs. 1 EG Grundfragen, Rn. 152.

247 Groeben/Schwarze/Hatje-*Schröter/Voet van Vormizeele*, Art. 101 AEUV, Rn. 40; Immenga/Mestmäcker 5. Auflage-*Emmerich*, Art. 101 Abs. 1 AEUV, Rn. 60; MüKo Kartellrecht-*Paschke*, Art. 101 AEUV, Rn. 12. Es ist allerdings fraglich, ob diese Ansicht in der Literatur wirklich so weit verbreitet ist, wie von Emmerich behauptet. Dieser zitiert auf der einen Seite ältere Quellen, zu deren Zeit insb. seitens des EuG und der Kommission noch eine andere rechtliche Bewertung vorgenommen wurde.

eine faktische Verbindlichkeit gefordert.[248] Das EuG ist mittlerweile dazu übergegangen, eine Vereinbarung auch ohne „[...] rechtlich[e], tatsächlich[e] oder moralisch[e] [...]" Verpflichtung zu bejahen.[249] Der EuGH positioniert sich ebenfalls in diese Richtung, wenngleich nicht ganz so eindeutig.[250] Mittlerweile ist die Kommission ebenfalls von ihrem alten Standpunkt abgerückt und verlangt keine Verbindlichkeit mehr.[251]

Argumentativ wird gegen eine rechtliche oder faktische Verbindlichkeit zumeist angeführt, dass eine solche rechtliche Beurteilung die Zielsetzung der wettbewerbsschützenden Normen bei der Auslegung verkenne. Um dieser gerecht zu werden, könne es nur darum gehen, ob die beteiligten Unternehmen eine Koordinierung am Markt anstreben.[252] In überzeugender Weise können Abgrenzungsprobleme zwischen einer Vereinbarung und einer abgestimmten Verhaltensweise nicht zu einer Außerachtlassung der Zielsetzung bei der Auslegung führen. Darüber hinaus bestünden Schwierigkeiten, eine faktische Bindung als Kriterium in der Praxis rechtssicher anwenden zu können.[253] Der Nachweis insbesondere einer „moralischen Verpflichtung" ist praktisch nicht handhabbar.[254]

Des Weiteren vertreten die von ihm zitierten *Mestmäcker/H. Schweitzer*, Europäisches Wettbewerbsrecht, § 10, Rn. 4 (auch in der Vorauflage) und Grabitz/Hilf/Nettesheim-*Stockenhuber*, Art. 101 AEUV, Rn. 99 ausdrücklich die entgegengesetzte Meinung.

248 *Kommission*, Entsch. v. 29.11.1974, 74/634/EWG – *Kugellager*, ABl. 1974 L 343/19, 24. Siehe dazu auch Calliess/Ruffert-*Weiß*, Art. 101 AEUV, Rn. 49; Immenga/Mestmäcker 5. Auflage-*Emmerich*, Art. 101 Abs. 1 AEUV, Rn. 60; Langen/Bunte-*Hengst*, Art. 101 AEUV, Rn. 89.

249 *EuG*, Urt. v. 14.5.1998, Rs. T-347/94 – *Mayr-Melnhof*, Slg. 1998, II-1751, Rn. 65; Urt. v. 20.3.2002, Rs. T-9/99 – *HFB Fernwärmetechnik*, Slg. 2002, II-1487, Rn. 200; Urt. v. 8.7.2008, Rs. T-53/03 – *BPB*, Slg. 2008, II-1353, Rn. 82.

250 EuGH, Urt. v. 3.7.1985, Rs. 243/83 – *Binon/AMP*, Slg. 1985, 2015, Rn. 17, welcher bei Fortsetzung des Parallelverhaltens nach Auflösung einer Vereinbarung, ohne eine neue zu treffen, hierin aufgrund der wettbewerblichen Wirkung immer noch eine Vereinbarung sieht. So auch Calliess/Ruffert-*Weiß*, Art. 101 AEUV, Rn. 47.

251 *Kommission*, Entsch. v. 21.12.1988, 89/190/EWG – *PVC*, ABl. 1989 L 74/1, Rn. 30.

252 Frankfurter Kommentar Kartellrecht-*W.-H. Roth/Ackermann*, Art. 81 Abs. 1 EG Grundfragen, Rn. 156; Langen/Bunte-*Hengst*, Art. 101 AEUV, Rn. 91.

253 So auch Frankfurter Kommentar Kartellrecht-*W.-H. Roth/Ackermann*, Art. 81 Abs. 1 EG Grundfragen, Rn. 157; Grabitz/Hilf/Nettesheim-*Stockenhuber*, Art. 101 AEUV, Rn. 99; Langen/Bunte-*Hengst*, Art. 101 AEUV, Rn. 91.

254 So auch Kölner Kommentar Kartellrecht-*Füller*, Art. 101 AEUV, Rn. 118.

Letztlich ist es für die Beantwortung der Frage, ob die Vertretungsmacht ein geeignetes Zurechnungskriterium ist, nicht entscheidend, ob einer Vereinbarung Bindungswirkung zukommt. Zumindest bei der abgestimmten Verhaltensweise wird weder eine rechtliche noch eine faktische Verbindlichkeit gefordert. Demnach kommt die Vertretungsmacht, entsprechend den obigen Ausführungen, im Kontext einer abgestimmten Verhaltensweise als Zurechnungskriterium nicht in Betracht. Entweder es wird mit Rechtsprechung und Kommission[255] nicht zwischen Vereinbarung und abgestimmter Verhaltensweise differenziert, sodass die Vertretungsmacht ohnehin unberücksichtigt bleibt. Oder es lässt sich für die in dieser Arbeit betrachteten Fallgruppen – wo nur abgestimmte Verhaltensweisen untersucht werden –[256] festhalten, dass zumindest auf dieser Ebene die Stellvertretung ein zu strenges Kriterium ist.

C. Berechtigung und Schein der Berechtigung

Nachdem die Vertretungsmacht ein zu strenges Kriterium für die Verantwortlichkeit für das Fehlverhalten Dritter ist, könnte die Berechtigung oder der Schein der Berechtigung ein taugliches Kriterium darstellen.

I. Berechtigung

Die Terminologie im Bereich der Berechtigung ist nicht ganz einheitlich. Neben der Berechtigung[257] wird der Begriff der Zuständigkeit[258] oder der Befugnis[259] verwendet. Inhaltlich soll keine Differenzierung bestehen, sodass nachfolgend nur noch der Begriff der Berechtigung verwendet wird. Einheitlich soll zum Ausdruck gebracht werden, dass es sich um ein weniger strenges Kriterium als die Vertretungsmacht handelt.[260] Sowohl die

---

255 Vgl. die weiteren Nachweise in Fn. 207.

256 Siehe S. 57.

257 *Dannecker/Fischer-Fritsch,* Das EG-Kartellrecht in der Bußgeldpraxis, S. 353; *Jüchser,* Die Beteiligung am Kartell, S. 50.

258 Frankfurter Kommentar Kartellrecht-*W.-H. Roth/Ackermann*, Art. 81 Abs. 1 EG Grundfragen, Rn. 212.

259 Calliess/Ruffert-*Weiß*, Art. 101 AEUV, Rn. 72; *Dannecker,* Strafrecht der Europäischen Gemeinschaft, S. 2055; *Hamann,* Das Unternehmen als Täter im europäischen Wettbewerbsrecht, S. 19; Kölner Kommentar Kartellrecht-*Füller*, Art. 101 AEUV, Rn. 114; MüKo Kartellrecht-*Paschke*, Art. 101 AEUV, Rn. 19.

260 Vgl. Kölner Kommentar Kartellrecht-*Füller*, Art. 101 AEUV, Rn. 114.

Kommission[261] als auch die europäischen Gerichte erkennen die Berechtigung als geeignetes Kriterium an. Der EuGH führt diesbezüglich in der Entscheidung *Musique Diffusion Française* aus, dass ein Unternehmen dann für ein kartellrechtliches Fehlverhalten einer Person verantwortlich ist, wenn diese „[…] berechtigt ist, für das Unternehmen tätig zu sein."[262]

Berechtigt sind alle Personen, welchen erlaubt ist, für das Unternehmen tätig zu werden. Dafür müssen die Personen nach außen hin handeln dürfen.[263] Entscheidend ist die interne Betrauung mit einer Tätigkeit, bei der es zu den üblichen Aufgaben gehört, nach außen hin zu agieren.[264] Dazu gehört üblicherweise die Befugnis, mit anderen Unternehmen Verträge oder Vereinbarungen zu schließen.[265] Auf Ebene der Angestellten gehören demzufolge nicht automatisch alle Angestellten zu diesem Personenkreis.[266] Darüber hinaus ist eine rechtsgeschäftliche Handlungsbefugnis nicht zwingend erforderlich.[267] Es genügt, wenn die entsprechende Vereinbarung im Rahmen einer Tätigkeit geschlossen wird, die zu den üblichen Aufgaben der Person gehört.[268] Liegen die genannten Kriterien vor, ist darüber hinaus nach allgemeiner Ansicht keine Kenntnis des

---

261 *Kommission*, Ent. v. 15.7.1992, 92/426/EWG – *Viho/Parker Pen*, ABl. 1992 L 233/27, Rn. 16; bestätigt durch *EuG*, Urt. v. 14.07.1994, Rs. T-77/92 – *Parker Pen*, Slg. 1994, II-549.

262 *EuGH*, Urt. v. 7.6.1983, Rs. 101/80 u.a. – *Musique Diffusion Française*, Slg. 1983, 1825, Rn. 97.

263 *Jüchser*, Die Beteiligung am Kartell, S. 60; vgl. auch *Ransiek*, Unternehmensstrafrecht, S. 328.

264 *Bellamy/Child*, European Union law of competition, Rn. 2047; Frankfurter Kommentar Kartellrecht-*W.-H. Roth/Ackermann*, Art. 81 Abs. 1 EG Grundfragen, Rn. 212.

265 Kölner Kommentar Kartellrecht-*Füller*, Art. 101 AEUV, Rn. 114.

266 Dies ergibt sich bspw. aus der von *Jüchser*, Die Beteiligung am Kartell, S. 60 angeführten *Bananenmarkt*-Entscheidung der Kommission (*Kommission*, Entsch. v. 15.10.2008, COMP/39188 – *Bananen*, K (2008) 5955), wo die Kommission in Rn. 380 scheinbar auf die Angestellten in ihrer Gesamtheit abstellt, es sich bei den beteiligten Angestellten allerdings um als Verkäufer eingesetzte Personen oder um Angestellte in Managementpositionen gehandelt hat (Rn. 69).

267 Calliess/Ruffert-*Weiß*, Art. 101 AEUV, Rn. 72; *Jüchser*, Die Beteiligung am Kartell, S. 60.

268 Vgl. *EuG*, Urt. v. 17.12.1991, Rs. T-7/89 – *SA Hercules Chemicals NV/Kommission*, Slg. 1991, II-1771, Rn. 104; Groeben/Schwarze/Hatje-*Schröter/Voet van Vormizeele*, Art. 101 AEUV, Rn. 45.

Unternehmensinhabers oder eines Geschäftsführers von der Vereinbarung des Berechtigten erforderlich.[269]

II. Schein der Berechtigung

Neben der Berechtigung könnte der Schein der Berechtigung für eine Verantwortlichkeit des Unternehmens genügen.

1. Meinungsstand in Literatur und Rechtsprechung

In der Literatur wird eine Zurechnung auch außerhalb einer bestehenden Berechtigung angenommen, wenn für den Vertragspartner der Eindruck entstanden ist, die entsprechende Person sei zu der Vornahme durch das Unternehmen berechtigt.[270] Dazu werden die Grundsätze der aus dem deutschen Recht bekannten Rechtsscheinhaftung angewendet, namentlich Anscheins- und die Duldungsvollmacht.[271]

Für die Rechtsscheinhaftung in Form der Duldungsvollmacht wird die *IPTC Belgium*-Entscheidung[272] der Kommission angeführt.[273] In dem Verfahren ist die Kommission der Meinung, dass die angeblich fehlende Berechtigung der Angestellten nicht geeignet sei, um die Verantwortlichkeit des Unternehmens zu verhindern.[274] Dies deutet auf eine Verantwortlichkeit kraft Rechtsscheins hin. Allerdings ist der Kontext dieser Aussage zu beachten. Die Kommission führt darauffolgend an, dass sich dies aus der Änderungsmöglichkeit des Unternehmens ergebe, da diesem der Entwurf der Vereinbarung zugesandt wurde und darüber hinaus die beteiligen Angestellten das Unternehmen „faktisch

269 Frankfurter Kommentar Kartellrecht-*W.-H. Roth/Ackermann*, Art. 81 Abs. 1 EG Grundfragen, Rn. 212; Kölner Kommentar Kartellrecht-*Füller*, Art. 101 AEUV, Rn. 114; MüKo Kartellrecht-*Paschke*, Art. 101 AEUV, Rn. 19.

270 Frankfurter Kommentar Kartellrecht-*W.-H. Roth/Ackermann*, Art. 81 Abs. 1 EG Grundfragen, Rn. 212; Kölner Kommentar Kartellrecht-*Füller*, Art. 101 AEUV, Rn. 114; MüKo Kartellecht 1. Auflage-*Paschke*, Art. 101 AEUV, Rn. 19.

271 Früher nur auf die Duldungsvollmacht abstellend (mittlerweile keine Thematisierung mehr) MüKo Kartellecht 1. Auflage-*Paschke*, Art. 101 AEUV, Rn. 19. Zur Anscheins- und Duldungsvollmacht im deutschen Recht MüKo BGB-*Schubert*, § 167 BGB, Rn. 93 ff.

272 *Kommission*, Entsch. v. 5.12.1983, 83/667/EWG – *IPTC Belgium*, ABl. 1983 L 376/7.

273 MüKo Kartellecht 1. Auflage-*Paschke*, Art. 101 AEUV, Rn. 19.

274 *Kommission*, Entsch. v. 5.12.1983, 83/667/EWG – *IPTC Belgium*, ABl. 1983 L 376/7, Rn. 17.

gebunden" hätten.[275] Dieser Argumentation hätte es nicht bedurft, wenn bereits eine Berechtigung aufgrund des Rechtsscheins vorgelegen hätte. Wie bereits erläutert, ist nach allgemeiner Ansicht über die Berechtigung hinaus keine Kenntnis der Vorgesetzten erforderlich.[276] Deshalb können die Ausführungen nur als Indiz für eine vorliegende Berechtigung gedeutet werden. Wird den Vorgesetzten der Inhalt einer geplanten Vereinbarung zugesendet, ist von deren Kenntnisnahme und folglich mangels Widerspruchs von einer Billigung auszugehen. Hierdurch liegt eine Berechtigung vor.[277] Die Kommissionsentscheidung ist somit nicht als Statuierung einer Rechtsscheinhaftung zu verstehen.[278]

Weiterhin wird die *Marlines*-Entscheidung[279] des EuG als Nachweis für eine Rechtsscheinhaftung genannt.[280] Das Gericht führt aus, dass die fehlende Ermächtigung der Klägerin von den Reedern, deren Schiffe sie verwaltet, nicht die Verantwortlichkeit nach Art. 101 Abs. 1 AEUV (damals Art. 85 EG-Vertrag) ausschließe.[281] Die anderen beteiligten Unternehmen hätten nämlich die Klägerin und nicht die Reeder als Konkurrenten gesehen.[282] Anscheinend sind *Roth/Ackermann* der Ansicht, dass das Gericht von einer Rechtsscheinhaftung ausging, da auf die Betrachtungsweise der anderen Unternehmen abgestellt wurde. Es ging dort allerdings nicht darum, die Reeder für das Fehlverhalten der Klägerin verantwortlich zu machen, sondern um eine Verantwortlichkeit der Klägerin selbst. Zusammen haben die beiden nach Ansicht der Kommission eine wirtschaftliche Einheit und damit ein Unternehmen im Sinne des Art. 101 Abs. 1 AEUV gebildet.[283] Die Klägerin war unproblematisch berechtigt, diese wirtschaftliche Einheit zu vertreten.

Zuletzt wird die EuG-Entscheidung *Adriatica di Navigazione*[284] angeführt.[285] Nach Ansicht des Gerichts „[...] genügt die Feststellung, dass nicht bestritten

275 *Kommission*, Entsch. v. 5.12.1983, 83/667/EWG – *IPTC Belgium*, ABl. 1983 L 376/7, Rn. 17.

276 Siehe S. 65 f.

277 Vgl. zu der Herleitung dieses Schlusses *Jüchser*, Die Beteiligung am Kartell, S. 60.

278 I.E. so auch *Jüchser*, Die Beteiligung am Kartell, S. 55 f.

279 *EuG*, Urt. v. 11.12.2003, Rs. T-56/99 – *Marlines*, Slg. 2003, II-5225.

280 Frankfurter Kommentar Kartellrecht-*W.-H. Roth/Ackermann*, Art. 81 Abs. 1 EG Grundfragen, Rn. 212.

281 *EuG*, Urt. v. 11.12.2003, Rs. T-56/99 – *Marlines*, Slg. 2003, II-5225, Rn. 60.

282 *EuG*, Urt. v. 11.12.2003, Rs. T-56/99 – *Marlines*, Slg. 2003, II-5225, Rn. 60.

283 *EuG*, Urt. v. 11.12.2003, Rs. T-56/99 – *Marlines*, Slg. 2003, II-5225, Rn. 60.

284 *EuG*, Urt. v. 11.12.2003, Rs. T-61/99 – *Adriatica di Navigazione*, Slg. 2003, II-5349.

285 *Jüchser*, Die Beteiligung am Kartell, S. 54.

wird, dass der Vertreter der Klägerin für Griechenland von den anderen Gesellschaften als solcher angesehen wurde und dass daher seine Handlungen und Erklärungen auf dem Markt in der Tat als Handlungen und Erklärungen der Klägerin verstanden wurden."[286] Diese Aussage könnte dahingehend verstanden werden, dass es für die Berechtigung genügt, wenn die anderen beteiligten Unternehmen von einer solchen ausgehen. Bei einer solchen Lesart würde das Gericht auf die Grundsätze einer Rechtsscheinhaftung zurückgreifen.[287] Um den Bedeutungsgehalt zu erfassen, muss an dieser Stelle ebenfalls der Kontext der Ausführungen berücksichtigt werden. Die Klägerin hatte die fehlende Verpflichtungsmöglichkeit gerügt, das heißt es ging um die fehlende Vertretungsmacht.[288] Eine solche ist wie gesehen nicht erforderlich,[289] was durch das Gericht nur noch einmal klargestellt wurde. Darüber hinaus sind die Ausführungen so zu verstehen, dass es für die Verantwortlichkeit der Klägerin auf die erkennbare Handlung des vermeintlich Berechtigten für die Klägerin ankommt.[290] Ähnlich zum Stellvertretungsrecht würde sonst eine Absprache zwischen dem vermeintlich Berechtigten und den anderen Unternehmen vorliegen.

Die im Schrifttum angeführten Entscheidungen gehen somit nicht von einer Berechtigung durch Rechtsschein aus. Es bleibt zu erörtern, ob sich aus dem Sinn und Zweck der Rechtsscheinhaftung deren Anwendung im Rahmen der Berechtigung sinnvollerweise ergibt.

2. *Telos der Rechtsscheinhaftung*

Die Haftung nach Rechtsscheingrundsätzen könnte sich aus der Systematik und dem Sinn und Zweck der Rechtsscheinhaftung ergeben. Zunächst sind deshalb die allgemeinen Voraussetzungen aufzuzeigen. Sie gliedern sich in drei Punkte: Einen objektiven Rechtsscheintatbestand, die Zurechenbarkeit und die Schutzwürdigkeit der anderen Partei.[291] Exemplarisch wird wieder die in

---

286 *EuG*, Urt. v. 11.12.2003, Rs. T-61/99 – *Adriatica di Navigazione*, Slg. 2003, II-5349, Rn. 121.

287 So die Interpretation von *Jüchser*, Die Beteiligung am Kartell, S. 54, welcher allerdings die Möglichkeit einer anderen Lesart einräumt.

288 *EuG*, Urt. v. 11.12.2003, Rs. T-61/99 – *Adriatica di Navigazione*, Slg. 2003, II-5349, Rn. 59.

289 Dazu Dritter Teil, B.

290 An anderer Stelle in Bezug auf das gleiche Urteil kommt *Jüchser*, Die Beteiligung am Kartell, S. 61 zu demselben Schluss, was die Frage aufwirft, wieso er zuvor von einer Rechtsscheinhaftung ausgeht.

291 Vgl. Staudinger-*Schilken*, § 167 BGB, Rn. 34 ff.

der Literatur verwendete Anscheins- und Duldungsvollmacht verwendet, auch wenn eine Vertretungsmacht nicht erforderlich ist und es daher keiner Vollmacht bedarf. Die Voraussetzungen im Rahmen von Rechtsscheintatbeständen folgen ohnehin den gleichen Prinzipien.

Ein objektiver Rechtsscheintatbestand setzt den Rechtsschein einer Bevollmächtigung voraus. Der Erklärungsempfänger muss nach Treu und Glauben davon ausgehen dürfen, dass das Verhalten des Vertreters dem Vertretenen aufgrund einer bestehenden Vollmacht zugerechnet wird.[292] Bei der Duldungs- und Anscheinsvollmacht ist dafür in der Regel ein wiederholtes Auftreten (gewisse Dauer und Häufigkeit)[293] des Vertreters für den Geschäftsherrn erforderlich.[294] In Ausnahmefällen kann der objektive Rechtsscheintatbestand beim erstmaligen Auftreten vorliegen, wenn der Rechtsschein durch andere Umstände begründet wird.[295] Im Kartellrecht werden die „Vertreter" bei der Vereinbarung oder der abgestimmten Verhaltensweise regelmäßig zum ersten Mal tätig. Es könnten zwar andere Umstände vorliegen, welche einen Rechtsschein begründen. Solche sind allerdings ebenfalls nicht ersichtlich und liegen höchstens ausnahmsweise vor.

Ferner muss die Vertretungshandlung dem Geschäftsherrn zurechenbar sein. Dafür ist es erforderlich, dass der Vertretene das Auftreten des Vertreters nicht verhindert oder den Rechtsschein nicht beseitigt hat, obwohl er dazu in der Lage gewesen wäre.[296] Bei der Anscheinsvollmacht bedarf es der fehlenden Kenntnis des Geschäftsherrn vom Handeln des Vertreters, welches er jedoch bei pflichtgemäßer Sorgfaltsausübung hätte erkennen können.[297] Bei der Duldungsvollmacht kennt der Geschäftsherr hingegen das Verhalten des Vertreters.[298] Im Kartellrecht sind allgemein beide Varianten denkbar. Bei den in dieser Arbeit untersuchten Fallgruppen kommt von vornherein nur eine Anscheinsvollmacht in Betracht, da es gerade um die fehlende Kenntnis der Unternehmen hinsichtlich der Handlungen Dritter geht.[299] Es ist durchaus möglich, dass beispielsweise die

---

292 St. Rspr. *BGHZ* 5, 111, 116; zuletzt 202, 158, Rn. 26 m.w.N.

293 St. Rspr. *BGH* MDR 1955, 213; zuletzt *BGHZ* 208, 331, Rn. 64 m.w.N.

294 *BGHZ* 202, 158; MüKo BGB-*Schubert*, § 167 BGB, Rn. 112.

295 Prütting/Wegen/Weinreich-*Frensch*, § 167 BGB, Rn. 40.

296 *BGH* NJW 1981, 1727, 1728; 2005, 2985, 2987 m.w.N.; Staudinger-*Schilken*, § 167 BGB, Rn. 40.

297 *BGHZ* 5, 111, 116; NJW 2005, 2985, 2987 m.w.N.

298 *BGH* BeckRS 2005, 08488; Prütting/Wegen/Weinreich-*Frensch*, § 167 BGB, Rn. 42; Staudinger-*Schilken*, § 167 BGB, Rn. 40.

299 Vgl. dazu die Fallgruppen Erster Teil, C II., III.

Geschäftsleitung die Handlungen des vermeintlich Berechtigten hätte kennen müssen.

Daneben ist die Schutzwürdigkeit des Erklärungsempfängers erforderlich. Dieser muss die rechtsscheinbegründenden Tatsachen kennen.[300] Der Erklärungsempfänger ist zwar gem. § 173 BGB analog regelmäßig gutgläubig hinsichtlich der Vollmacht.[301] An dieser Stelle ist jedoch der Sinn und Zweck zu betrachten. Dieser besteht im Schutz des Geschäftsgegners und des Rechtsverkehrs.[302] Der Geschäftsgegner ist im Kartellrecht der andere Kartellant. Wegen der Verbotsnorm des Art. 101 Abs. 1 AEUV entfällt insoweit die Schutzbedürftigkeit. Etwaige Vereinbarungen wären zudem ohnehin nach Art. 101 Abs. 2 AEUV unwirksam. Weiterhin sind keine anderen schutzwürdigen Akteure ersichtlich.[303] Im Schrifttum wird deshalb auf die Schutzwürdigkeit verzichtet.[304] Vielmehr soll bei Nichtanwendbarkeit des Art. 101 Abs. 2 AEUV und gleichzeitigem Vorliegen der Voraussetzungen der Rechtsscheinhaftung eine vertragsähnliche Bindung bestehen.[305] Dieses Argument ist mangels Vorliegens der Voraussetzungen jedoch nicht stichhaltig. Die Schutzwürdigkeit fehlt somit.

Letztlich bleibt von den drei Kriterien der Rechtsscheinhaftung nur eines übrig, welches (bei einem entsprechenden Sachverhalt) erfüllt ist. Zwar geht es nur um eine sinngemäße Anwendung der Rechtsscheingrundsätze. Da jedoch der Sinn und Zweck der Rechtsscheinhaftung im Kartellrecht nicht greift, liegt keine ausreichende Vergleichbarkeit vor. Die Folge wäre eine rein ergebnisgeleitete Anwendung und Modifizierung der allgemeinen Grundsätze der Rechtsscheinhaftung, um die Unternehmen haftbar zu machen. Trotzdem ist das Argument nicht von der Hand zu weisen, dass dem Unternehmen ein Vorwurf zu machen ist, da es aufgrund fahrlässiger Unkenntnis zu einer wettbewerbsbeschränkenden Handlung zwischen dem Dritten und dem anderen Unternehmen gekommen ist.[306] Ein derartiges vorwerfbares Verhalten kann unabhängig

---

300 Vgl. *BGHZ* 22, 234, 238; MüKo BGB-*Schubert*, § 167 BGB, Rn. 121; Palandt-*Ellenberger*, § 172 BGB, Rn. 14; Staudinger-*Schilken*, § 167 BGB, Rn. 43.

301 Zu diesem Erfordernis *BGH* BeckRS 9998, 102765; MüKo BGB-*Schubert*, § 167 BGB, Rn. 122; Prütting/Wegen/Weinreich-*Frensch*, § 167 BGB, Rn. 44; Staudinger-*Schilken*, § 167 BGB, Rn. 43.

302 Prütting/Wegen/Weinreich-*Frensch*, § 167 BGB; Rn. 37.

303 Ob Frankfurter Kommentar Kartellrecht-*W.-H. Roth/Ackermann*, Art. 81 Abs. 1 EG Grundfragen, Rn. 212 die Schutzwürdigkeit bejahen, ist unklar. Sie stellen zumindest auf den Dritten bei der Rechtsscheinhaftung ab.

304 *Jüchser,* Die Beteiligung am Kartell, S. 56 f.

305 *Jüchser,* Die Beteiligung am Kartell, S. 57.

306 *Jüchser,* Die Beteiligung am Kartell, S. 57.

von einem Rechtsschein zu einer Kollusion führen.[307] Deshalb ist nicht die Kritik selbst, sondern nur die dogmatische Einordnung abzulehnen. Im Kern wird diese Argumentation deshalb nachfolgend nochmals aufzugreifen sein.[308]

III. Missbrauchseinwand

Weiterhin wird diskutiert, ob die Verantwortlichkeit eines Unternehmens für einen Berechtigten erfordert, dass dieser nicht rechtsmissbräuchlich gehandelt hat. Es geht mit anderen Worten um die Frage, ob die Verantwortlichkeit bei einem rein eigennützigen Handeln des Berechtigten entfallen soll.[309] Inwieweit eine solche Einschränkung gerechtfertigt ist, kann an dieser Stelle noch nicht herausgearbeitet werden. Das Ergebnis hängt maßgeblich mit der Auslegung von Art. 101 Abs. 1 AEUV zusammen, welche erst im weiteren Verlauf dieser Arbeit vertieft vorgenommen wird.[310] Vorweggenommen lassen sich Art. 101 Abs. 1 AEUV zumindest unmittelbar keine Hinweise auf eine derartige Einschränkung des Sinns und Zwecks entnehmen.

---

307 A.A. *Jüchser,* Die Beteiligung am Kartell, S. 56, welcher bei fehlender Genehmigung von keiner Gefahr für den Wettbewerb ausgeht. Bei genauer Ausführung der Vereinbarung und damit einhergehender Vermutung der Kenntnis läge die Berechtigung ohnehin vor. Diese Ansicht steht im Widerspruch zu seinen folgenden Ausführungen, wo er von möglichen Wettbewerbsbeschränkungen ausgeht (S. 57). Ohnehin berücksichtigt *Jüchser* augenscheinlich zwei Dinge nicht: Zum einen ist es durchaus möglich, die Vermutung der Kenntnis zu widerlegen, wenngleich sich dies in der Praxis schwierig gestaltet. Zum anderen kann eine abgestimmte Verhaltensweise so ausgestaltet sein, dass das eine Unternehmen sich anhand der übermittelten Marktinformationen am anderen Unternehmen, z.B. in Bezug auf die Preissetzung, orientiert. In diesen Fällen bedarf es nicht zwingend einer Umsetzung bei dem die Informationen übermittelnden Unternehmen. Dazu nachfolgend ausführlicher Dritter Teil, F. V. 1.

308 Dort nicht bei der Frage, ob ein fahrlässiges Verhalten vorliegt, sondern ob geeignete Maßnahmen zur Verhinderung getroffen wurden, siehe Dritter Teil, F. IX.

309 So mit unterschiedlichen Ansätzen Handbuch Wirtschaftsstrafrecht-*Achenbach,* 1. Teil, 2. Kapitel, Rn. 11; Immenga/Mestmäcker-*Biermann,* Vor. Art. 23 f. VO 1/2003, Rn. 129; *Jüchser,* Die Beteiligung am Kartell, S. 62; *Lessenich,* Unternehmensbegriff und Zurechnung, S. 94, welcher jedoch ohnehin Externe nie als berechtigt ansieht, vgl. S. 96 f.

310 Dritter Teil, F. IV. 5. c).

IV. Dritte als Berechtigte

Nachdem die Berechtigung zunächst allgemein betrachtet wurde, ist zu klären, ob auch Dritte berechtigt sein können. Die Meinungen dazu gehen im Schrifttum auseinander. Ohne sich argumentativ mit der Frage detailliert auseinanderzusetzen, wird dies sowohl in der Literatur[311] als auch von der Kommission[312] verbreitet bejaht.[313]

Übertragen auf die in dieser Arbeit gebildeten Fallgruppen stellt sich die Frage, ob überhaupt eine Berechtigung in Betracht käme. Bei den Unternehmensberatungen geht es primär nicht um Konstellationen, bei denen diese im Rahmen ihrer Tätigkeiten mit anderen Unternehmen in Kontakt kommen. Nachdem ein Beratungsprojekt bei einem Unternehmen abgeschlossen ist, findet das Anschlussprojekt bei einem anderen Unternehmen ohne Zutun des ersten Unternehmens statt. Die Beratung eines weiteren Unternehmens gehört deshalb nicht zum üblichen Aufgabenbereich Dritter, der ihnen von einer Strategieberatung übertragen wird. Denkbar sind deshalb nur Fälle, in denen eine Beratung für ein Unternehmen mit einem anderen Unternehmen beispielsweise etwas aushandeln soll. Solche Fälle sind allerdings nicht Bestandteil dieser Arbeit.

Bei Algorithmen müsste ebenfalls eine Abstimmung durch den Softwareprogrammierer im Rahmen der übertragenen Aufgaben möglich sein. Da sich der Aufgabenbereich von Softwareprogrammierern in den zuvor gebildeten Fällen auf das Programmieren der Algorithmen beschränkt, ist dies zu verneinen. Eine gewollte Kontaktaufnahme durch den Algorithmus selbst scheidet ebenfalls aus. Dies wären nämlich zwingend Fälle, in denen die Unternehmen selbst eine abgestimmte Verhaltensweise wollen würden. Diese Fälle wären jedoch wiederum außerhalb der in dieser Arbeit zu untersuchenden Fallgruppen. Dass der Algorithmus selbst fremde, frei zugängliche Marktinformationen verarbeiten soll und z.B. im Rahmen der Preissetzung Marktinformationen der Öffentlichkeit zugänglich macht, kann im Ergebnis ebenfalls nicht dazu führen, von einer

---

311 *Dannecker*, Strafrecht der Europäischen Gemeinschaft, S. 2055; *Dannecker/Fischer-Fritsch*, Das EG-Kartellrecht in der Bußgeldpraxis, S. 259 f.; *Tiedemann*, FS Jescheck, 1411, 1420 m.w.N.

312 *Kommission*, Entsch. v. 29.11.1974, 74/634/EWG – *Kugellager*, ABl. 1974 L 343/19, 24; Entsch. v. 17.12.1980, 80/1334/EWG – *Gußglas in Italien*, ABl. 1980 L 383/19, 23 ff.; Entsch. v. 17.12. 1981, 82/371/EWG – *NAVEWA/ANSEAU*, ABl. 1982 L 167/39, Rn. 73.

313 Vgl. den Vorschlag der lettischen Regierung zur Gleichstellung zwischen Externen und Mitarbeitern, *GA Wathelet*, Schlussanträge v. 3.12.2015, Rs. C-542/14 – *VM Remonts*, BeckRS 2016, 80053, Rn. 28 f. A.A. *Lessenich*, Unternehmensbegriff und Zurechnung, S. 94.

Berechtigung auszugehen. Würde eine natürliche Person entsprechende Handlungen vornehmen, läge bei dieser ebenfalls keine Berechtigung vor.

V. Stellungnahme

Die Berechtigung knüpft im Unterschied zur Stellvertretung nicht an die vertragsrechtliche Terminologie der Mitgliedstaaten an. Das Kriterium ist insoweit weiter gewählt. Deshalb ist fraglich, inwieweit die Berechtigung mit der Anforderung des Bezweckens oder Bewirkens einer Wettbewerbsbeschränkung vereinbar ist. Zuvor wurde bereits für die in dieser Arbeit behandelten Fallgruppen festgehalten, dass das Bezwecken und Bewirken einer Wettbewerbsbeschränkung vorliegt.[314] Trotzdem sind möglicherweise Fälle denkbar, in denen es bei fehlender Stellvertretung den Berechtigten nicht möglich ist, das Vereinbarte intern umzusetzen. Wie bereits festgestellt, genügt allerdings die bloße Eignung der Wettbewerbsbeschränkung.[315] Eine solche wird regelmäßig bei Berechtigten vorliegen, zumal häufig ein bloßer Informationsaustausch stattfindet, welcher kein beidseitiges kausales Verhalten erfordert.[316]

Für die Verantwortlichkeit für das Fehlverhalten eigener Angestellter ist die Berechtigung ein geeignetes Kriterium. Zumindest steht bei bestehender Berechtigung eine Verantwortlichkeit des Unternehmens mit Art. 101 Abs. 1 AEUV in Einklang. Ob darüber hinaus bei fehlender Berechtigung eine Verantwortlichkeit in Betracht kommt, lässt diese Einschätzung zunächst unberührt.[317] In Bezug auf Dritte wird die Anwendbarkeit der Berechtigung als Kriterium zwar größtenteils bejaht.[318] Es stellt sich jedoch das Problem, dass die Verantwortlichkeit für Dritte entsprechend der gebildeten Fallgruppen nahezu immer ausgeschlossen wäre. Dies ist zumindest in dieser Pauschalität problematisch. Das Ergebnis wäre dann die generelle Nichtverantwortlichkeit der Unternehmen für kartellrechtliches Fehlverhalten Dritter, wenn diese nicht mit Aufgaben betraut sind, bei denen es zum Informationsaustausch mit anderen Unternehmen kommen kann. Zudem ist noch zu klären, ob im Kartellrecht überhaupt eine Verantwortlichkeit für fremdes Fehlverhalten verankert ist.[319] Ob ein solches Ergebnis

---

314 S. 57.

315 S. 57 f.

316 Dazu nachfolgend Dritter Teil, F. V. 1.

317 Eine weitergehende Verantwortlichkeit für Angestellte wird auf S. 109 thematisiert, ist jedoch tiefergehend kein Teil dieser Arbeit.

318 Vgl. Fn. 311 f.

319 Zu einer anderen Lösung Dritter Teil, F. II. 4.

den Anforderungen von Art. 101 Abs. 1 AEUV entspricht, ist nachfolgend durch weitergehende Auslegung zu ermitteln.

D. Kenntnis und Vorsatz

Eine Verantwortlichkeit für das Fehlverhalten anderer ist zudem bei Kenntnis und Vorsatz des Unternehmens möglich. Bei Angestellten ergibt sich dies schon daraus, dass bei Kenntnis der Geschäftsführung oder anderen vertretungsberechtigten Personen von der Erteilung einer Berechtigung auszugehen ist. Deshalb handelt es sich dort nicht um ein weiteres Kriterium. Der EuGH thematisiert diese Anforderungen deshalb nur im Bereich der Verantwortlichkeit für Dritte.[320] Erklärungsbedürftig ist, warum die Kenntnis der Geschäftsleitung nicht schon für eine Verantwortlichkeit ausreicht. Hierbei handelt es sich allerdings nur um ein theoretisches Problem. Bei Kenntnis wird regelmäßig Vorsatz vorliegen. Billigt die Geschäftsleitung das kollusive Handeln eines Dritten nicht, würde sie dagegen entsprechende Maßnahmen ergreifen. Tut sie dies nicht, sprechen zumindest objektive Indizien für ein Handeln mit bedingtem Vorsatz.[321]

E. Prinzip der wirtschaftlichen Einheit

Im Bereich der Zurechnung und der Verantwortlichkeit für fremdes Fehlverhalten wird häufig auf die wirtschaftliche Einheit abgestellt. Abstrakt wird der Begriff insbesondere bei der Zurechnung von Verhalten innerhalb eines Konzerns oder eines Unternehmens im Sinne von Art. 101 Abs. 1 AEUV verwendet.[322] Wenn die wirtschaftliche Einheit als Zurechnungsinstrument herangezogen wird, handelt es sich dabei nicht um ein weiteres Kriterium vergleichbar mit der Berechtigung oder der Stellvertretung. Vielmehr bildet das Prinzip der wirtschaftlichen Einheit die dogmatische Grundlage für eine Zurechnung.[323] Neben Angestellten

---

320 So explizit *EuGH*, Urt. v. 21.7.2016, Rs. C-542/14 – *VM Remonts*, BeckRS 2016, 81617, Rn. 30; vgl. auch *EuGH*, Urt. v. 7.1.2004, Rs. C-204/00 P u.a. – *Aalborg Portland u.a./Kommission*, BeckRS 2004, 74942, Rn. 82 ff.; Urt. v. 21.1.2016, Rs. C-74/14 – *Eturas*, BeckRS 2016, 80157, Rn. 28.

321 Für den bedingten Vorsatz kann auf den vergleichbaren strafrechtlichen Eventualvorsatz abgestellt werden, bei welchem der Täter die Gefahr der Tatbestandsverwirklichung sieht und sich mit dieser abfindet; vgl. Schönke/Schröder-*Sternberg-Lieben/Schuster*, § 15 StGB, Rn. 73 ff.

322 Loewenheim/Meessen/Riesenkampff-*Grave/Nyberg*, Art. 101 Abs. 1 AEUV, Rn. 153.

323 Dies ergibt sich aus dem Unternehmensverständnis im Kartellrecht. Hierzu Dritter Teil, F II. 2.

können auch Dritte in entsprechenden Fällen Teil der wirtschaftlichen Einheit sein. Ob dies für in dieser Arbeit betrachteten Dritten in Betracht kommt, gilt es noch zu untersuchen.[324]

F. Verantwortlichkeit auf Basis der EuGH-Entscheidung *VM Remonts*

Der EuGH hat sich in der jüngeren Vergangenheit ebenfalls damit beschäftigt, wann ein Unternehmen für das kartellrechtliche Fehlverhalten eines externen Dienstleisters verantwortlich gemacht werden kann.[325] Nachdem zuvor die verschiedenen Anknüpfungspunkte für eine Verantwortlichkeit in Bezug auf fremdes Fehlverhalten dargestellt wurden, die insbesondere in der Literatur, aber auch bei der Kommission und dem Gericht Zuspruch finden, soll an dieser Stelle die schon angedeutete EuGH-Rechtsprechung untersucht werden. Diese soll den Ausgangspunkt für eine dogmatische Einordnung bilden, welche ebenfalls die Verantwortlichkeit für eigenes Fehlverhalten der Unternehmen in den Fokus rückt. Darauf aufbauend wird durch Auslegung getragen spezifiziert, wann und unter welchen Voraussetzungen Unternehmen verantwortlich gemacht werden können.

I. Rechtsprechung des EuGH zur Zurechnung von fremdem Verschulden

1. *Einleitung*

Der EuGH hat im Laufe der Zeit verschiedene Entscheidungen zur Verantwortlichkeit von Unternehmen für kollusives Handeln Dritter gefällt. Nicht immer eindeutig ist dabei, wann es um eine Haftung für eigenes und wann für fremdes Verschulden geht. Bei der *VM Remonts*-Entscheidung[326] geht es nach Ansicht in der Literatur um eine Haftung für fremdes Verschulden, wohingegen die Entscheidungen *Eturas*[327] und *AC-Treuhand II*[328] einer Haftung für eigenes Verschulden entsprächen.[329] Der Sache nach gehe es aber bei letzteren beiden Entscheidungen letztlich ebenfalls darum, für das kartellrechtliche Fehlverhalten

324 Dritter Teil, F II. 2.
325 *EuGH*, Urt. v. 21.7.2016, Rs. C-542/14 – *VM Remonts*, BeckRS 2016, 81617.
326 *EuGH*, Urt. v. 21.7.2016, Rs. C-542/14 – *VM Remonts*, BeckRS 2016, 81617.
327 *EuGH*, Urt. v. 21.1.2016, Rs. C-74/14 – *Eturas*, BeckRS 2016, 80157.
328 *EuGH*, Urt. v. 22.10.2015, Rs. C-194/14 P – *AC-Treuhand II*, BeckRS 2015, 81458.
329 *Lemberg*, Newsdienst Compliance 2016, 22023.

Dritter einzustehen.[330] Zwar mag der EuGH für eine Verantwortlichkeit auf das Verhalten des Unternehmens selbst abstellen. Ein solches käme aber ohne das Verhalten Dritter nicht in Betracht. Die Differenzierung in eine Haftung für eigenes und fremdes Verschulden ist allerdings schon im Ausgangspunkt unzutreffend, weshalb es dieser Differenzierung an dieser Stelle überhaupt nicht bedarf. Wie nachfolgend noch ausgeführt wird, wird ein Unternehmen nach der in dieser Arbeit vertretenen Ansicht immer nur für eigenes Fehlverhalten und nur mittelbar für das Fehlverhalten Dritter verantwortlich gemacht.[331]

2. Anic Partecipazioni

Die erste Entscheidung im Bereich Verantwortlichkeit für fremdes Fehlverhalten, auf welche häufig Bezug genommen wird, ist die *Anic Partecipazioni*-Entscheidung[332] des EuGH.[333] Der Entscheidung lag der Sachverhalt zu Grunde, dass mehrere Hersteller auf dem Polypropylenmarkt zwischen 1977 und 1983 Preise abgesprochen und darüber hinaus Mengenkontrollen eingeführt hatten. Dies diente nach Auffassung des Gerichts dazu, den Markt mengenmäßig aufzuteilen. Einer der Hersteller war die Anic Partecipazioni SpA (im Folgenden: Anic).

Im Rahmen dieser Entscheidung hat der EuGH die von der Kommission[334] geschaffene Rechtsfigur der einheitlichen und fortgesetzten Zuwiderhandlung bestätigt.[335] Aus dieser resultiere eine Verantwortlichkeit für die von allen Beteiligten vorgenommenen Zuwiderhandlungen. Voraussetzung sei, dass „[…] das betreffende Unternehmen nachweislich von dem rechtswidrigen Verhalten der anderen Beteiligten wusste oder es vernünftigerweise vorhersehen konnte sowie bereit war, die daraus erwachsende Gefahr auf sich zu nehmen."[336] Weiterhin bedürfe es eines Gesamtplans und eines Beitrags zu diesem.[337] Es geht bei diesem Sachverhalt deshalb nicht darum, ein Unternehmen überhaupt kartellrechtlich

---

330 *Lemberg*, Newsdienst Compliance 2016, 22023. Dies ergibt sich seiner Meinung nach insb. dadurch, dass die Unternehmen aufgrund von Vermutungsregeln ihre fehlende Beteiligung am Kartell nachweisen müssen.

331 Dazu Dritter Teil, F. II. 4.

332 *EuGH*, Urt. v. 8.7.1999, Rs. C-49/92 P – *Anic Partecipazioni*, Slg. 1999, I-4162.

333 Vgl. dazu *EuGH*, Urt. v. 22.10.2015, Rs. C-194/14 P – *AC-Treuhand II*, BeckRS 2015, 81458, Rn. 29 ff.; Urt. v. 21.7.2016, Rs. C-542/14 – *VM Remonts*, BeckRS 2016, 81617, Rn. 29.

334 *Kommission*, Entsch. v. 23.4.1986, 86/398/EWG – *Polypropylen*, ABl. 1986 L 230/1.

335 *Brei*, NZKart 2017, 211, 212.

336 *EuGH*, Urt. v. 8.7.1999, Rs. C-49/92 P – *Anic Partecipazioni*, Slg. 1999, I-4162, Rn. 83.

337 *Brei*, NZKart 2017, 211, 212 f.

verantwortlich zu machen, sondern darum, dieses für die Gesamtaktivitäten haftbar zu machen, ohne im Einzelnen sämtliche Einzelaktivitäten aufschlüsseln zu müssen.

3. AC-Treuhand II

Im Zuge der *AC-Treuhand II*-Entscheidung[338] hat sich der EuGH erstmals mit der Frage beschäftigt, unter welchen Voraussetzungen externe, nicht auf dem betroffenen Markt tätige Dienstleister kartellrechtlich sanktioniert werden können.[339] Bei der AC-Treuhand handelt es sich um eine Züricher Beratungsgesellschaft, welche Dienstleistungen für Verbände und Interessengemeinschaften anbietet, die unter anderem in der „Beschaffung, Verarbeitung und Auswertung von Marktdaten" liegen. Nach Ansicht der Kommission hatte die AC-Treuhand mehrere Kartelltreffen organisiert, bei denen sie nicht nur anwesend gewesen sei, sondern sich aktiv beteiligt habe in Form von der Zusammentragung von Liefermengen und dem Aushandeln von Kompromissen. Hierfür wurde sie entsprechend vergütet.

Da die AC-Treuhand selbst nicht in einem Wettbewerbsverhältnis mit den Marktakteuren stand und auf dem betroffenen Markt nicht als Anbieter oder Nachfrager agiert hat,[340] liegt nach Ansicht des Generalanwalts kein Verstoß gegen Art. 101 Abs. 1 AEUV vor.[341] Der EuGH ist dem nicht gefolgt. Seiner Einschätzung nach ist Art. 101 Abs. 1 AEUV nicht einschränkend auszulegen. Deshalb seien nicht auf dem betroffenen Markt tätige Unternehmen nicht von vornherein von der Anwendung auszunehmen. In Bezug auf den strafrechtlichen Bestimmtheitsgrundsatz ist der EuGH darüber hinaus der Auffassung, dass die Verantwortlichkeit marktfremder Unternehmen durch Auslegung Art. 101 Abs. 1 AEUV zu entnehmen sei. Voraussetzung sei, „[...] dass das betreffende Unternehmen durch sein Verhalten zur Erreichung der von allen Beteiligten verfolgten gemeinsamen Ziele beitragen wollte und von dem von anderen Unternehmen in Verfolgung dieser Ziele beabsichtigten oder an den Tag gelegten tatsächlichen Verhalten wusste oder dieses vernünftigerweise vorhersehen konnte und es bereit war, die daraus erwachsende Gefahr auf sich zu

338 *EuGH*, Urt. v. 22.10.2015, Rs. C-194/14 P – *AC-Treuhand II*, BeckRS 2015, 81458.

339 Vgl. dazu auch die Ausführungen von *Jungermann/Steger*, DB 2015, 2865 f.

340 Vgl. Streinz-*Eilmansberger/Kruis*, Art. 101 AEUV, Rn. 25.

341 *GA Wahl*, Schlussanträge v. 21.5.2015, Rs. C-194/14 P – *AC-Treuhand II*, BeckRS 2015, 80679, Rn. 84.

nehmen".[342] Der EuGH hat sich bei seiner Formulierung damit erkennbar an die dabei zitierte *Anic*-Entscheidung[343] angelehnt.

4. Eturas

Bei der *Eturas*-Entscheidung[344] hat der EuGH seine Rechtsprechung zur passiven Beteiligung aufgegriffen und dabei die kartellrechtliche Verantwortlichkeit für solche Formen der Beteiligung bestätigt. Die Besonderheit im nationalen Sachverhalt lag darin, dass nicht ein anderer Marktteilnehmer, sondern ein Dritter, also ein marktfremdes Unternehmen, den Anstoß für ein Kartell gegeben hat.

Ausgangslage für das Vorabentscheidungsgesuch waren Bußgeldbescheide gegen 30 Reisebüros, welche von der zuständigen litauischen Wettbewerbsbehörde (Wettbewerbsrat) verhängt worden waren. Diese Reisebüros hatten allesamt Benutzerkonten beim System E-TURAS, über welche ein Zugang zu einem elektronischen Mitteilungssystem bestand. Über dieses Mitteilungssystem hat nach Dafürhalten des litauischen Wettbewerbsrates der Administrator von E-TURAS an mehrere der Reisebüros eine Mitteilung versandt, die darüber informiert habe, dass es von Systemseite aus zukünftig eine Rabattobergrenze gäbe. Der EuGH hat entsprechend der Rechtsauffassung des Wettbewerbsrates entschieden, dass die Reisebüros bei solchen Sachverhalten durch passive Beteiligungsformen Kartellrechtsverstöße begehen können. Schwieriger war es für den EuGH, sowohl die Unschuldsvermutung zu wahren als auch den Effektivitätsgrundsatz zu beachten. Aufgelöst wurde dies durch den EuGH dahingehend, bei Nachweis der Kenntnis der versandten Nachricht durch die Wettbewerbsbehörden von einer widerleglichen Vermutung der Billigung der Verhaltensabstimmung auszugehen. Um die Kenntnis der Unternehmen von der Nachricht nachzuweisen, genüge allerdings nicht die bloße Existenz einer technischen Beschränkung (hier in Bezug auf die Preisnachlässe). Für eine hinreichende Beweisführung bedürfe es weiterer objektiver Indizien.

5. VM Remonts

Die zentrale EuGH-Entscheidung im Bereich der Verantwortlichkeit von Unternehmen für das Fehlverhalten Dritter ist die *VM Remonts*-Entscheidung[345]. Der

342 *EuGH*, Urt. v. 22.10.2015, Rs. C-194/14 P – *AC-Treuhand II*, BeckRS 2015, 81458, Rn. 30.

343 *EuGH*, Urt. v. 8.7.1999, Rs. C-49/92 P – *Anic Partecipazioni*, Slg. 1999, I-4162.

344 *EuGH*, Urt. v. 21.1.2016, Rs. C-74/14 – *Eturas*, BeckRS 2016, 80157.

345 *EuGH*, Urt. v. 21.7.2016, Rs. C-542/14 – *VM Remonts*, BeckRS 2016, 81617.

EuGH hatte zu entscheiden, ob und unter welchen Voraussetzungen ein Unternehmen für eine abgestimmte Verhaltensweise Dritter verantwortlich gemacht werden kann. Im Unterschied zu den vorherigen Entscheidungen war dies eine konstitutive Voraussetzung für das Zustandekommen eines Kartells. Bei der *Anic*-Entscheidung ging es um eine einheitliche und komplexe Zuwiderhandlung,[346] wo es letztlich das Ziel war, einen einheitlichen Sachverhalt nicht künstlich aufspalten zu müssen. Hingegen musste im Rahmen der *VM Remonts*-Entscheidung geklärt werden, ob überhaupt ein kartellrechtliches Fehlverhalten der Unternehmen vorliegen kann.[347]

Der Vorlagefrage des obersten Gerichts von Lettland lag folgender Sachverhalt zugrunde:[348] Die lettische Stadt Jūrmala hatte eine Ausschreibung hinsichtlich der Belieferung von Ausbildungseinrichtungen mit Lebensmitteln veröffentlicht. Daraufhin haben sich drei Unternehmen beworben und entsprechende Angebote abgegeben. Eines der Unternehmen hat für die Erstellung und Einreichung seines Angebotes ein Beratungsunternehmen beauftragt. Das Unternehmen erhielt von dem Beratungsunternehmen ein, nach Auffassung des vorlegenden Gerichts, selbstständig erstellten Entwurf des Angebots. Weiterhin schloss dasselbe Beratungsunternehmen mit den beiden anderen beteiligten Unternehmen einen Vertrag, nach welchem es deren Angebote ebenfalls erstellen sollte. Ersteres Unternehmen wurde hierüber nicht informiert. Ein Angestellter des Beratungsunternehmens nahm daraufhin das Angebot des ersten Unternehmens als Vorlage und erstellte auf dieser Grundlage die Angebote für die beiden anderen Unternehmen. Dabei lag eines der Angebote ca. 5 % unter und das andere Angebot ca. 5 % über dem Angebot des ersten Unternehmens.

Der EuGH wurde daraufhin mit der Frage betraut, unter welchen Voraussetzungen ein Unternehmen für ein Fehlverhalten eines (externen) Beratungsunternehmens, vergleichbar mit dem nationalen Sachverhalt, verantwortlich ist. Zur Beantwortung der Frage hat der EuGH zwischen drei verschiedenen Fallgruppen differenziert. Demnach wird ein Unternehmen dann für ein kartellrechtliches Fehlverhalten (hier abgestimmte Verhaltensweise) verantwortlich gemacht, wenn „[1] Der Dienstleister […] in Wirklichkeit unter der Leitung oder der Kontrolle des beschuldigten Unternehmens tätig [war], oder [2] das

346 Dazu S. 76.

347 Zu der Einschätzung, dass in der *VM Remonts*-Entscheidung erstmals über das Thema Zurechnung in dieser Form geurteilt wurde, kommt auch *Bechtold*, ZEuP 2017, 701, 707.

348 Vgl. dazu auch *W. Bosch*, NJW 2017, 1714, 1719; *Weitbrecht/Mühle*, EuZW 2017, 165, 167.

Unternehmen […] von den wettbewerbswidrigen Zielen seiner Konkurrenten und des Dienstleisters Kenntnis [hatte] und […] durch sein eigenes Verhalten dazu beitragen [wollte], oder [3] das Unternehmen […] das wettbewerbswidrige Verhalten seiner Konkurrenten und des Dienstleisters vernünftigerweise vorhersehen [konnte] und […] bereit [war], die daraus erwachsende Gefahr auf sich zu nehmen."[349]

6. *Abschließende Beurteilung*

Abgesehen von der *Eturas*-Entscheidung[350] sind die anderen Entscheidungen in ihrer Argumentation auf die Kriterien der *Anic*-Entscheidung zurückzuführen. Dies ergibt sich schon daraus, dass neben der *Anic*-Entscheidung selbst sowohl die *AC-Treuhand II*[351] als auch die *VM Remonts*-Entscheidung[352] diese als Grundlage für ihre rechtlichen Ausführungen voranstellen. Die bei der *Anic*-Entscheidung zum Tragen kommende Figur der einheitlichen und fortgesetzten Zuwiderhandlung wird somit bemerkenswerterweise in zwei verschiedenen Kontexten aufgegriffen. Zum einen werden hierüber in der *AC-Treuhand II*-Entscheidung Kriterien für die Sanktionierung Dritter aufgestellt, sodass es darum geht, diese für das Kartell verantwortlich zu machen, welches unproblematisch zwischen den Unternehmen vorliegt. Zum anderen baut der EuGH hierüber im Rahmen der *VM Remonts*-Entscheidung seine Argumentation für eine Verantwortlichkeit der Unternehmen für das Fehlverhalten Dritter auf.[353] Es findet deshalb über dasselbe Kriterium bildlich gesprochen eine „Zurechnung" in beide Richtungen statt. Der Begriff der Zurechnung ist an dieser Stelle nicht wörtlich zu verstehen, da es insbesondere in der *AC-Treuhand II*-Entscheidung, aber ebenfalls beim *VM Remonts*-Urteil um ein eigenes Fehlverhalten der Akteure geht. Es lässt sich schlussfolgern, dass es sich bei dem in der *Anic*-Entscheidung aufgestellten Kriterium offenbar um ein generelles Zurechnungskriterium im Kartellrecht außerhalb der wirtschaftlichen Einheit handelt. Ob die Verwendung von Kriterien, die auf derselben Grundlage beruhen, problematisch ist, soll bei der Verantwortlichkeit des Dritten selbst noch einmal aufgegriffen werden.[354]

---

349 *EuGH*, Urt. v. 21.7.2016, Rs. C-542/14 – *VM Remonts*, BeckRS 2016, 81617, Rn. 33.
350 *EuGH*, Urt. v. 21.1.2016, Rs. C-74/14 – *Eturas*, BeckRS 2016, 80157.
351 *EuGH*, Urt. v. 22.10.2015, Rs. C-194/14 P – *AC-Treuhand II*, BeckRS 2015, 81458, Rn. 30; vgl. dazu S. 77.
352 *EuGH*, Urt. v. 21.7.2016, Rs. C-542/14 – *VM Remonts*, BeckRS 2016, 81617, Rn. 29.
353 So auch *Berg*, EuZW 2016, 737, 739.
354 Vierter Teil, B.

II. Modelle einer dogmatischen Verankerung

Da die *VM Remonts*-Entscheidung als maßgebend für die Verantwortlichkeit der Unternehmen für Dritte herausgearbeitet wurde, soll in der Folge ihre dogmatische Grundlage untersucht werden. Dies dient dazu, geeignete Kriterien zu finden, bei denen eine Verantwortlichkeit in Betracht kommt. Die gefunden Ergebnisse sollen dabei ebenfalls mit der EuGH-Rechtsprechung abgeglichen werden.

1. Problem der fehlenden Zurechnungsnorm

Im europäischen Kartellrecht existiert keine Norm, welche die Zurechnung des Fehlverhaltens Dritter oder Angestellter regelt.[355] Infolge dessen ist zu klären worauf sich die Verantwortlichkeit für oder bei einem Fehlverhalten Dritter stützen kann. Grundlegend ist dabei, ob eine Verantwortlichkeit überhaupt möglich ist, ohne dass dadurch gegen den Bestimmtheitsgrundsatz oder das Analogieverbot verstoßen wird, welche gerade im strafrechtlichen Bereich eine erhebliche Hürde darstellen. Wie gesehen finden diese rechtsstaatlichen Grundsätze Anwendung im Kartellrecht.[356] Zur Beantwortung dieser Frage sind die einzelnen Modelle zu betrachten, welche im Kartellrecht zum Tragen kommen.

2. Das Prinzip der wirtschaftlichen Einheit

Das Prinzip der wirtschaftlichen Einheit ermöglicht wie gesehen primär eine Verhaltenszurechnung innerhalb eines Unternehmens oder Konzerns.[357] Deshalb muss dieses Prinzip in Einklang mit den im europäischen Kartellrecht geltenden rechtsstaatlichen Grundsätzen stehen.

Eng verknüpft mit der wirtschaftlichen Einheit ist der Unternehmensbegriff. Der Unternehmensbegriff ist unionsrechtlich autonom auszulegen und deshalb nicht an die Subsumtion unter mitgliedstaatliche Begriffe, wie etwa die juristische Person im deutschen Recht, geknüpft.[358] Nach Art. 1 des Protokolls 22[359] zum EWR-Abkommen[360] „[...] gilt als ‚Unternehmen' jedes Rechtssubjekt, das

---

355 *Jüchser*, Die Beteiligung am Kartell, S. 46.

356 Zweiter Teil, B.

357 Vgl. Dritter Teil, E.

358 Calliess/Ruffert-*Weiß*, Art. 101 AEUV, Rn. 25.

359 Protokoll über die Begriffe „Unternehmen" und „Umsatz" (Protokoll Nr. 22), ABl. 1994 L 1/185 f.

360 Abkommen über den Europäischen Wirtschaftsraum.

eine kommerzielle oder wirtschaftliche Tätigkeit ausübt." Dementsprechend geht das Schrifttum von einem funktionalen Unternehmensbegriff aus.[361] Dem schließt sich der EuGH an, welcher als Unternehmen „[...] jede eine wirtschaftliche Tätigkeit ausübende Einheit, unabhängig von ihrer Rechtsform und der Art ihrer Finanzierung" ansieht.[362] Wer oder was Bestandteil einer Einheit ist, richtet sich deshalb nicht nach der rechtlichen Qualifikation.[363] Neben juristischen können weiterhin natürliche Personen Teil einer wirtschaftlichen Einheit sein.[364] Für die Frage, inwieweit eine Verantwortlichkeit für das Fehlverhalten anderer ohne spezielle Norm rechtstaatlich möglich ist, hat diese Betrachtung entscheidende Auswirkungen. Ein Angestellter eines Unternehmens ist Teil der wirtschaftlichen Einheit.[365] Er übt keine eigene wirtschaftliche Tätigkeit aus. Liegen die entsprechenden Voraussetzungen vor, wie insbesondere die Berechtigung, handelt der Angestellte als Teil der wirtschaftlichen Einheit. Die Frage einer Zurechnungsnorm stellt sich mangels Anknüpfung des europäischen Kartellrechts an

---

361 Calliess/Ruffert-*Weiß*, Art. 101 AEUV, Rn. 25; Grabitz/Hilf/Nettesheim-*Stockenhuber*, Art. 101 AEUV, Rn. 51; Groeben/Schwarze/Hatje-*Schröter*, Vor. zu den Art. 101 bis 105 AEUV, Rn. 45; Immenga/Mestmäcker-*Zimmer*, Art. 101 Abs. 1 AEUV, Rn. 9; Langen/Bunte-*Hengst*, Art. 101 AEUV, Rn. 5; Streinz-*Eilmansberger/Kruis*, Vor. Art. 101–106 AEUV, Rn. 27 ff. Unterschiede bestehen nur darin, wie die wirtschaftliche Einheit zu verstehen ist. Zwar wird dieses Prinzip bei der Unternehmensdefinition herangezogen. Uneinigkeit besteht jedoch darin, ob auf Tatbestandsebene beispielweise bei einer Unternehmensgruppe die Verhaltenspflichten diese insgesamt betreffen oder ob erst im zweiten Schritt eine Zurechnung zwischen verschiedenen Normadressaten stattfindet. Befürworter letzterer Ansicht fordern daher institutionelle Kriterien, um eine Spaltung des Unternehmensbegriffs zu verhindern. Eine Spaltung ergebe sich daraus, dass nach der Identifizierung des Unternehmens i.R.d. Tatbestands des Art. 101 Abs. 1 AEUV auf Sanktionsebene das dann letztlich zu sanktionierende Rechtssubjekt davon unabhängig noch ermittelt werden muss. Zu dieser Diskussion ausführlich *M. Klotz*, Wirtschaftliche Einheit und Konzernhaftung im Kartellzivilrecht, S. 61 ff.

362 St. Rspr. *EuGH*, Urt. v. 23.4.1991, Rs. C-41/90 – *Höfner und Elser*, Slg. 1991, I-1979, Rn. 21; Urt. v. 16.11.1995, Rs. C-244/94 – *Fédération française des sociétés d'assurances*, Slg. 1995, I-4013, Rn 14; Urt. v. 12.9.2000, Rs. C-180/98 u.a. – *Pavlov*, Slg. 2000, I-6451, Rn 74; Urt. v. 11.7.2006, Rs. C-205/03 – *FENIN*, Slg 2006, I-629, Rn. 25.

363 Immenga/Mestmäcker 5. Auflage-*Emmerich*, Art. 101 Abs. 1 AEUV, Rn. 9 f.

364 Kölner Kommentar Kartellrecht-*Füller*, Art. 101 AEUV, Rn. 32; Langen/Bunte-*Hengst*, Art. 101 AEUV, Rn. 33; Loewenheim/Meessen/Riesenkampff-*Grave/Nyberg*, Art. 101 Abs. 1 AEUV, Rn. 165 ff. m.w.N.

365 Ausdrücklich EuGH, Urt. v. 21.7.2016, Rs. C-542/14 – *VM Remonts*, BeckRS 2016, 81617, Rn. 23, mit Verweis auf das Urt. v. 16.9.1999, Rs. C-22/98 – Becu, Slg. 1999, I-05665, Rn. 26, wo dies bereits angedeutet wird.

das Recht juristischer Personen nicht. Das Unternehmen ist so zu behandeln, wie wenn es die Tätigkeit selbst vorgenommen hat. Diese Sichtweise ergibt sich ebenfalls aus der Rechtsprechung des EuGH. In der *Akzo Nobel*-Entscheidung hat dieser ausgeführt, dass bei fehlender Unabhängigkeit einer Tochter- von ihrer Muttergesellschaft, welche bei 100 % Beteiligung widerleglich vermutet wird, beide zusammen eine wirtschaftliche Einheit bilden.[366] Die Verantwortlichkeit für das kartellrechtliche Fehlverhalten der Tochter ergibt sich aus der Bildung nur eines Unternehmens im Sinne des Art. 101 Abs. 1 AEUV durch Mutter- und Tochtergesellschaft.[367] Einer Zurechnungsnorm bedarf es somit nicht.

Das Prinzip der wirtschaftlichen Einheit müsste weiterhin Dritte erfassen, damit dessen dogmatisches Prinzip auf die in dieser Arbeit betrachteten Fallgruppen anwendbar wäre. Der EuGH bezieht sich in der *VM Remonts*-Entscheidung zwar auf die wirtschaftliche Einheit,[368] hieraus ergibt sich jedoch noch nicht die Anwendung im Bereich von Dritten. Es ist dabei zwischen den verschiedenen Konstellationen zu unterscheiden, die der EuGH bildet. Aus den ursprünglich drei sollen an dieser Stelle zwei Konstellationen gemacht werden, da sich die letzteren beiden nur hinsichtlich des subjektiven Elements unterscheiden. Zum einen ist deshalb die Fallgruppe von „[…] Dienstleister[n] [die] in Wirklichkeit unter der Leitung oder der Kontrolle des beschuldigten Unternehmens tätig [waren] […]“ zu betrachten und zum anderen die Situation, bei der das Unternehmen Kenntnis hinsichtlich der wettbewerbswidrigen Ziele des Dritten und des anderen Unternehmens hatte oder er es hätte vorhersehen können und die Gefahr auf sich genommen hat oder dazu beitragen wollte.

Hat das jeweilige Unternehmen die Kontrolle über den Dienstleister, handelt es sich nach Ansicht des EuGH nicht mehr um einen selbstständigen Dienstleister.[369] Dies könne der Fall sein, wenn der Dienstleister sein Handeln nicht autonom bestimmen kann und das Unternehmen die Art und Weise bestimmt, wie dieser tätig zu werden hat.[370] Entsprechend seiner Rechtsprechung zur

---

366 *EuGH*, Urt. v. 10.9.2008, Rs. C-97/08 P – *Akzo Nobel*, Slg. 2009, I-8237, Rn. 58 ff. Dazu auch Calliess/Ruffert-*Weiß*, Art. 101 AEUV, Rn. 35; Langen/Bunte-*Hengst*, Art. 101 AEUV, Rn. 43 ff.

367 Loewenheim/Meessen/Riesenkampff-*Grave/Nyberg*, Art. 101 Abs. 1 AEUV, Rn. 153. Zu einer Differenzierung hinsichtlich des betrachteten Zusammenhangs siehe die Ausführungen und Nachweise in Fn. 361.

368 Vgl. *EuGH*, Urt. v. 21.7.2016, Rs. C-542/14 – *VM Remonts*, BeckRS 2016, 81617, Rn. 22 f.

369 *EuGH*, Urt. v. 21.7.2016, Rs. C-542/14 – *VM Remonts*, BeckRS 2016, 81617, Rn. 27, 25.

370 *EuGH*, Urt. v. 21.7.2016, Rs. C-542/14 – *VM Remonts*, BeckRS 2016, 81617, Rn. 27.

Mutter- und Tochtergesellschaft ist der EuGH ebenfalls der Auffassung, dass sich die fehlende Autonomie aus der „wirtschaftlichen und rechtlichen Bindungen" zwischen Dienstleister und Unternehmen ergeben kann.[371] In Bezug auf Dritte kann diese Rechtsprechung allerdings nicht angewendet werden. Zwar befasst sich der EuGH entsprechend den Vorlagefragen mit der Verantwortlichkeit für externe Dienstleister. Die dargestellte Konstellation der Kontrolle von Unternehmen über Dienstleister hat der EuGH jedoch gerade in Abgrenzung zu externen Dienstleistern gebildet. Ein Rückgriff auf die vorherige Rechtsprechung bezüglich Angestellter oder Mutter- und Tochtergesellschaften ist für diese Fälle daher folgerichtig, beantwortet jedoch noch nicht die Frage, wie sich die wirtschaftliche Einheit bei Dritten verhält.

Im Bereich von Dritten kann das Prinzip der wirtschaftlichen Einheit nur dann anwendbar sein, wenn hinsichtlich der dahinterstehenden Wertung eine hinreichende Vergleichbarkeit vorliegt. Der EuGH äußert sich hierzu mittelbar, wenn er Bezug auf die soeben dargestellte zweite Situation (Kenntnis oder Vorhersehbarkeit) nimmt. In der Literatur wird der EuGH teilweise dahingehend interpretiert, dass bei Vorliegen der entsprechenden Voraussetzungen in diesen Konstellationen eine wirtschaftliche Einheit zwischen Unternehmen und Dienstleistern bestehe.[372] Untermauert wird dies mit der Anknüpfung des EuGH an die *Anic*-Entscheidung, woraus Rückschlüsse für die Beurteilung der wirtschaftlichen Einheit gezogen werden.[373] Bei genauerer Betrachtung der Ausführungen des EuGH liegt jedoch eine gegenteilige Auffassung nahe. So grenzt dieser die Konstellation gerade von Fällen einer wirtschaftlichen Einheit ab. Dies ergibt sich aus der Klarstellung unmittelbar nach den Ausführungen zur wirtschaftlichen Einheit, dass die angeführten Entscheidungen in Bezug auf eine Zurechnung von Handlungen von Angestellten ergangen sind und sich deshalb nicht ohne Weiteres auf externe Dienstleister übertragen lassen.[374] Nur als Ausnahme hierzu werden Fälle der fehlenden Selbstständigkeit genannt. In allen übrigen Fällen gelten nach Ansicht des EuGH besondere Voraussetzungen.[375] Zwar handelt es sich bei den Entscheidungen zur Zurechnung von Handlungen von Angestellten nicht um die Entscheidungen zur wirtschaftlichen Einheit. Wie dargelegt, sind Angestellte jedoch Teil der wirtschaftlichen Einheit.[376] Der

371 *EuGH*, Urt. v. 21.7.2016, Rs. C-542/14 – *VM Remonts*, BeckRS 2016, 81617, Rn. 27.

372 *Oechsler*, NZKart 2017, 21.

373 *Oechsler*, NZKart 2017, 21 ff.

374 *EuGH*, Urt. v. 21.7.2016, Rs. C-542/14 – *VM Remonts*, BeckRS 2016, 81617, Rn. 23, 26.

375 *EuGH*, Urt. v. 21.7.2016, Rs. C-542/14 – *VM Remonts*, BeckRS 2016, 81617, Rn. 28.

376 Fn. 365.

EuGH sieht mangels Angestelltenverhältnisses, unter der Voraussetzung der tatsächlichen Selbstständigkeit, externe Dienstleister nicht als Teil der wirtschaftlichen Einheit an.[377] Die Abgrenzung wäre sinnfrei, wenn nach Auffassung des EuGH ohnehin sowohl Angestellte als auch Dritte Teil der wirtschaftlichen Einheit wären.

Abseits dieser Interpretation sprechen ferner die dahinterstehenden Wertungen dafür, Dritte trotz Vorliegens der entsprechenden Voraussetzungen nicht als Teil der wirtschaftlichen Einheit anzusehen, zu der das jeweilige Unternehmen gehört. Der bloße Umstand der Kenntnis eines Unternehmens von einem wettbewerbswidrigen Verhalten eines Dritten führt nicht zu einer wirtschaftlichen Verschmelzung. Den Einfluss, den das Unternehmen auf den Dritten nimmt oder nehmen kann, ist nicht vergleichbar mit dem einer Mutter- auf ihre Tochtergesellschaft. In jedem Fall ist der Dienstleister weiterhin in der Lage, sein Marktverhalten autonom zu bestimmen. Deshalb ist das Prinzip der wirtschaftlichen Einheit bei externen Dienstleistern nicht anwendbar und scheidet als Instrument der Verantwortlichkeit für Dritte aus.

3. *Respondeat Superior*

Ein weiteres Prinzip, auf welches sich die Verantwortlichkeit stützen könnte, ist das Prinzip des Respondeat Superior. Ursprünglich kommt diese Rechtsfigur aus dem anglo-amerikanischen Recht.[378] Im Deliktsrecht führt es zu einer Zurechnung des Fehlverhaltens eines Gehilfen an den Geschäftsherrn.[379] Weiterhin greift der U.S. Supreme Court auf das Prinzip im strafrechtlichen Bereich zurück, wenn es um die Verantwortlichkeit von Unternehmen geht.[380] Ein Unternehmen ist hiernach verantwortlich für die von Angestellten begangenen Straftaten, wenn diese zum einen im Rahmen der Beschäftigung vorgenommen wurden und zum anderen der Angestellte wenigstens teilweise zugunsten des Unternehmens gehandelt hat.[381]

Neben dem Common Law wird das Prinzip ebenfalls im Kontext des europäischen Rechts verwendet. Generalanwältin *Kokott* hat das Prinzip des Respondeat Superior im Unionsrecht in einem nicht kartellrechtlichen Verfahren

---

377 Zu diesem Ergebnis kommen auch *Bechtold*, ZEuP 2017, 701, 707 f. und *Berg*, EuZW 2016, 737, 739 f.

378 *Wicke*, Respondeat Superior, S. 155 ff. m.w.N.

379 *Wicke*, Respondeat Superior, S. 264, 316.

380 *Beale*, ZStW 2014, 27, 31 ff.

381 *Beale*, ZStW 2014, 27, 32; *Bürger*, NZKart 2017, 624, 625.

bemüht, in dem es um die Zurechnung von Verschulden eines Angestellten an den Betriebsinhaber ging.[382] Bei der bußgeldrechtlichen Verantwortlichkeit von Unternehmen im europäischen Kartellrecht wird darüber hinaus teilweise eine große Parallele zur strafrechtlichen Verantwortlichkeit von Unternehmen gesehen.[383] Sofern es sich um ein tragfähiges dogmatisches Modell und nicht doch nur um eine Art Zurechnungskriterium handelt, müsste das Prinzip überhaupt auf Dritte anwendbar sein. Das Respondeat Superior-Prinzip dient der Beschreibung der sog. vicarious liability.[384] Hierunter wird die Haftung des Arbeitgebers (employer) für seine Angestellten (employee) verstanden.[385] Externe Dienstleister, sog. independent contractors, fallen gerade nicht hierunter.[386] Da Dritte daher nicht erfasst sind, erübrigt sich die Frage, inwieweit über ein derartiges Verantwortlichkeitsprinzip auf eine Zurechnungsnorm verzichtet werden kann, ohne gegen das Rechtsstaatsprinzip zu verstoßen. Im strafrechtlichen Bereich, zu dem im Kartellrecht die Parallele gezogen wird, liegt in jedem Fall eine Vergleichbarkeit mit dem Kriterium der Berechtigung vor. So konkretisiert der U.S. Supreme Court die Anforderungen des Handelns der Angestellten im Rahmen der Beschäftigung dahingehend, dass es genügt, wenn der Angestellte mit der ihm übertragenen Befugnis handelt.[387] Deshalb wäre es selbst bei unterstellter Anwendbarkeit sehr zweifelhaft, ob ein solches Konstrukt geeignet ist, das Rechtsstaatsprinzip zu wahren. Naheliegender ist die Erforderlichkeit der eigenen dogmatischen Begründung des Prinzips des Respondeat Superior.[388]

4. *System der Pflichterfüllung*

Das Fehlen einer Zurechnungsnorm könnte möglicherweise aufgrund tatsächlich nicht vorgenommener Zurechnung rechtstaatlich unproblematisch sein. Eine andere Möglichkeit bestände nämlich darin, nur in den jeweiligen, *eigenen*

---

382 *GA Kokott*, Schlussanträge v. 24.10.2013, Rs. C-396/12 – *A.M. van der Ham u.a./College van Gedeputeerde Staten van Zuid*, BeckRS 2013, 8204.

383 *Bürger*, NZKart 2017, 624, 625.

384 *Wicke*, Respondeat Superior, S. 156, Fn. 4.

385 *Wicke*, Respondeat Superior, S. 24.

386 Vgl. *Wicke*, Respondeat Superior, S. 270 f.

387 *U.S. Supreme Court*, *New York Central & Hudson River R. Co. v. United States*, 212 U.S. 481, 493 f. (1909) („assumed to perform for the corporation when employing the corporate powers actually authorized"); dazu *Beale*, ZStW 2014, 27, 32.

388 Ähnlich *GA Kokott*, Schlussanträge v. 24.10.2013, Rs. C-396/12 – *A.M. van der Ham u.a./College van Gedeputeerde Staten van Zuid*, BeckRS 2013, 8204, Rn. 80 f., welche die Anwendung i.E. aufgrund der fehlenden gesetzlichen Verankerung ablehnt.

Pflichten zu denken. Dafür müsste Art. 101 Abs. 1 AEUV überhaupt entsprechende Pflichten enthalten. Nachdem die Reichweite dieser Pflichten ermittelt wird, wäre nur noch zu klären, ob ein Unternehmen in einer bestimmten Situation *seine* Pflichten verletzt. Gleiches würde gelten, wenn Dritte sich kartellrechtlich problematisch verhalten und dies in einem Zusammenhang mit einem Unternehmen steht. Es wäre nicht von Bedeutung, ob das Verhalten des Dritten dem Unternehmen zugerechnet werden kann, sondern nur, ob das Unternehmen seine Pflichten aus Art. 101 Abs. 1 AEUV verletzt hat.[389] Ohne das Tätigwerden des Dritten stände zwar kein Kartellverstoß des Unternehmens im Raum. Trotzdem käme dieser nur durch eine Pflichtverletzung des Unternehmens, nicht des Dritten zustande. Ein Pflichtenverstoß gegen die Pflichten von Art. 101 Abs. 1 AEUV würde einen Kartellverstoß nach Art. 101 Abs. 1 AEUV nach sich ziehen. Da sich die anderen dogmatischen Modelle als nicht tragfähig in Bezug auf die Verantwortlichkeit für Dritte herausgestellt haben, ist zu untersuchen, ob das Kartellverbot überhaupt entsprechende Verhaltenspflichten beinhaltet. Weiterhin wäre durch Auslegung zu ermitteln, wie weit diese Pflichten reichen. Entsprechend den obigen Ausführungen[390] wird folglich nur noch eine Verantwortlichkeit bei einem Fehlverhalten Dritter untersucht, nicht eine Verantwortlichkeit für das Fehlverhalten Dritter. Es findet nach diesem Modell gerade keine Zurechnung statt.

III. Herleitung von kartellrechtlichen Verhaltenspflichten und Handlungspflichten

Damit sich eine kartellrechtliche Verantwortlichkeit bei einem Fehlverhalten Dritter auf eine eigene Pflichtverletzung stützen lässt, müsste Art. 101 Abs. 1 AEUV eigene Verhaltens- und darüber hinaus Handlungspflichten[391] beinhalten. Es kommen mehrere Möglichkeiten in Betracht, worüber sich solche begründen lassen. Zunächst lassen sich aus dem Verbot selbst unmittelbar Pflichten

389 Aus diesem Grund ist bei Zugrundelegung eines solchen Verständnisses der Begriff der Verantwortlichkeit eines Unternehmens (bei einem Fehlverhalten Dritter) treffender, als von einer Zurechnung oder einer Verantwortlichkeit für Dritte zu sprechen.

390 S. 55 f.

391 Nach dem allgemeinen juristischen Sprachgebrauch ist eine Handlung sowohl ein Tun als auch ein Unterlassen. Mit Handlungspflicht ist in dieser Arbeit allerdings nur eine Pflicht zum aktiven Tun gemeint, da sonst regelmäßig der Begriff der Verhaltenspflicht oder (enger) der Unterlassungspflicht verwendet wird.

herleiten. Diese ergeben sich zudem aus dem Selbstständigkeitspostulat. Zuletzt wird ein Vergleich zu deliktischen Verkehrspflichten gezogen.

1. Herleitung einer Pflicht aus einem Verbot

Art. 101 Abs. 1 AEUV normiert das Verbot von Vereinbarungen und abgestimmten Verhaltensweisen zwischen Unternehmen.[392] Begründungsbedürftig ist es, der Norm darüber hinaus Verhaltens- und Handlungspflichten zu entnehmen. Im Ausgangspunkt ist ein Gebot nämlich grundsätzlich mehr als ein Verbot. Eine Ausnahme würde höchstens dann gelten, wenn die Nichtvornahme der verbotenen Handlung zwingend zu einer Gebotshandlung führt.

Bei Betrachtung von Beseitigungs- und Unterlassungsansprüchen, wie im deutschen Recht z.B. § 1004 Abs. 1 BGB, stellt sich die Frage, wie die Abgrenzung von Gebots- und Verbotsnormen verläuft. Am Beispiel von § 1004 Abs. 1 BGB lässt sich dies veranschaulichen. Die Norm gewährt dem Anspruchsinhaber einen Unterlassungsanspruch gegen den Störer.[393] Es wären jedoch auch andere Ausgestaltungsmöglichkeiten denkbar gewesen. Der Gesetzgeber hätte etwa die Eigentumsstörung verbieten können und § 1004 Abs. 1 BGB somit zu einer Verbotsnorm gemacht. In Verbindung mit der Normierung der Einklagbarkeit durch den Eigentümer wäre dieselbe Wirkung erzielt worden. In beiden Fällen würden den Störern aktive Pflichten auferlegt. § 1004 Abs. 1 S. 1 BGB verpflichtet generell zur „Beseitigung der Beeinträchtigung“. Damit ist ein positives Tun vom Störer erforderlich.[394] Der Gesetzgeber hat gerade nicht nur die Pflicht zur Duldung der Selbsthilfe normiert.[395] Gleiches gilt für den Unterlassungsanspruch, welcher ebenfalls aktive Gegenmaßnahmen bezüglich künftiger Störungen erfordern kann.[396] Das Beispiel soll verdeutlichen, dass es der Sache nach keinen Unterschied macht, ob einem Verantwortlichen unmittelbar die Pflicht

---

392 Die Geeignetheit, „[…] den Handel zwischen den Mitgliedstaaten zu beeinträchtigen […] und eine Verhinderung, Einschränkung oder Verfälschung des Wettbewerbs innerhalb des Binnenmarkts [zu] bezwecken oder [zu] bewirken […]“, wird hier nicht nochmals gesondert geprüft. Um Verhaltenspflichten auszulösen, müssten diese Tatbestandsmerkmale erfüllt sein. In Bezug auf diese Arbeit ist das Vorliegen dieser Voraussetzungen ohnehin zu unterstellen (siehe S. 57 f.).

393 Schulze BGB-*Schulte-Nölke*, § 1004 BGB, Rn. 1 ff.

394 Bamberger/Roth/Hau/Poseck-*Fritzsche*, § 1004 BGB, Rn. 62; Prütting/Wegen/Weinreich-*Englert*, § 1004 BGB, Rn. 6; Staudinger-*Gursky*, § 1004 BGB, Rn. 136.

395 Bamberger/Roth/Hau/Poseck-*Fritzsche*, § 1004 BGB, Rn. 62; Staudinger-*Gursky*, § 1004 BGB, Rn. 136.

396 Staudinger-*Gursky*, § 1004 BGB, Rn. 136.

auferlegt wird, die aus seiner Sphäre stammenden Eigentumsbeeinträchtigungen zu verhindern, oder ob diese ihm verboten werden, respektive gegen ihn ein Unterlassungsanspruch besteht. In jedem Fall können bei entsprechendem Vorverhalten aktive Pflichten entstehen. Bei einer Verbotsnorm würde andernfalls gegen das Verbot verstoßen.

Letztlich handelt es sich bei Verbots- und Gebotsnormen nur um unterschiedliche Regelungstechniken. Ein Verbot drückt immer auch eine Pflicht aus. Der Unterschied besteht nur darin, diese in positiver oder in negativer Form auszudrücken.[397] Dies soll anhand eines weiteren Beispiels verdeutlicht werden, welches in der Literatur gebildet wird:[398] Gegenübergestellt werden das Verbot „du sollst nicht lügen" und das Gebot „du sollst die Wahrheit sagen". Bezüglich des Gebotes wird unproblematisch eine Pflicht aufgestellt. Problematischer ist das Verbot zu lügen. Auf den ersten Blick handelt es sich nicht um eine Aufforderung etwas zu tun, sondern nur, etwas nicht zu tun. Das Verbot kann aber keine „Nicht-Pflicht" enthalten.[399] Sonst bestünde im Umkehrschluss gerade die Möglichkeit, eine entsprechende Handlung vorzunehmen. Darüber hinaus kann im Recht davon ausgegangen werden, dass im Ausgangspunkt alle Handlungen erlaubt sind, die nicht gesetzlich verboten wurden.[400] Deshalb beinhalten sowohl Gebote als auch Verbote eine Pflicht. Der Unterschied besteht in erster Linie in der negativen Formulierung der Pflicht bei einem Verbot.[401]

Dies hat Auswirkungen auf den Inhalt der Pflicht. Beim Gebot „du sollst die Wahrheit sagen" besteht die Pflicht eindeutig darin, sich wahrheitsgemäß zu äußern. Beim Verbot „du sollst nicht lügen" ist die Pflicht nicht derart eindeutig. In Betracht kommen zwei Interpretationsmöglichkeiten. Zum einen könnte der Normadressat die Pflicht haben, die Wahrheit zu sagen. Zum anderen könnte er nur dazu verpflichtet sein, Aussagen zu treffen, die zwar nicht gelogen sind, aber nicht zwingend der Wahrheit entsprechen oder diese zumindest nicht vollständig wiedergeben. Denkbar sind etwa Teilwahrheiten, welche keine Lügen darstellen.[402] Darüber hinaus bestände noch die Möglichkeit, sich überhaupt nicht

---

397 *Robles Morchón*, Rechtsregeln und Spielregeln, S. 159. In Bezug auf das Verhältnis des „Sollens" und „nicht Dürfens" *Wright*, Norm und Handlung, S. 91 f.

398 *Robles Morchón*, Rechtsregeln und Spielregeln, S. 159 ff.

399 *Robles Morchón*, Rechtsregeln und Spielregeln, S. 160.

400 Von einem theoretischen Modell her kommend *K. Friedrich Röhl/H. C. Röhl*, Allgemeine Rechtslehre, S. 193.

401 Vgl. *Robles Morchón*, Rechtsregeln und Spielregeln, S. 160.

402 *Robles Morchón*, Rechtsregeln und Spielregeln, S. 161.

zu äußern, wodurch ebenfalls nicht gelogen werden würde.[403] Es werden sich zudem Beispiele finden lassen, bei denen das Verbot nur eine mögliche Verhaltenspflicht beinhaltet. Im Kartellrecht gibt es keine Verhaltensoption, die einem Schweigen entspricht. Die Unternehmen sind immer auf dem Markt tätig. Nur eine gänzliche Untätigkeit auf dem Markt würde einem Schweigen entsprechen. Es besteht daher die Pflicht, sich marktkonform zu verhalten. Im Ergebnis lässt sich festhalten, dass ein Verbot zwingend eine Pflicht enthält, unabhängig davon, wie diese ausgestaltet ist und ob sich ihr Inhalt zweifelsfrei ermitteln lässt. Wie gesehen, kommen dabei auch aktive Pflichten in Betracht. Für das Kartellrecht lässt sich an dieser Stelle noch keine Aussage darüber treffen, ob Handlungspflichten bestehen.

2. Selbstständigkeitspostulat

Speziell im Kartellrecht könnten sich Handlungspflichten möglicherweise über das Selbstständigkeitspostulat herleiten lassen. Dieses wird in der europäischen Praxis dazu herangezogen, die Auslegung der Tathandlung zu vereinfachen, da sich hieran orientiert werden kann.[404] Es handelt sich hierbei nicht um ein eigenständiges Postulat, was neben Art. 101 Abs. 1 AEUV steht und damit eigenständige Pflichten begründet. Vielmehr wurde es selbst von der Rechtsprechung aus Art. 101 Abs. 1 AEUV entwickelt. Deshalb könnte es an dieser Stelle dazu dienen, den Standpunkt der europäischen Praxis zu den Pflichten im Kartellrecht herauszuarbeiten. Nach dem Selbstständigkeitspostulat hat jedes Unternehmen seine Marktpolitik selbstständig zu bestimmen.[405] Erlaubt ist es, sich „[...] dem festgestellten oder erwarteten Verhalten [der] Mitbewerber mit wachem Sinn anzupassen".[406] Hingegen steht das Selbstständigkeitspostulat „streng jeder unmittelbaren oder mittelbaren Fühlungnahme zwischen Unternehmen

403 Nach dem Wortlaut besteht zwar in der Pflicht, die Wahrheit zu sagen, eine Äußerungspflicht. Im entsprechenden Kontext, wie bspw. vor Gericht (je nachdem ob eine Aussagepflicht besteht oder ein Zeugnisverweigerungsrecht vorliegt), wird die Pflicht jedoch so auszulegen sein, dass sie sich nur auf die Situation bezieht, in der sich überhaupt geäußert wird, ohne dies aktiv zu verlangen.

404 Vgl. Kölner Kommentar Kartellrecht-*Füller*, Art. 101 AEUV, Rn. 143.

405 *EuGH*, Urt. v. 16.12.1975, Rs. C-40/73 u.a. – *Suiker Unie*, Slg. 1975, 1663, Rn. 174; Urt. v. 14.7.1981, Rs. 172/80 – *Züchner*, Slg. 1981, 2021, Rn. 14; Urt. v. 4.6.2009, Rs. C-8/08 – *T-Mobile Netherlands*, Slg. 2009, I-4529, Rn. 33.

406 *EuGH*, Urt. v. 16.12.1975, Rs. C-40/73 u.a. – *Suiker Unie*, Slg. 1975, 1663, Rn. 174; Urt. v. 14.7.1981, Rs. 172/80 – *Züchner*, Slg. 1981, 2021, Rn. 14; Urt. v. 4.6.2009, Rs. C-8/08 – *T-Mobile Netherlands*, Slg. 2009, I-4529, Rn. 33.

entgegen, die bezweckt oder bewirkt, entweder das Marktverhalten eines gegenwärtigen oder potentiellen Mitbewerbers zu beeinflussen oder einen solchen Mitbewerber über das Marktverhalten ins Bild zu setzen, das man selbst an den Tag zu legen entschlossen ist oder in Erwägung zieht."[407] Der EuGH statuiert somit ebenfalls Pflichten im Kartellrecht.

Durch den Gerichtshof nicht entschieden ist, inwieweit die Unternehmen darüber hinaus aktive Handlungspflichten treffen, damit diese auch bei einem Fehlverhalten Dritter verantwortlich sein können. Die Meinungen dazu gehen auseinander. Teilweise wird davon ausgegangen, dass Art. 101 Abs. 1 AEUV zwar nicht explizit Verhaltenspflichten nenne, diese sich allerdings durch Auslegung der Norm ermitteln ließen.[408] Insofern besteht von dieser Seite im Ausgangspunkt die Offenheit, Handlungspflichten durch Auslegung zu bestimmen. Dem steht die Ansicht eines generellen Fehlens von Handlungspflichten im Kartellrecht gegenüber, sodass höchstens eine Handlung durch „passives Tun" möglich sei.[409] Wie die später vorgenommene Auslegung zeigen wird, lassen sich dem Selbstständigkeitspostulat als Ausdruck von Art. 101 Abs. 1 AEUV Handlungspflichten entnehmen.

3. *Verkehrspflicht*

In Bezug auf eine fehlende gesetzliche Normierung einer Handlungspflicht bietet sich ein Vergleich zu den im deutschen Deliktsrecht verankerten Verkehrspflichten an. Es handelt sich dabei nicht um eine gesetzlich normierte Begrifflichkeit, sondern eine Schöpfung der Rechtspraxis.[410] Entwickelt wurden diese im Bereich der Haftung für ein Unterlassen.[411] Ein Unterlassen kann demnach nur dann zur Tatbestandsverwirklichung von § 823 Abs. 1 BGB führen, wenn eine Verkehrspflicht verletzt wird.[412] Dies ergibt sich aus dem Fehlen einer allgemeinen Rechtspflicht, Rechtsverletzungen nach Möglichkeit zu verhindern.[413] Nur

407 *EuGH*, Urt. v. 16.12.1975, Rs. C-40/73 u.a. – *Suiker Unie*, Slg. 1975, 1663, Rn. 174; Urt. v. 14.7.1981, Rs. 172/80 – *Züchner*, Slg. 1981, 2021, Rn. 14; Urt. v. 4.6.2009, Rs. C-8/08 – *T-Mobile Netherlands*, Slg. 2009, I-4529, Rn. 33 m.w.N.

408 *J. Otto,* Der Kartellgehilfe als Bußgeldadressat im Europäischen Kartellrecht, S. 241. Ebenfalls keine explizite Einschränkung bei Verhaltensnormen nimmt *Glöckner*, NZKart 2018, 464 ff. vor.

409 *Schwartz,* Kartellgehilfen im europäischen Kartellrecht, S. 36 ff.

410 MüKo BGB-*Wagner*, § 823 BGB, Rn. 380; Soergel-*Krause*, § 823 BGB Anh. II, Rn. 1.

411 Prütting/Wegen/Weinreich-*Schaub*, § 823 BGB, Rn. 2.

412 Vgl. Beck Großkommentar-*Spindler*, § 823 BGB, Rn. 390; Erman BGB-*Wilhelmi*, § 823 BGB, Rn. 75; Prütting/Wegen/Weinreich-*Schaub*, § 823 BGB, Rn. 2.

413 *BGHZ* 9, 301, 307; Soergel-*Krause*, § 823 BGB Anh. II, Rn. 2 m.w.N.

wer eine Gefahrenquelle eröffnet, muss dabei auf die Interessen der Allgemeinheit Rücksicht nehmen und für die Sicherung der Gefahrenquelle sorgen.[414] Wie sich aus der Existenz von Verkehrspflichten ergibt, müssen Handlungspflichten daher nicht unmittelbar gesetzlich normiert sein. Es genügt, wenn sich diese mittelbar aus der jeweiligen Norm ableiten lassen.[415] In Bezug auf Art. 101 Abs. 1 AEUV lässt dies zwar keinen Schluss zu. In jedem Fall schließt eine fehlende unmittelbare Normierung von Verhaltenspflichten jedoch nicht von vornherein deren Existenz aus. Inwieweit Handlungspflichten bestehen, ist durch Auslegung zu ermitteln.

4. *Ergebnis*

Über das Verbot selbst und das Selbstständigkeitspostulat lassen sich im Ergebnis Verhaltenspflichten herleiten. Insbesondere beim Selbstständigkeitspostulat kann jedoch erst die weitere Auslegung zeigen, dass Art. 101 Abs. 1 AEUV auch Handlungspflichten beinhaltet.

IV. Reichweite der Pflicht bei einem Fehlverhalten Dritter

Zunächst ist Art. 101 Abs. 1 AEUV dahingehend zu untersuchen, ob das Fehlverhalten Dritter überhaupt geeignet sein kann, einen Kartellverstoß der Unternehmen zu verursachen. Fehlt es an einer solchen Eignung, bestehen nach Art. 101 Abs. 1 AEUV keine Handlungspflichten bei einem Fehlverhalten Dritter. Daher muss diese Frage vor einer inhaltlichen Bestimmung der Pflichten erörtert werden.

1. *Pflichtverletzung durch Fehlverhalten Dritter*

Der EuGH und die Literatur gehen zwar zumindest von der gewählten Terminologie her von einer Zurechnung von fremdem Fehlverhalten aus.[416] Wie gesehen, hängt ein Kartellverstoß jedoch von einer eigenen Pflichtverletzung ab, sodass die Reichweite der Pflicht maßgebend ist.[417] Im ersten Schritt ist deshalb zu klären, ob nur Handlungen des Unternehmens selbst zu einem Kartellverstoß

---

414 *RGZ* 54, 53, 57 f.; Bamberger/Roth/Hau/Poseck-*Förster*, § 823 BGB, Rn. 292 m.w.N.

415 Trotzdem gibt es Stimmen, welche die Verkehrspflichten als nicht rechtmäßig ansehen, da § 823 Abs. 1 BGB vom Gesetzgeber so konzipiert worden sei, dass er nur Eingriffe durch aktives Tun erfasse, siehe Soergel-*Krause*, § 823 BGB Anh. II, Rn. 7 m.w.N.

416 Siehe dazu S. 55 f.

417 Dritter Teil, F. II. 4.

beitragen können oder ob Handlungen Dritter ebenfalls Auswirkungen auf die Pflichtverletzung der Unternehmen haben. Im Ergebnis eindeutig ist die Möglichkeit der unmittelbaren Pflichtverletzung durch entsprechendes Verhalten der Organe und der Angestellten von Unternehmen.[418] Hintergrund ist die Betrachtung der Unternehmen als wirtschaftliche Einheiten. Deshalb stellt sich bei diesem Personenkreis überhaupt nicht die Frage, ob sie eine Pflichtverletzung der Unternehmen begünstigen können. Ihre Handlungen sind Handlungen des Unternehmens selbst, welche – bei Vorliegen der entsprechenden Voraussetzungen – unmittelbar eine Pflichtverletzung darstellen. Dieses Ergebnis ergibt sich schon aus der nur durch natürliche Personen bestehenden Handlungsfähigkeit. Andernfalls läge nie ein Verstoß vor.

Bei Dritten hingegen, die nicht Teil der wirtschaftlichen Einheit sind, kommt eine Pflichtverletzung der Unternehmen, nur aufgrund Handlungen Dritter, nicht in Betracht. Damit Unternehmen jedoch überhaupt ihre Pflichten verletzen, müsste das Verhalten Dritter geeignet sein, sich auf die Pflichten der Unternehmen nach Art. 101 Abs. 1 AEUV auszuwirken. Nur wenn das Verhalten Dritter dazu überhaupt abstrakt geeignet ist, kommt ein Kartellverstoß der Unternehmen für eigenes Fehlverhalten in Betracht.

2. *Grammatikalische Auslegung*

Die Auslegung beginnt wie gesehen mit dem Wortlaut.[419] Die verschiedenen Tatbestandsmerkmale geben auf den ersten Blick zunächst keinen Hinweis darauf, inwieweit Handlungen Dritter geeignet sind, eine Pflichtverletzung zu begünstigen. Möglicherweise könnten sich aus der Bestimmung der Normadressaten Erkenntnisse gewinnen lassen. Wie bereits festgehalten, sind die vorliegend relevanten Adressaten die Unternehmen.[420] Der Unternehmensbegriff sagt jedoch nichts darüber aus, inwieweit Dritte einen Kartellverstoß mitverursachen können, sondern nur, ob Dritte selbst taugliche Adressaten sind. Aufschlussreicher ist das Merkmal der abgestimmten Verhaltensweise. Sowohl die Abstimmung als auch die Verhaltensweise könnten ein Anknüpfungspunkt für ein Verhalten sein, welches nur die Unternehmen selbst vornehmen können. Aus der Satzstruktur ergibt sich, dass die Verhaltensweisen als Substantiv diejenige Handlung

418 Dazu insb. Dritter Teil, F. II. 2.

419 S. 47.

420 Vgl. die gebildeten Fallgruppen, bei denen es nicht um die Verantwortlichkeit von Unternehmensvereinigungen, sondern von Unternehmen geht.

ist, welche nur durch die Unternehmen vorgenommen werden kann.[421] Hingegen erfolgt das Abstimmen „aufeinander“ und nicht etwa „gegenseitig“.[422] Daraus ergibt sich die fehlende Bestimmung des Subjekts der Abstimmung.[423] Die Abstimmung erfolgt deshalb nicht zwingend durch die Unternehmen[424] und kann daher von Dritten vorgenommen werden. Handlungen Dritter sind somit zumindest nicht von vornherein ungeeignet, sich auf die Pflichten der Unternehmen auszuwirken, etwa da sie sich aufgrund einer Abstimmung nicht entsprechend am Markt verhalten dürfen. Eindeutig lässt sich dies dem Wortlaut allerdings nicht entnehmen, sodass die weiteren Auslegungsergebnisse abzuwarten sind.

3. *Historische Auslegung*

Mangels Gesetzgebungsmaterialien scheidet eine genetische Auslegung aus.[425] Für eine historische Auslegung müssen die Vorgängernormen von Art. 101 Abs. 1 AEUV betrachtet werden. Dies sind Art. 85 EWGV[426], Art. 85 EGV a.F. und Art. 81 EGV. Abgesehen von der sprachlichen Änderung des „Gemeinsamen Markts“ zum „Binnenmarkt“, welche keine inhaltlichen Auswirkungen hat,[427] gleichen sich die Vorgängernormen. Sprachlich gänzlich anders ist die älteste Vorgängernorm des Art. 65 § 1 EGKSV[428]. Bei dieser ergeben sich jedoch ebenfalls keine inhaltlichen Änderungen.[429]

---

421 *Jüchser,* Die Beteiligung am Kartell, S. 106 f.; *J. Otto,* Der Kartellgehilfe als Bußgeldadressat im Europäischen Kartellrecht, S. 247.

422 Calliess/Ruffert-*Weiß*, Art. 101 AEUV, Rn. 60; Groeben/Schwarze/Hatje-*Schröter/Voet van Vormizeele*, Art. 101 AEUV, Rn. 57.

423 *J. Otto,* Der Kartellgehilfe als Bußgeldadressat im Europäischen Kartellrecht, S. 247.

424 *Bechtold/Bosch/Brinker*, Art. 101 AEUV, Rn. 55; Calliess/Ruffert-*Weiß*, Art. 101 AEUV, Rn. 60; Groeben/Schwarze/Hatje-*Schröter/Voet van Vormizeele*, Art. 101 AEUV, Rn. 57; *J. Otto,* Der Kartellgehilfe als Bußgeldadressat im Europäischen Kartellrecht, S. 247; Schröter/Jakob/Klotz/Mederer-*Schröter/Voet van Vormizeele*, Art. 101 AEUV, Rn. 57.

425 Zweiter Teil, E. III.

426 Vertrag zur Gründung der Europäischen Wirtschaftsgemeinschaft, BGBl. 1957 II, S. 766.

427 Immenga/Mestmäcker 5. Auflage-*Emmerich*, Art. 101 Abs. 1 AEUV, Rn. 2.

428 Vertrag über die Gründung der Europäischen Gemeinschaft für Kohle und Stahl, BGBl. 1952 II, S. 447.

429 *J. Otto,* Der Kartellgehilfe als Bußgeldadressat im Europäischen Kartellrecht, S. 249 f.

4. Systematische Auslegung

Im Hinblick auf die Systematik von Art. 101 Abs. 1 AEUV könnten Handlungen Dritter sich aufgrund ihrer verfolgten Interessen nicht auf die Pflichten der Unternehmen auswirken. Dritte verfolgen nur Eigeninteressen, wie die eigene Gewinnmaximierung. Ob es noch dem Telos der Norm entspricht, Unternehmen in diesen Fällen Pflichten aufzuerlegen, ist zwar erst im Rahmen der teleologischen Auslegung zu klären. Vorab kann jedoch schon untersucht werden, inwieweit die Interessen im systematischen Vergleich Berücksichtigung finden.

Aufschlussreich ist ein Vergleich mit Art. 102 AEUV. Neben einer marktbeherrschenden Stellung bedarf es insbesondere einer missbräuchlichen Ausnutzung dieser Stellung. Sowohl die Kommission[430] als auch die Rechtsprechung[431] und die herrschende Meinung in der Literatur[432] gehen davon aus, dass es für eine missbräuchliche Ausnutzung einer marktbeherrschenden Stellung nicht des Nachweises subjektiver Komponenten bedarf. Etwaige Beweggründe sind grundsätzlich unerheblich. Eine moralische Vorwerfbarkeit ist deshalb entbehrlich.[433] Bei Art. 102 AEUV geht es somit nicht um eine subjektive, sondern objektive Wettbewerbsschädigung.[434] Für Art. 101 Abs. 1 AEUV lässt sich daher die fehlende Relevanz von subjektiven Kriterien ableiten.

Bei der Auslegung von Art. 101 Abs. 1 AEUV lohnt zudem an verschiedenen Stellen ein Vergleich mit nationalen Regelungen. Da das Kartellrecht in den Mitgliedstaaten harmonisiert ist, sind dabei anderweitige Regelungskomplexe

---

430 *Kommission*, Entsch. v. 2.6.1971, 71/224/EWG – *Gema I*, ABl. 1971 L 134/15, 26.

431 *EuGH*, Urt. v. 21.2.1973, Rs. 6/72 – *Continental Can*, Slg. 1973, 215, Rn. 29; Urt. v.13.2.1979, Rs. 85/76 – *Hoffmann-La Roche*, Slg. 1979, 461, Rn. 91; Urt. v. 3.7.1991, Rs. 62/86 – *AKZO*, Slg. 1991, I-3359, Rn. 69; *EuG*, Urt. v. 9.9.2009, Rs. T-301/04 – *Clearstream*, Slg. 2009, II-3155, Rn. 142.

432 *Bechtold/Bosch/Brinker*, Art. 102 AEUV, Rn. 32; *Bellamy/Child*, European Union law of competition, Rn. 10.062; Calliess/Ruffert-*Weiß*, Art. 102 AEUV, Rn. 29; Groeben/Schwarze/Hatje-*Schröter/Bartl*, Art. 102 AEUV, Rn. 164; Immenga/Mestmäcker-*Fuchs*, Art. 102 AEUV, Rn. 149; Langen/Bunte-*Bulst*, Art. 102 AEUV, Rn. 115; Schröter/Jakob/Klotz/Mederer-*Schröter/Bartl*, Art. 102 AEUV, Rn. 164; Wiedemann-*Bronett*, § 22, Rn. 47.

433 Grabitz/Hilf/Nettesheim-*Jung*, Art. 102 AEUV, Rn. 125; Groeben/Schwarze/Hatje-*Schröter/Bartl*, Art. 102 AEUV, Rn. 164; Schröter/Jakob/Klotz/Mederer-*Schröter/Bartl*, Art. 102 AEUV, Rn. 164.

434 Einschränkend ist allerdings zu erwähnen, dass subjektive Beweggründe das missbräuchliche Ausnutzen indizieren können, vgl. etwa Grabitz/Hilf/Nettesheim-*Jung*, Art. 102 AEUV, Rn. 125; Groeben/Schwarze/Hatje-*Schröter/Bartl*, Art. 102 AEUV, Rn. 164; Schröter/Jakob/Klotz/Mederer-*Schröter/Bartl*, Art. 102 AEUV, Rn. 164.

heranzuziehen. Es handelt sich daher nicht um eine umfassende rechtsvergleichende Auslegung, sondern es werden nur punktuell vergleichbare Regelungen herangezogen. In systematischer Hinsicht wird ein anderer Regelungsbereich herangezogen, allerdings basierend auf einer oder mehreren Rechtsordnungen der Mitgliedstaaten.

Da nur Unternehmen Normadressaten von Art. 101 Abs. 1 AEUV sind, könnte es sich um ein Sonderdelikt handeln. Bei einem Sonderdelikt kann der Täter nur derjenige sein, welcher besondere Subjektqualitäten aufweist.[435] Davon abzugrenzen sind „Jedermannsdelikte", welche von jedermann verwirklicht werden können.[436] Zwar ist die Stellung von Art. 101 Abs. 1 AEUV als Sonderdelikt streitig,[437] allerdings dreht sich der Streit nicht um die Frage, ob eine Eingrenzung des Täterkreises auf Unternehmen vorliegt.[438] Dies ist ausweislich des Wortlautes eindeutig.

Im Bereich der Verantwortlichkeit für eigenes Fehlverhalten, bei dem Dritte beteiligt sind und es sich darüber hinaus um ein Sonderdelikt handelt, kann ein Vergleich zum deutschen Strafrecht gezogen werden. Die strafrechtliche Relevanz und damit die Vergleichbarkeit ergeben sich im Kartellrecht insbesondere im Bereich der Bußgelder.[439] Gem. § 25 Abs. 1 Alt. 2 StGB wird als Täter bestraft, wer eine Tat durch einen anderen begeht, sog. mittelbare Täterschaft.[440] Täter ist, wer eine andere Person als „Werkzeug" verwendet und deshalb die Strafbarkeit „durch den Dritten" begeht.[441] Demnach wirkt bei dieser Konstellation ebenfalls eine andere Partei mit, wobei sich die Strafbarkeit des dahinter stehenden Täters aus einer eigenen rechtswidrigen und schuldhaften Handlung ergibt. Dies ist außerdem bei Sonderdelikten möglich, wo die spezifischen Eigenschaften des Sonderpflichtigen nur der Täter innehaben muss, nicht jedoch der Dritte.[442]

435 BeckOK StGB-*Kudlich*, § 25 StGB, Rn. 7; vgl. MüKo StGB-*Joecks*, § 25 StGB, Rn. 48; Schönke/Schröder-*Heine/Weißer*, Vor. §§ 25 ff. StGB, Rn. 82 f.

436 *Bremer*, Die Beteiligung Dritter an Wettbewerbsverstößen, S. 15.

437 Zur Diskussion *Weitbrecht*, EuR 2010, 230, 234 ff.; mit Argumenten für eine Einordnung als Sonderdelikt insb. *Tiedemann*, FS Jescheck, 1411, 1420 ff.

438 *Bremer*, Die Beteiligung Dritter an Wettbewerbsverstößen, S. 16 f.

439 Vgl. dazu S. 34 ff.

440 Lackner/Kühl-*Kühl*, § 25 StGB, Rn. 2; MüKo StGB-*Joecks*, § 25 StGB, Rn. 53; Schönke/Schröder-*Heine/Weißer*, § 25 StGB, Rn. 6.

441 Bei dem Vordermann, welcher häufig als „Werkzeug" bezeichnet wird, muss grundsätzlich ein Strafbarkeitsdefizit vorliegen, aufgrund dessen dieser strafrechtlich nicht voll verantwortlich ist, BeckOK StGB-*Kudlich*, § 25 StGB, Rn. 20; Kindhäuser/Neumann/Paeffgen-*Schild*, § 25 StGB, Rn. 76 f.; Lackner/Kühl-*Kühl*, § 25 StGB, Rn. 2.

442 Lackner/Kühl-*Kühl*, § 25 StGB, Rn. 4; Schönke/Schröder-*Heine/Weißer*, § 25 StGB, Rn. 20 m.w.N.

Aus dem Vergleich lässt sich daher ableiten, dass anderen Rechtsgebieten und Rechtsordnungen eine Verantwortlichkeit bei beschränktem Adressatenkreis, die neben dem eigenen Fehlverhalten ebenfalls auf dem Verhalten Dritter beruht, nicht fremd ist.

5. *Teleologische Auslegung*

a) *Schutzzweck von Art. 101 Abs. 1 AEUV*

Um eine teleologische Auslegung vornehmen zu können, ist zuerst der Schutzzweck zu bestimmen. Bei Art. 101 Abs. 1 AEUV ist dieser, wie bereits dargelegt, der Schutz des Wettbewerbs.[443] Da sowohl die Bestimmung des Schutzzwecks als auch die Beschränkungen auf bestimmte Handlungen in der Literatur ausgiebig behandelt wurden, soll hierauf nur kurz eingegangen werden.[444]

Aus den Kriterien der Vereinbarungen, Beschlüsse oder abgestimmten Verhaltensweisen lässt sich weiterhin ein fehlendes Verbot jeder Art der Wettbewerbsbeschränkung entnehmen. Die abgestimmte Verhaltensweise ist beispielsweise von einem bewussten Parallelverhalten abzugrenzen, welches zulässig ist.[445] Bewusstes Parallelverhalten kann den Preiswettbewerb genauso negativ beeinflussen, wie eine abgestimmte Verhaltensweise. Insoweit ist die Marktwirkung einer Handlung kein hinreichendes Kriterium, um nach Art. 101 Abs. 1 AEUV verbotene von erlaubten Handlungen abzugrenzen.[446] Die Tathandlungen beinhalten vielmehr eine Beschränkung des Kartellverbots auf kollusive Handlungen.[447] Im Zentrum steht das Selbstständigkeitspostulat als maßgebendes Abgrenzungskriterium.[448] Demnach bedarf es einer Fühlungnahme.[449]

---

443 S. 51.

444 Ausführlich etwa *J. Otto,* Der Kartellgehilfe als Bußgeldadressat im Europäischen Kartellrecht, S. 264 ff.; knapper *Schwartz,* Kartellgehilfen im europäischen Kartellrecht, S. 172 f.

445 *EuGH*, Urt. v. 16.12.1975, Rs. C-40/73 u.a. – *Suiker Unie*, Slg. 1975, 1663, Rn. 26/28; Calliess/Ruffert-*Weiß*, Art. 101, Rn. 60; Grabitz/Hilf/Nettesheim-*Stockenhuber*, Art. 101 AEUV, Rn. 108; Streinz-*Eilmansberger/Kruis*, Art. 101 AEUV, Rn. 14.

446 So auch *J. Otto,* Der Kartellgehilfe als Bußgeldadressat im Europäischen Kartellrecht, S. 265.

447 Ebenso *J. Otto,* Der Kartellgehilfe als Bußgeldadressat im Europäischen Kartellrecht, S. 270 f.

448 Zum Selbstständigkeitspostulat vgl. Dritter Teil, F. III. 2.

449 Dazu bereits Dritter Teil, F. III. 2.

b) Mögliche Beeinträchtigung des Selbstständigkeitspostulats

Die Handlungen Dritter müssten für einen Verstoß der Unternehmen gegen das Selbstständigkeitspostulat geeignet sein. Es ist an dieser Stelle nur zu klären, ob eine vergleichbare Wettbewerbswirkung erzielt wird. Da dies für die Verletzung des Selbstständigkeitspostulats, wie gerade erläutert, nicht genügt, müssen im nächsten Schritt die Handlungen der Unternehmen ebenfalls vergleichbar mit einem herkömmlichen Verstoß sein. Fehlt es jedoch schon von vornherein an der Möglichkeit einer wettbewerbsschädlichen Wirkung, scheitert ein Verstoß gegen Art. 101 Abs. 1 AEUV schon daran.

Ohne hier schon auf das Merkmal der abgestimmten Verhaltensweise genauer einzugehen,[450] geben in den gebildeten Fallgruppen Dritte marktrelevante Informationen eines Unternehmens an ein anderes Unternehmen zu kollusiven Zwecken weiter. Dieses Verhalten ist wettbewerbstechnisch vergleichbar mit der Weitergabe durch das Unternehmen selbst. Es besteht die Möglichkeit, dass aufgrund der Informationsweitergabe Entscheidungen am Markt getroffen werden, die ohne die Weitergabe anders ausgefallen wären. Das zeigt zumindest die grundsätzliche Eignung von Handlungen Dritter, das Marktverhalten von Unternehmen zu beeinflussen. Ob daneben die Handlungen der Unternehmen selbst einer Fühlungnahme entsprechen, wie es nach dem Selbstständigkeitspostulat erforderlich ist, gilt es noch zu untersuchen. Ein Verstoß ist somit nicht durch die Weiterleitung von Dritten ausgeschlossen. Dies gilt zunächst unabhängig davon, ob die Unternehmen hiervon Kenntnis haben oder dies wollen.

c) Handeln nur im Eigeninteresse

Problematisch könnte es sein, dass die Dritten in den gebildeten Fallgruppen regelmäßig nicht im Interesse der Unternehmen agieren und die Handlungen sogar nachteilig für die Unternehmen sein können. Insofern ist fraglich, ob es noch dem Telos der Norm entspricht, die Unternehmen bei missbräuchlichem Handeln der Dritten kartellrechtlich verantwortlich zu machen.[451] Gerechtigkeitserwägungen und die Interessenlage der Beteiligten sind ebenfalls Teil der teleologischen Auslegung, da diese bei der Bestimmung des objektiven Zwecks eines Gesetzes von Bedeutung sind.[452] Art. 101 Abs. 1 AEUV ist nicht einseitig

---

450 Dazu Dritter Teil, F. V. 1.

451 Dieses Problem aufwerfend *Jüchser*, Die Beteiligung am Kartell, S. 62.

452 Dies lässt sich zumindest für die objektive Theorie festhalten, vgl. S. 47; *Walz*, ZJS 2010, 482, 485.

auf den Wettbewerbsschutz konzipiert, sondern berücksichtigt auch die Interessen der Unternehmen.

Im Fokus der Betrachtung steht nicht das wirtschaftliche Interesse der Unternehmen,[453] da das objektive Interesse der Unternehmen ohnehin darin besteht, sich nicht rechtswidrig zu verhalten.[454] Die Verantwortlichkeit der Unternehmen würde zudem vom Zufall abhängen, je nachdem ob sich die Handlung des Dritten als wirtschaftlich vorteilhaft oder nicht herausstellt. Deshalb dreht sich die Diskussion um Fälle, in denen Dritte nur im eigenen Interesse handeln, statt (auch) im Interesse der Unternehmen.

Der EuGH hat im Rahmen des *VM Remonts*-Urteils[455] entschieden, dass ein Eigeninteresse der Dritten nicht relevant ist. Dies ergibt sich aus dem dahinterstehenden nationalen Sachverhalt. Die Erstellung eines niedrigeren Angebots bei einer Ausschreibung auf Basis des Angebots eines anderen Unternehmens hilft letzterem erkennbar nicht, sondern nur dem Dritten und dem Unternehmen, welches aufgrund des niedrigeren Angebots den Zuschlag erhält. Zwar entscheidet der EuGH bei einem Vorabentscheidungsverfahren nur abstrakt über Rechtsfragen und nicht den konkreten nationalen Fall. Aus seinen Ausführungen geht jedoch hervor, dass das Handeln nur im Eigeninteresse kein Kriterium für die Verantwortlichkeit der Unternehmen ist.[456] Darüber hinaus macht es für die Marktverzerrung ohnehin keinen Unterschied, in wessen Interesse Dritte handeln. Zwar mögen allgemeine Interessen- und Gerechtigkeitserwägungen bei der Bestimmung von Sinn und Zweck einer Norm eine Rolle spielen. Allerdings sind sie vergleichsweise schwächere Argumente, da sie in der Regel stark vom Rechtsempfinden des Rechtsanwenders abhängen und nicht eng mit der Norm verknüpft sind.[457] Des Weiteren wäre die Konsequenz der Berücksichtigung der Interessen Dritter die Möglichkeit des risikolosen Teilens von Marktinformationen mit Dritten, die ihrerseits erkennbar kein Interesse daran haben, diese zugunsten des Unternehmens mit anderen Unternehmen zu teilen. In solchen Fällen die Verantwortlichkeit pauschal entfallen zu lassen, kann hinsichtlich des Ziels des Wettbewerbsschutzes nicht überzeugen. Selbst in Bezug auf

---

453 In diese Richtung tendierend Immenga/Mestmäcker-*Biermann*, Vor. Art. 23 f. VO 1/2003, Rn. 129; *Lessenich*, Unternehmensbegriff und Zurechnung, S. 94.

454 *Jüchser*, Die Beteiligung am Kartell, S. 62.

455 *EuGH*, Urt. v. 21.7.2016, Rs. C-542/14 – *VM Remonts*, BeckRS 2016, 81617.

456 Vgl. im Umkehrschluss zu den in *EuGH*, Urt. v. 21.7.2016, Rs. C-542/14 – *VM Remonts*, BeckRS 2016, 81617, Rn. 33 aufgestellten Kriterien.

457 *Christensen/Kudlich*, Theorie richterlichen Begründens, S. 379; *Kudlich/Christensen*, JA 2004, 74, 82 f.; *Walz*, ZJS 2010, 482, 489.

Gerechtigkeitserwägungen ist nicht ersichtlich, wieso die Unternehmen in diesen Fällen keine Pflichten zur Verhinderung treffen sollen.

d) Fehlender Vorsatz der Dritten

Ein Ausschluss der Verantwortlichkeit könnte jedoch bei fehlendem Vorsatz seitens der Dritten in Bezug auf die kollusive Handlung vorliegen. In Betracht käme dies beispielsweise, wenn Dritten die Marktinformationen eines Unternehmens entwendet werden. Es ließe sich zwar ebenfalls anführen, dass eine Verantwortlichkeit dem Schutz des Wettbewerbes gerecht würde. Die Verantwortlichkeit ist allerdings schon deshalb abzulehnen, da, wenn ein Unternehmen selbst seine Marktinformationen fahrlässig einem anderen Unternehmen zukommen lässt, dies ebenfalls keine Pflichtverletzung darstellt. Dieses Ergebnis wird im Folgenden noch hergeleitet.[458]

6. Ergebnis

Alle relevanten Auslegungsparameter sprechen für eine zumindest abstrakte Eignung von Handlungen Dritter, sich auf die kartellrechtlichen Pflichten der Unternehmen auszuwirken. Der Wortlaut ist für sich genommen diesbezüglich zwar nicht ganz eindeutig, allerdings lässt sich insbesondere nach dem Sinn und Zweck ein pauschaler Ausschluss von (modifizierten) Pflichten nicht entnehmen. Es wurde indes noch nicht untersucht, unter welchen Umständen die Unternehmen hinsichtlich der kollusiven Handlungen Dritter tätig werden müssen.

V. Vorgehen gegen das kollusive Handeln Dritter als wettbewerbliche Pflicht

Die Unternehmen sind nur dann für die kollusiven Handlungen Dritter verantwortlich, wenn aus der Pflicht der Nichtabstimmung die Pflicht resultiert, die kollusiven Handlungen Dritter zu verhindern oder hiergegen zumindest vorzugehen. Die Unternehmen müssten demnach eine Pflicht zum Handeln haben. Die Anerkennung einer derartigen Pflicht würde entweder eine Verantwortlichkeit durch ein Unterlassen bedeuten oder eine Begehung durch „passives Tun“ darstellen.[459] Bei letzterem würde allerdings keine Handlungspflicht vorliegen, worauf sogleich einzugehen ist.

---

458 S. 101 ff.

459 Den Begriff des „passiven Tuns“ verwenden unter anderem *Schwartz*, Kartellgehilfen im europäischen Kartellrecht, S. 36 ff. und *Streng*, ZStW 2010, 1, 4 ff.

1. Grammatikalische Auslegung

Das Tatbestandsmerkmal der abgestimmten Verhaltensweise kann in die Merkmale der Abstimmung und der Verhaltensweise aufgespalten werden.

a) Abstimmung

Eine Abstimmung setzt ein Handeln zwischen mindestens zwei Unternehmen voraus.[460] Die Begrifflichkeit dient der Abgrenzung zu nur einseitigem Verhalten.[461] Aus der Abstimmung ergibt sich schon nach dem Wortlaut das Erfordernis einer Koordinierung. Unter den entsprechenden Voraussetzungen genügt es für die (zweiseitige) Koordinierung, dass sich ein Unternehmen am Verhalten des anderen orientiert.[462] Warum dies der Fall ist, wird sogleich ausgeführt. Die Handlung eines der Unternehmen könnte allerdings in einem Unterlassen oder „passiven Tun" liegen. Sprachlich impliziert die Norm jedoch zunächst keine Handlungspflicht. Teilweise werden Handlungspflichten im Kartellrecht deshalb abgelehnt.[463] Etwaige Fälle, bei denen Unternehmen widerspruchlos fremde Marktinformationen entgegennehmen, werden demzufolge nicht als Unterlassen, sondern „passives Tun" eingeordnet.[464] Dem ist entgegenzuhalten, dass beim „passiven Tun" ebenfalls aktiv gehandelt werden muss, um sich nicht an einer Abstimmung zu beteiligen. Die Handlungspflichten reichen nur weniger weit als beim Unterlassen.

Ausgangslage der Betrachtung ist das Fehlen einer aktiven Handlung der betrachteten Unternehmen, bevor Dritte tätig geworden sind. Die Handlung des Dritten besteht in der Aneignung von Marktinformationen eines Unternehmens, wie etwa der Preispolitik, welche an andere Unternehmen weitergegeben werden. Eine Rechtspflicht zum Handeln würde für die Unternehmen bestehen, wenn tatbestandlich durch das Aneignen und der Übermittlung der Informationen durch Dritte eine Abstimmung zwischen den beteiligten Unternehmen vorläge. Zunächst bietet sich ein Vergleich zu der Konstellation an, bei denen ein Unternehmen sich die Marktinformationen unmittelbar selbst aneignet.

---

460 Vgl. Frankfurter Kommentar Kartellrecht-*W.-H. Roth/Ackermann*, Art. 81 Abs. 1 EG Grundfragen, Rn. 186; Groeben/Schwarze/Hatje-*Schröter/Voet van Vormizeele*, Art. 101 AEUV, Rn. 53, 55; Kölner Kommentar Kartellrecht-*Füller*, Art. 101 AEUV, Rn. 142; MüKo Kartellrecht-*Paschke*, Art. 101 AEUV, Rn. 63.

461 Immenga/Mestmäcker 5. Auflage-*Emmerich*, Art. 101 Abs. 1 AEUV, Rn. 87.

462 Für das inhaltlich gleiche deutsche Recht Langen/Bunte-*Krauß*, § 1 GWB, Rn. 98.

463 *Schwartz*, Kartellgehilfen im europäischen Kartellrecht, S. 37.

464 *Schwartz*, Kartellgehilfen im europäischen Kartellrecht, S. 36 ff.

Dies müsste nach dem Wortlaut eine Abstimmung darstellen, da sonst erst recht keine Abstimmung bei Zwischenschaltung eines Dritten vorläge:

Der Wettbewerb kann zwar eingeschränkt werden, wenn das Unternehmen die entwendeten Informationen nutzt, um seine eigene Marktstrategie daran anzupassen. Allerdings liegt hierdurch keine Koordination im Sinne eines In-Einklang-Bringens von Verhalten vor, da nur eine einseitige Informationsweitergabe stattfindet und nur ein Unternehmen sein Verhalten nach dem anderen ausrichtet. „Aufeinander" impliziert, dass beide Unternehmen ihr Verhalten jeweils an das andere anpassen. Hierfür müsste das Unternehmen, welchem seine Marktinformationen entwendet werden, das Marktverhalten des anderen Unternehmens kennen.

Fraglich ist, ob eine Abstimmung überhaupt bei einer einseitigen Informationsweitergabe möglich ist. Problematisch könnte die Koordinierung respektive das „aufeinander" Abstimmen sein. Voraussetzung ist die Verringerung der Ungewissheit über das Verhalten eines Konkurrenten hierdurch.[465] Dieses Kriterium wird beispielsweise grundsätzlich nicht bei einer einseitigen öffentlichen Ankündigung einer Preiserhöhung erfüllt.[466] Durch die Ankündigungen verringert sich nur die Ungewissheit bei den anderen Unternehmen, nicht bei demjenigen, welches sein künftiges Marktverhalten preisgegeben hat. Sprachlich kann daher nicht von einer Koordinierung gesprochen werden. Bei öffentlichen Ankündigungen liegt deshalb lediglich dann eine Abstimmung vor, wenn der Ankündigende weiß, dass sich die anderen Unternehmen hiernach richten.[467] Für

465 Vgl. zum zentralen Erfordernis der Verringerung der Ungewissheit *EuGH*, Urt. v. 28.5.1998, Rs. C-7/95 – *John Deere*, Slg. 1998, I-3138, Rn. 87 ff.; Immenga/Mestmäcker 5. Auflage-*Emmerich*, Art. 101 Abs. 1 AEUV, Rn. 90; Langen/Bunte-*Hengst*, Art. 101 AEUV, Rn. 118.

466 *EuGH*, Urt. v. 31.3.1993, Rs. C-89/85 u.a. – *Zellstoff*, Slg. 1993, I-1307, Rn. 64; Frankfurter Kommentar Kartellrecht-*W.-H. Roth/Ackermann*, Art. 81 Abs. 1 EG Grundfragen, Rn. 206; Langen/Bunte-*Hengst*, Art. 101 AEUV, Rn. 117, 121. Missverständlich ist der häufige Verweis darauf, dass es schon einen Verstoß darstellt, Mitbewerber über das künftige eigene Marktverhalten zu unterrichten, um das Marktverhalten der anderen Marktakteure dadurch zu beeinflussen (dazu Frankfurter Kommentar Kartellrecht-*W.-H. Roth/Ackermann*, Art. 81 Abs. 1 EG Grundfragen, Rn. 186, 207 m.w.N.). Da die einseitige Informationsweitergabe ohne Annahme als bloßer Versuch gewertet wird, welcher nicht für einen Verstoß gegen Art. 101 Abs. 1 AEUV genügt, wird das Kriterium der Annahme der Informationen anscheinend vorausgesetzt (vgl. Frankfurter Kommentar Kartellrecht-*W.-H. Roth/Ackermann*, Art. 81 Abs. 1 EG Grundfragen, Rn. 188).

467 Frankfurter Kommentar Kartellrecht-*W.-H. Roth/Ackermann*, Art. 81 Abs. 1 EG Grundfragen, Rn. 206; Langen/Bunte-*Hengst*, Art. 101 AEUV, Rn. 121.

eine Abstimmung genügt der einseitige Informationsaustausch somit zunächst nicht, wenn dieser unaufgefordert erfolgt.[468] Nur wenn das andere Unternehmen die Mitteilung akzeptiert, ergibt sich hieraus das künftige Mitbewerberverhalten mit hinreichender Wahrscheinlichkeit.[469] Ausreichend ist die fehlende ausdrückliche Zurückweisung der Informationen.[470] Unter diesen Umständen kann ein Unternehmen von einer Anpassung des anderen Unternehmens an die eigene Preispolitik ausgehen. Dies genügt für das Erfordernis der Gegenseitigkeit, die eine Koordination oder Abstimmung „aufeinander" voraussetzt.[471]

In eine andere Richtung scheint der EuGH in einer neueren Entscheidung zu gehen, bei der er schon „[...] eine Kontaktaufnahme, die in dem Versuch der Einigung über Preise besteht [...]", für eine Abstimmung nach Art. 101 Abs. 1 AEUV ausreichen lässt.[472] Diese Einschätzung lässt sich nur dahingehend deuten, dass sie in einem Kontext gilt, bei dem mehrere Unternehmen versuchen sich abzustimmen und nur keine Einigung erzielen. Ein solcher Sachverhalt liegt jedenfalls der Entscheidung zu Grunde. Es hat dort eine Offenlegung vertraulicher Informationen stattgefunden,[473] woraus sich das Mitbewerberverhalten mit hinreichender Wahrscheinlichkeit vorhersagen lässt. Die Entscheidung steht deshalb den gefundenen Ergebnissen nicht entgegen.

Da sich die Unsicherheit darüber, welche Haltung der Konkurrent einnehmen wird, nicht verringert, wenn ein Unternehmen seine Informationen nicht willentlich an das andere Unternehmen weitergibt, erschließt sich das Mitbewerberverhalten nicht mit hinreichender Wahrscheinlichkeit. Selbst ohne Zwischenschaltung eines Dritten liegt insoweit keine Abstimmung vor. Ohne vorherige Handlung des Unternehmens kann sich demnach, erst recht, wenn ein Dritter die Informationen entwendet und weitergibt, nach dem Wortlaut keine

---

468 Frankfurter Kommentar Kartellrecht-*W.-H. Roth/Ackermann*, Art. 81 Abs. 1 EG Grundfragen, Rn. 188; Immenga/Mestmäcker-*Zimmer*, Art. 101 Abs. 1 AEUV, Rn. 90; MüKo Kartellrecht-*Paschke*, Art. 101 AEUV, Rn. 69.

469 *Lübbert*, Das Verbot abgestimmten Verhaltens im deutschen und europäischen Kartellrecht, S. 84; *Wolf*, NZKart 2019, 2, 8. Der EuGH stellt auf die Gewissheit ab, *EuGH*, Urt. v. 31.3.1993, Rs. C-89/85 u.a. – *Zellstoff*, Slg. 1993, I-1307, Rn. 64.

470 Langen/Bunte-*Hengst*, Art. 101 AEUV, Rn. 119; *Stöcker*, WuW 2012, 935, 937.

471 So auch ausdrücklich Langen/Bunte-*Hengst*, Art. 101 AEUV, Rn. 119.

472 *EuGH*, Urt. v. 26.1.2017, Rs. C-609/13 P – *Badezimmerkartell (Duravit)*, BeckRS 2017, 100512, Rn. 73.

473 Vgl. *EuGH*, Urt. v. 26.1.2017, Rs. C-609/13 P – *Badezimmerkartell (Duravit)*, BeckRS 2017, 100512, Rn. 10; die Offenlegung im Rahmen des Abstimmungsversuchs lässt sich auch den redaktionellen Leitsätzen Nr. 5 NZKart 2017, 119 entnehmen.

Abstimmung ergeben. Folglich hat ein Unternehmen in einem solchen Fall keine Handlungspflicht.

b) Verhaltensweise

Eine Verhaltensweise ist nach dem allgemeinen Sprachgebrauch jedes Tun, Dulden oder Unterlassen. Da es bei Art. 101 Abs. 1 AEUV um die Verhinderung, Einschränkung oder Verfälschung des Wettbewerbs geht, muss das Tun, Dulden oder Unterlassen einen Marktbezug aufweisen.[474] Aus der Satzstruktur ergibt sich, dass der Verhaltensweise die Abstimmung vorausgeht, weshalb die Verhaltensweise auf der Abstimmung beruhen muss. Es bedarf eines ursächlichen Zusammenhangs, das heißt, die Verhaltensweise muss kausal auf die Abstimmung zurückgehen.[475] In den vorliegend betrachteten Fallgruppen erlangt nur eines der Unternehmen die Marktinformationen des anderen. Entsprechend richtet nur dieses sein Marktverhalten aus. Dies genügt gleichwohl, da ein kausales Marktverhalten nur eines Akteures ausreicht.[476] Zwar ändert das Unternehmen, dessen marktrelevante Informationen übermittelt werden, sein Verhalten nicht. Vorausgesetzt, es hat eine Abstimmung stattgefunden, weiß es aber mit hinreichender Wahrscheinlichkeit, dass sich das andere Unternehmen hiernach richtet.[477] Deshalb beruht das eigene, unveränderte Marktverhalten mittelbar ebenfalls auf der Absprache.

---

474 *EuGH*, Urt. v. 8.7.1999, Rs. C-49/92 P – *Anic Partecipazioni*, Slg. 1999, I-4162, Rn. 161; Urt. v. 8.7.1999, Rs. C-199/92 P – *Hüls*, Slg. 1999, I-428, Rn. 161; Urt. v. 8.7.1999, Rs. C-235/92 P – *Montecatini*, Slg. 1999, I-4539, Rn. 125; Frankfurter Kommentar Kartellrecht-*W.-H. Roth/Ackermann*, Art. 81 Abs. 1 EG Grundfragen, Rn. 193; Kölner Kommentar Kartellrecht-*Füller*, Art. 101 AEUV, Rn. 144; MüKo Kartellrecht-*Paschke*, Art. 101 AEUV, Rn. 73.

475 *EuGH*, Urt. v. 8.7.1999, Rs. C-49/92 P – *Anic Partecipazioni*, Slg. 1999, I-4162, Rn. 161; Urt. v. 8.7.1999, Rs. C-199/92 P – *Hüls*, Slg. 1999, I-428, Rn. 161; Frankfurter Kommentar Kartellrecht-*W.-H. Roth/Ackermann*, Art. 81 Abs. 1 EG Grundfragen, Rn. 193; Kölner Kommentar Kartellrecht-*Füller*, Art. 101 AEUV, Rn. 144; MüKo Kartellrecht-*Paschke*, Art. 101 AEUV, Rn. 73.

476 Frankfurter Kommentar Kartellrecht-*W.-H. Roth/Ackermann*, Art. 81 Abs. 1 EG Grundfragen, Rn. 199; für das deutsche Recht Langen/Bunte-*Krauß*, § 1 GWB, Rn. 103.

477 Ähnlich Frankfurter Kommentar Kartellrecht-*W.-H. Roth/Ackermann*, Art. 81 Abs. 1 EG Grundfragen, Rn. 199.

2. *Systematische Auslegung*

Für eine systematische Auslegung soll wiederum auf vergleichbare nationale Regelungskomplexe zurückgegriffen werden.[478] Eine Verantwortlichkeit durch Unterlassen gibt es im deutschen Deliktsrecht. Da Kartellverstöße zu den unerlaubten deliktischen Handlungen zählen, ergibt sich die Verwandtschaft zum Kartellrecht schon aus diesem Umstand.[479] Maßgebend im Bereich des Unterlassens sind die sog. Verkehrspflichten. Diese sind insbesondere im deutschen Recht von besonderer Bedeutung.[480] Darüber hinaus finden sie ebenfalls Anwendung im englischen und im französischen Recht.[481] Folgendes Beispiel soll die Parallele zu der kartellrechtlichen Betrachtung veranschaulichen: Der Betreiber einer Rennbahn muss Banden aufstellen, um die Zuschauer vor Verletzungen durch die Rennwagen zu schützen. Diese Verkehrspflicht entsteht für ihn durch das Betreiben der Rennbahn und das Ausrichten von Rennen. Die Pflicht resultiert somit nicht unmittelbar aus § 823 Abs. 1 BGB, sondern ergibt sich erst aus dem vorangegangenen Tun.[482]

Dem könnte entgegengehalten werden, dass die Sicherungspflicht, schon bevor eine Gefahr hervorgerufen wurde, besteht.[483] In Bezug auf das Kartellrecht könnte schon durch das Innehaben der Informationen die Unternehmen eine Verkehrspflicht treffen. In jedem Fall muss für eine Sicherungspflicht überhaupt erst die Möglichkeit der Tatbestandsverwirklichung bestehen. Im Deliktsrecht kann § 823 Abs. 1 BGB z.B. in Form einer Gesundheitsschädigung durch den Rennbetrieb jederzeit verwirklicht werden, sodass, schon bevor konkrete Gefahren entstehen, diesen entgegenzuwirken ist. Ein Kartellverstoß kommt jedoch zumindest nach dem Wortlaut überhaupt nicht in Betracht, bevor die Unternehmen in Bezug auf ihre Marktinformationen tätig werden. Von vornherein eine Verkehrspflicht aufzustellen, da sich durch das Entwenden von Informationen der Tatbestand des Kartellverbotes verwirklichen kann, wäre insoweit zirkelschlüssig. Die Verkehrspflicht würde sich entsprechend der Handhabung im Deliktsrecht gerade erst aus der bereits bestehenden Möglichkeit einer Tatbestandsverwirklichung ergeben. Dies wäre aber an dieser Stelle erst durch

478 Zu dieser Vorgehensweise, siehe S. 95 f.

479 Beck Großkommentar-*Spindler*, § 823 BGB, Rn. 30.

480 *Bar*, Gemeineuropäisches Deliktsrecht, Rn. 104.

481 *Brüggemeier*, Haftungsrecht, S. 524 ff. Im französischen Recht ist insb. die Sachhalterhaftung ein wichtiger Anwendungsbereich für Verkehrspflichten.

482 Bamberger/Roth/Hau/Poseck-*Förster*, § 823 BGB, Rn. 292.

483 MüKo BGB-*Wagner*, § 823 BGB, Rn. 403.

Auslegung zu ermitteln. Eine Verantwortlichkeit durch Unterlassen oder „passives Tun" lässt sich der systematischen Auslegung daher nicht entnehmen.

3. *Teleologische Auslegung*

Wie bereits festgestellt, kann die Aneignung und Weitergabe fremder Marktinformationen an andere Marktteilnehmer durch Dritte eine Gefährdung des Wettbewerbs bewirken.[484] Für die Unternehmen wird das wettbewerbliche Risiko verringert, etwa mangels eines Preiswettbewerbs. Dem Selbstständigkeitspostulat lässt sich jedoch entnehmen, dass nicht jedes marktschädliche Verhalten verboten ist.[485] Vielmehr muss die Ungewissheit über das Verhalten des anderen verringert werden, sodass sich für die beteiligten Unternehmen das Verhalten der anderen mit hinreichender Wahrscheinlichkeit vorhersagen lässt.[486] Nur dann liegt eine Fühlungnahme durch ein Unternehmen vor.

Neben dem Selbstständigkeitspostulat könnte Art. 101 Abs. 1 AEUV schon mangels Haftung für fremdes Fehlverhalten nicht erfüllt sein, wenn statt der Unternehmen nur Dritte tätig werden. Durch die Norm soll das Verhalten des jeweiligen Unternehmens zum Schutz des Wettbewerbs gesteuert werden, da nur hierauf Einfluss genommen werden kann. Es gilt der Grundsatz der persönlichen Verantwortlichkeit. Was hierunter zu verstehen ist, haben die Unionsorgane, trotz regelmäßiger Bemühung des Grundsatzes, noch nicht geklärt.[487] Die Monopolkommission deutet ihn wie folgt: „Der Grundsatz der persönlichen Verantwortlichkeit hat die Funktion, ein Gleichgewicht herzustellen zwischen einerseits der Bedeutung des Ziels, Zuwiderhandlungen gegen die Wettbewerbsregeln zu unterbinden und ihre Wiederholung zu verhindern, und andererseits den Anforderungen aufgrund der Unschuldsvermutung, der individuellen Zumessung von Strafen und der Rechtssicherheit sowie der Verteidigungsrechte, einschließlich des Grundsatzes der Waffengleichheit."[488] Es geht demnach darum, die Ziele des Wettbewerbs und die Interessen der Unternehmen, in Bezug auf die Verteidigung und einer angemessenen Bestrafung, in Einklang zu bringen. Es lässt sich möglicherweise schlussfolgern, dass die Unternehmen

484 S. 98.

485 S. 97.

486 S. 102 f.

487 *Nettesheim*, Verfassungsrecht und Unternehmenshaftung, S. 71.

488 *Monopolkommission*, Strafrechtliche Sanktionen bei Kartellverstößen, BT-Drucks. 18/7508, Rn. 113.

ohne eigene Handlung nur aufgrund fremden Fehlverhaltens nicht sanktioniert werden sollen.

Nach Generalanwalt *Cosmas* im *Anic*-Verfahren muss das Unternehmen Täter, Mittäter oder Gehilfe gewesen sein.[489] Insoweit deutet dies auf die Forderung eines eigenen Tatbeitrags der Unternehmen hin. Von anderer Seite wird das Prinzip der persönlichen Verantwortlichkeit ebenfalls so verstanden, dass ein individuelles Fehlverhalten vorliegen muss, um ein Unternehmen verantwortlich zu machen.[490] Der EuGH geht ohnehin von einer Zurechnung aus,[491] sodass sich diesbezüglich für ihn folgerichtig keine Probleme ergeben. Das Verhalten des Dritten wird der eigenen Handlung gleichgestellt, wodurch der Grundsatz gewahrt wird.

Der Grundsatz der persönlichen Verantwortlichkeit liefert jedoch keine Erkenntnisse in Bezug auf eine Verantwortlichkeit der Unternehmen, da das individuelle Fehlverhalten auch ein Unterlassen sein könnte. Dies gilt es jedoch vorliegend zu untersuchen. Deshalb lassen sich hieraus keine Rückschlüsse ziehen, ob eine Verantwortlichkeit aufgrund eines Unterlassens oder „passiven Tuns" möglich ist. Da das Selbstständigkeitspostulat mangels Fühlungnahme ohne vorherige Handlung der Unternehmen jedoch unberührt bleibt, lässt sich eine Verantwortlichkeit dem Sinn und Zweck nach ebenfalls nicht entnehmen.[492]

4. Erforderlichkeit eines objektiven Tatbeitrags

Eine kartellrechtliche Verantwortlichkeit der Unternehmen durch Unterlassen oder „passives Tun" nur aufgrund kollusiven Verhaltens Dritter lässt sich Art. 101 Abs. 1 AEUV nicht entnehmen. Ohne vorherige Handlung der Unternehmen fehlt es an einer Rechtspflicht zum Handeln. Damit ein Kartellverstoß durch Unterlassen oder „passives Tun" in Betracht kommt, bedarf es eines vorherigen objektiven Tatbeitrags. Aus diesem Tatbeitrag muss eine Handlungspflicht resultieren.

---

489 *GA Cosmas*, Schlussanträge v. 15.7.1997, Rs. C-49/92 P – *Anic*, Slg. 1999, I-4130, Rn. 74.

490 *Schwarzkopf*, Externe Kartellunterstützer im Europäischen Kartellrecht, S. 124.

491 Vgl. *EuGH*, Urt. v. 21.7.2016, Rs. C-542/14 – *VM Remonts*, BeckRS 2016, 81617, Rn. 33.

492 Zu einem ähnlichen Ergebnis mit ähnlichen Erwägungen kommt auch *Salaschek/Serafimova*, WuW 2018, 8, 16. Auf S. 16 halten sie zwar bei offensichtlichen Sicherheitslücken eine Zurechnung für möglich. Auf S. 14 ordnen sie die Compliance-Maßnahmen aber als eine „Distanzierung" ein, d.h. sie gehen sonst von Vorsatz aus.

VI. Anforderungen an den objektiven Tatbeitrag

Durch den objektiven Tatbeitrag müsste eine Wettbewerbsgefährdung vorliegen. Unter welchen weiteren Voraussetzungen ein Verstoß gegen das Selbstständigkeitspostulat erfolgt, ist im Anschluss zu ermitteln.[493] Der objektive Tatbeitrag muss geeignet sein, einen Kartellverstoß durch Unterlassen hervorzurufen. Wie vorab herausgearbeitet, kommt ein Kartellverstoß ohne einen solchen Beitrag von vornherein nicht in Betracht. Es ist zu ermitteln, welches interessengerechte Kriterium eine Pflicht begründet, gegen kollusives Verhalten Dritter vorzugehen.[494]

1. Kriterium des EuGH

Welchen objektiven Tatbeitrag der Gerichtshof für erforderlich hält, lässt sich der *VM Remonts*-Entscheidung nicht eindeutig entnehmen.[495] *Brömmelmeyer* beurteilt die Ausführungen des EuGH dahingehend, dass Dritte mit der Tätigkeit betraut werden müssen, die zum späteren Kartellverstoß führt.[496] Unklar ist seiner Ansicht nach, ob darüber hinaus eine Informationsweitergabe an Dritte erfolgen muss. Dies hält er jedoch für tendenziell nicht erforderlich.[497]

Möglich ist jedoch auch eine andere Lesart. Aus einer Gesamtschau der Ausführungen des EuGH ließe sich ebenfalls der Schluss ziehen, dass eine Beauftragung gleich welcher Art genügt, solange der Dritte mit vertraulichen Geschäftsinformationen bestimmungsgemäß in Kontakt kommt. Nicht erforderlich wäre dann die Zusammenarbeit Dritter mit anderen Unternehmen im Rahmen der Tätigkeit. Eindeutig sind die Ausführungen des EuGH allerdings nicht.

Brömmelmeyer knüpft bezüglich des vom EuGH im Tenor thematisierten eigenen Verhaltens der Unternehmen an die vorherigen Ausführungen des Gerichtshofs an.[498] Allerdings beziehen sich diese lediglich auf die zweite vom EuGH gebildete Fallgruppe (Wissen und Wollen).[499] Über die Voraussetzungen für die dritte Fallgruppe (Vorhersehbarkeit und Auf-sich-Nehmen der Gefahr) sagen diese Ausführungen nichts aus. Zudem passen die Ausführungen

493 Dritter Teil, F. VII.

494 Wie die Maßnahmen gegen eine Informationsweitergabe im Einzelnen aussehen müssen, wird noch durch Auslegung bestimmt, siehe Dritter Teil, F. VII., IX.

495 Vgl. *EuGH*, Urt. v. 21.7.2016, Rs. C-542/14 – *VM Remonts*, BeckRS 2016, 81617.

496 *Brömmelmeyer*, WuW 2017, 174, 179.

497 *Brömmelmeyer*, WuW 2017, 174, 179 f.

498 *Brömmelmeyer*, WuW 2017, 174, 179.

499 Zu den drei Fallgruppen siehe S. 79 f.

Brömmelmeyers nicht zu dem nationalen Sachverhalt, welcher der EuGH-Entscheidung zugrunde liegt. Das Unternehmen, von dem das Angebot als Vorlage für die weiteren Angebote diente, hatte den Dritten nicht damit beauftragt, ebenfalls die Angebote für die anderen Unternehmen zu erstellen und hatte davon überdies keine Kenntnis.[500] Dies passt nicht mit der Einschätzung zusammen, dass ein entsprechender Tatbeitrag vorliege, da er „[…] Berührungspunkte zu der auf den selbstständigen Dienstleister […] übertragenen Tätigkeit auf[weist].“[501] Der Kartellverstoß kam gerade nicht bei der übertragenen Tätigkeit zustande, wie es nach *Brömmelmeyers* Ansicht erforderlich ist.[502] Die beauftragte Tätigkeit bestand nur in der Erstellung des Angebots für das eigene Unternehmen. Jedwede anderweitige Interaktion mit Unternehmen war nicht Bestandteil der Aufgabe.

Weiterhin ist ein kollusives Verhalten ohne vorherige Informationsweitergabe an Dritte schwer vorstellbar. Nur Fälle, in denen Dritte lediglich Informationen eines anderen Unternehmens erlangen, kämen dafür in Betracht.

Gegen eine Interpretation, die auf die Berechtigung oder vergleichbare Kriterien verzichtet, lässt sich anführen, dass nach dem EuGH im Bereich der Zurechnung von Fehlverhalten Angestellter ebenfalls eine Berechtigung erforderlich ist.[503] Insoweit könnte ein Erst-recht-Schluss naheliegen, wonach dieses Kriterium erst recht bei Dritten gelten muss, bei denen die Verantwortlichkeit weniger streng, als bei Angestellten ist. Dem ist entgegenzuhalten, dass der Gerichtshof zwar in seinen Ausführungen zur Haftung für Angestellte nur auf Urteile hinweist, welche die Berechtigung erfordern,[504] es dort jedoch immer nur um Fälle ging, bei denen ein Angestellter zu Verhandlungen oder Vergleichbarem geschickt wurde. Ein Fall, bei dem ein unautorisierter Mitarbeiter an einem Treffen teilnimmt und Absprachen trifft, wurde – soweit ersichtlich – noch nicht entschieden.[505] In diesen Fällen wäre es gar nicht überzeugend, pauschal eine Verantwortlichkeit zu bejahen. Sie wären der Sache nach eher mit den in dieser Arbeit behandelten Fallkonstellationen vergleichbar. Insoweit kommt es lediglich nicht zwingend zu einer Pflichtverletzung oder Verantwortlichkeit. Ob

---

500 *EuGH*, Urt. v. 21.7.2016, Rs. C-542/14 – *VM Remonts*, BeckRS 2016, 81617, Rn. 7.

501 *Brömmelmeyer*, WuW 2017, 174, 181 f.

502 *Brömmelmeyer*, WuW 2017, 174, 179.

503 Siehe S. 64 f.

504 *EuGH*, Urt. v. 21.7.2016, Rs. C-542/14 – *VM Remonts*, BeckRS 2016, 81617, Rn. 23.

505 Die Urteile, welche *Jüchser*, Die Beteiligung am Kartell, S. 54 ff. nennt, bilden wie gesehen solche Fälle nicht ab, siehe S. 66 ff.

überhaupt keine Verantwortlichkeit vorliegen kann, ist bis jetzt unbeantwortet geblieben.

Das Gericht der Europäischen Union geht in einer Entscheidung aufgrund fehlender Berechtigung nicht von einer Handlung für die wirtschaftliche Einheit aus.[506] Dies kann ebenfalls dahingehend gedeutet werden, dass in Fällen fehlender Berechtigung keine pauschale Zurechnung zur wirtschaftlichen Einheit stattfindet. Die Verantwortlichkeit wird dadurch hingegen nicht generell ausgeschlossen.

Uneindeutig positioniert sich Generalanwalt *Wathelet.* Zum einen gehört seiner Ansicht nach die Erstellung der Angebote durch den Dritten für die anderen Unternehmen nicht mehr zu den ihm vom ersten Unternehmen übertragenen Aufgaben, sodass das Verhalten des Dritten diesem nicht zugerechnet werden könne.[507] Zum anderen plädiert er für eine widerlegliche Vermutung der Verantwortlichkeit von Unternehmen für Dritte, welche selbst dann Anwendung finden soll, wenn sich die Handlungen des Dritten „von den ihm übertragenen Aufgaben unterscheiden".[508] Der Nachweis der Nichtberechtigung allein soll nicht genügen, um die Vermutung zu widerlegen. Für die Widerlegung sei dies zwar eine notwendige, jedoch keine hinreichende Bedingung. Zusätzlich seien die Ergreifung von Vorsichtsmaßnahmen bei Auswahl und Überwachung sowie die Distanzierung bei Kenntniserlangung erforderlich.[509] Diese Ausführungen deuten darauf hin, dass die Berechtigung nach Ansicht von Generalanwalt *Wathelet* kein zwingendes Kriterium für eine Verantwortlichkeit der Unternehmen ist. Eindeutig lässt sich dies aufgrund der Widersprüchlichkeit der Aussagen allerdings nicht feststellen.

Inwieweit der EuGH diese Rechtsauffassung seinen eigenen Ausführungen zugrunde legt, lässt sich nicht zweifelsfrei ermitteln. Er nimmt keinen Bezug

---

506 *EuG*, Urt. v. 15.7.2015, Rs. T-418/10 – *Spannstahlkartell (voestalpine)*, BeckRS 2015, 80959, Rn. 384. Im Wortlaut: „Auch kann nicht angenommen werden, dass Herr G., als er bei einer Zusammenkunft des Club Europa an der Seite von Herrn C. von CB anwesend war, […] auch eine wirtschaftliche Einheit mit Austria Draht bildete. Dies gehört nämlich eindeutig nicht zu der von Austria Draht ihrem Handelsvertreter in Italien übertragenen Aufgabe, sie zu vertreten […]."

507 *GA Wathelet*, Schlussanträge v. 3.12.2015, Rs. C-542/14 – *VM Remonts*, BeckRS 2016, 80053, Rn. 57.

508 *GA Wathelet*, Schlussanträge v. 3.12.2015, Rs. C-542/14 – *VM Remonts*, BeckRS 2016, 80053, Rn. 63.

509 *GA Wathelet*, Schlussanträge v. 3.12.2015, Rs. C-542/14 – *VM Remonts*, BeckRS 2016, 80053, Rn. 72.

zu den Ausführungen des Generalanwalts, widerspricht diesen allerdings auch nicht. Denkbar sind somit verschiedene Lesarten. Das Erfordernis der Berechtigung als zentrales Kriterium lässt sich nicht eindeutig widerlegen. Gegen ein solches Kriterium lässt sich der fehlende Hinweis hierauf anführen, obwohl es an dem Kriterium bei dem zugrunde liegenden Sachverhalt fehlt. Es ist daher davon auszugehen, dass die fehlende Berechtigung als vermeintliches Problem nicht übersehen und hierauf bewusst kein Bezug genommen wurde.

2. *Informationsweitergabe als wettbewerbsgefährdende Handlung*

Für die Ermittlung einer wettbewerbsgefährdenden Handlung, welche geeignet ist, entsprechende Handlungspflichten auszulösen, sollen an dieser Stelle nochmals die Ausführungen zur Verkehrspflicht aufgegriffen werden.[510] Der Zeitpunkt, ab dem geeignete Sicherungsmaßnahmen ergriffen werden müssen, ist die Eröffnung der Gefahrenquelle für den Verkehr.[511] Zuvor wurde insoweit das Erfordernis der Möglichkeit der Tatbestandsverwirklichung herausgearbeitet.[512] Diese müsste durch die Informationsweitergabe bestehen, damit es sich um ein geeignetes Kriterium handelt. Nach dem Selbstständigkeitspostulat kommt es entscheidend darauf an, durch Fühlungnahme sein eigenes Marktverhalten nicht mehr autonom zu bestimmen. Dafür muss sich das Marktverhalten eines anderen Unternehmens mit hinreichender Wahrscheinlichkeit vorhersagen lassen. Wenn ein Unternehmen seine Marktinformationen bewusst an einen Dritten weitergibt, ist eine hinreichende Wahrscheinlichkeit zumindest bei Kenntnis des kollusiven Verhaltens des Dritten und des Mitbewerbers anzunehmen.[513] Unter welchen Voraussetzungen dies im Detail anzunehmen ist, gilt es nachfolgend noch zu ermitteln.[514]

Üblicherweise ist ein Mitarbeiter, welcher ein Kartell initiieren kann, entsprechend berechtigt.[515] Dies wird regelmäßig ebenfalls für Dritte gelten. Allein die in dieser Arbeit untersuchten Fallkonstellationen zeigen jedoch, dass sich die Gefahr einer Kollusion auch ohne Berechtigung ergeben kann. *Brömmelmeyer*

---

510 Siehe S. 105 f.

511 S. 105 f.

512 S. 105.

513 Generell beruhen Handlungspflichten im deutschen Deliktsrecht u.a. auf Ingerenz, siehe MüKo BGB-*Wagner*, § 823 BGB, Rn. 397.

514 Dazu Dritter Teil, F. VII.

515 Dies wird als Argument verwendet, um die Berechtigung zu vermuten, *Jüchser*, Die Beteiligung am Kartell, S. 56.

stellt zudem auf die objektive Mitverursachung des Fehlverhaltens durch die Unternehmen ab.[516] Sofern dies im Sinne einer Kausalität verstanden wird, ist eine Mitverursachung aber schon beim bloßen Teilen von Informationen gegeben. Die seines Erachtens ohne Berechtigung fehlende „Legitimationsgrundlage"[517] der Haftung liegt im Teilen der Informationen. Seine Ansicht lässt sich nur damit erklären, dass er von der Vorstellung ausgeht, der Dritte müsse in der Lage sein, das Unternehmen zu binden. Wie bereits erläutert, genügt unter den entsprechenden Voraussetzungen jedoch schon die Informationsweitergabe an ein anderes Unternehmen, um eine Verhaltensabstimmung herbeizuführen.[518] Bei einer Zwischenschaltung Dritter wird dies unter den jeweiligen Voraussetzungen ebenfalls möglich sein.

Die Informationsweitergabe muss zudem willentlich erfolgen. Nur die willentliche Informationsweitergabe an ein anderes Unternehmen kann zu einem Kartellverstoß führen.[519] Ohne Kenntnis beispielsweise der eigenen Preisankündigung, lassen sich keine Rückschlüsse auf das Mitbewerberverhalten ziehen.[520] Für eine Konstellation mit Dritten kann nichts anderes gelten. Dementsprechend ist bei Dritten ebenfalls ohne willentliche Informationsweitergabe keine Abstimmung möglich, da in diesem Fall bereits die Gefahr der Weitergabe nicht vorhersehbar ist. Es besteht somit keine Möglichkeit, das Marktverhalten des anderen Unternehmens mit hinreichender Wahrscheinlichkeit zu bestimmen. Konsequenterweise kann es dabei keinen Unterschied machen, ob ein Unternehmen seine Marktinformationen willentlich weitergibt oder ob es bewusst einen Zugriff durch andere Unternehmen oder eben Dritte zulässt. Das Unternehmen, welches nur Informationen empfangen soll, muss dementsprechend Kenntnis von der Informationserlangung Dritter haben.

Ferner ist ein weites Verständnis des objektiven Tatbeitrags sinnvoller, als von vornherein die Weitergabe durch Dritte auszunehmen, die nicht mit der zum Kartellverstoß führenden Tätigkeit betraut wurden. Neben den von der Verwirklichung des Tatbestandes ausgehenden Argumenten führt eine weite Fassung zu interessengerechten Ergebnissen. Inwieweit Dritte mit der zum Kartellverstoß führenden Tätigkeit betraut wurden, ist sinnvollerweise auf Ebene

516 *Brömmelmeyer*, WuW 2017, 174, 179.
517 *Brömmelmeyer*, WuW 2017, 174, 180.
518 S. 101 ff.
519 Vgl. S. 101 ff.
520 Voraussetzung wäre ohnehin, dass die anderen Unternehmen die Informationen nicht zurückweisen.

der erforderlichen Maßnahmen zu berücksichtigen.[521] Die Anforderungen sind dort entsprechend niedriger zu setzen.

Aus einer willentlichen Weitergabe von Informationen an Dritte resultiert somit die Pflicht, gegen kollusives Handeln Dritter vorzugehen. Noch keine Aussagen können zu diesem Zeitpunkt über die genaue Reichweite dieser Pflicht getroffen werden.

3. *Anwendung auf die Fallgruppen von Dritten*

Betrachtenswert sind an dieser Stelle die Fälle, in denen eine Unternehmensberatung bei mehreren Unternehmen die identische oder eine angepasste Preisstrategie implementiert.[522] Zwar wird der Unternehmensberatung möglicherweise nicht die eigene Preisstrategie mitgeteilt. Es kann allerdings keinen Unterschied machen, ob Dritten die Marktinformationen nur übermittelt werden oder ob diese letztlich selbst damit beauftragt werden, künftiges Marktverhalten zu entwickeln. In beiden Fällen gelangt die Unternehmensberatung willentlich an künftige Marktstrategien des Unternehmens. In Bezug auf die anderen Unternehmen, welche die Informationen empfangen, gelten die vorherigen Ausführungen.[523]

Bei der Erstellung von Algorithmen durch Softwareprogrammierer vertraut das Unternehmen seine Informationen zwar nicht den Dritten direkt, allerdings den von diesen programmierten Algorithmen an. Die Besonderheit ist hier die Erstellung der marktrelevanten Informationen durch die Algorithmen selbst. Der Sache nach ist das vergleichbar, da die Hoheit über die Marktinformationen bewusst auf Dritte übertragen wird. Zudem müssen in die Software vorab die entsprechenden Informationen eingespeist werden, damit sie wie gewünscht auf das beobachtete Marktverhalten der Konkurrenz reagieren kann.[524] In beiden Fallgruppen liegt demnach der erforderliche objektive Tatbeitrag vor, aus dem Handlungspflichten resultieren.

---

521 Ähnlich *Berg*, EuZW 2016, 737, 740, welcher die Frage der Handlung im Aufgabenbereich ebenfalls bei der Vorhersehbarkeit prüft.

522 Vgl. nochmals Erster Teil, C. II.

523 S. 112.

524 Bezüglich eines anderen Ansatzes, der auf die Beherrschbarkeit abstellt, siehe *Salaschek/Serafimova*, WuW 2018, 8, 16, welcher von diesen jedoch i.E. abgelehnt wird.

VII. Umfang der Pflicht hinsichtlich eines entlastenden Verhaltens der Unternehmen

Wird der objektive Tatbeitrag durch die Unternehmen vorgenommen, haben sie nach Art. 101 Abs. 1 AEUV die Pflicht, gegen eine Weitergabe der Informationen an Mitbewerber vorzugehen. Darüber hinaus ist klärungsbedürftig, ob allein die Weitergabe durch Dritte für eine Pflichtverletzung der Unternehmen ausreicht. Eine solche läge vor, wenn die Pflicht darin bestünde, die Informationsweitergabe durch Dritte zu verhindern. Besteht die Pflicht hingegen darin, in einem zumutbaren Rahmen Vorkehrungen gegen die Abstimmung durch Dritte zu treffen, läge im Falle einer Absprache durch Dritte nur dann eine Pflichtverletzung vor, wenn entsprechende Maßnahmen nicht getroffen wurden.

1. Keine uneingeschränkte Verantwortlichkeit für die Absprachen Dritter

Zunächst könnte die Pflicht so weit gehen, dass die Unternehmen uneingeschränkt eine Weitergabe der Informationen durch Dritte an Mitbewerber verhindern müssen. Kommt es zu einem kollusiven Verhalten, sind die Unternehmen trotz etwaiger Maßnahmen in jedem Fall verantwortlich. Ein kollusives Verhalten würde demnach immer zu einem Pflichtverstoß führen.

a) Grammatikalische Auslegung

Damit ein Kartellverstoß zustande kommt, bedarf es einer abgestimmten Verhaltensweise. Der objektive Tatbeitrag, das heißt die Weitergabe der Informationen an Dritte, stellt für sich genommen noch keine Absprache dar. Dafür müsste sich schon daraus das Marktverhalten eines Mitbewerbers mit hinreichender Wahrscheinlichkeit ergeben.[525] Die Weitergabe an Dritte ist hierfür jedoch nicht automatisch geeignet. Mindestvoraussetzung müssen objektiv bestehende Anhaltspunkte hinsichtlich des kollusiven Verhaltens des Dritten und des anderen Unternehmens sein. Diese Voraussetzungen werden nicht erfüllt, wenn zum einen Informationen an Dritte weitergeleitet werden, welche als jahrelange Vertragspartner dahingehend nie negativ aufgefallen sind, und zum anderen nahezu optimale Sicherheitsvorkehrungen gegen kollusives Verhalten Dritter getroffen werden.

Ferner verbietet Art. 101 Abs. 1 AEUV nur die Informationsweitergabe an Unternehmen, mit denen ein Wettbewerbsverhältnis besteht.[526] Dies ergibt

---

525 S. 103 f.

526 Loewenheim/Meessen/Riesenkampff-*Grave/Nyberg*, Art. 101 Abs. 1 AEUV, Rn. 247.

sich aus dem Merkmal des Bezweckens oder Bewirkens einer Wettbewerbsbeschränkung. Bei Dritten beschränkt eine Informationsweitergabe nicht den Wettbewerb. Insofern ergibt sich im Umkehrschluss aus der Norm die im Ausgangspunkt bestehende Erlaubnis der Weitergabe von Informationen an Dritte.[527] Eine pauschale Verantwortlichkeit wäre damit nicht vereinbar. Andernfalls hätte die Norm so formuliert werden müssen, dass schon jegliche Informationsweitergabe verboten ist, die zu einer Wettbewerbsbeschränkung führt. Eine Abstimmung kommt demnach nicht zwingend zustande, sodass der Wortlaut eine generelle Verantwortlichkeit nicht hergibt.

b) Systematische Auslegung

Zur Ermittlung der Reichweite der Pflicht kann erneut auf die Rechtspraxis zu den Verkehrspflichten zurückgegriffen werden. Kartellrechtliche Handlungspflichten sind vergleichbar mit einer Verkehrspflicht gegenüber dem Markt. Zunächst resultiert im deutschen Recht aus einer Verletzung von Rechtsgütern des § 823 Abs. 1 BGB bei bestehender Verkehrspflicht nicht zwingend eine Verantwortlichkeit des Sicherungspflichtigen. Eine solche kommt nur in Betracht, wenn keine geeigneten Sicherungsmaßnahmen ergriffen wurden.[528] Da Dritte beteiligt sind und es sich demnach um eine mittelbare Schädigung oder eine Schädigung durch Unterlassen handelt, bedarf es zwingend der Verletzung einer Verkehrspflicht.[529] Würde auf das Kriterium der Verletzung einer Sicherungspflicht verzichtet, läge eine reine Gefährdungshaftung vor.[530]

Des Weiteren besteht bei Verkehrspflichten die Möglichkeit, einen Dritten mit der Sicherung zu beauftragen.[531] Vergleichbares könnte im Kartellrecht bei

527 Bei den Ausführungen handelt es sich um grammatikalische, nicht um systematische Erwägungen. Bei der grammatikalischen Auslegung ist insoweit der Satzzusammenhang heranzuziehen, siehe etwa *J. Otto*, Der Kartellgehilfe als Bußgeldadressat im Europäischen Kartellrecht, S. 341.

528 Vgl. Bamberger/Roth/Hau/Poseck-*Förster*, § 823 BGB, Rn. 297; Jauernig-*Teichmann*, § 823 BGB, Rn. 35.

529 Dazu Bamberger/Roth/Hau/Poseck-*Förster*, § 823 BGB, Rn. 295; MüKo BGB-*Wagner*, § 823, Rn. 22.

530 Dass eine solche nicht vorliegt, ergibt sich abseits der Problematik von Verkehrspflichten schon aus dem Verschuldenserfordernis in § 823 Abs. 1 BGB. Zum Verhältnis Verkehrspflichten und Sorgfaltswidrigkeit Bamberger/Roth/Hau/Poseck-*Förster*, § 823 BGB, Rn. 297; MüKo BGB-*Wagner*, § 823 BGB, Rn. 57, 392.

531 Beck Großkommentar-*Spindler*, § 823 BGB, Rn. 429 ff.; MüKo BGB-*Wagner*, § 823 BGB, Rn. 464 f.; Staudinger-*Hager*, § 823 BGB, Rn. E 59.

Weitergabe der Marktinformationen an Dritte vorliegen. Allerdings wird die Pflicht dadurch nicht auf diese übertragen, sondern entsteht erst hierdurch.[532] Trotzdem ist der Fall insofern vergleichbar, als die Unternehmen die unmittelbare Einwirkungsmöglichkeit auf ihre marktrelevanten Informationen in die Hand des Dritten legen. Die kartellrechtliche Gefährlichkeit ergibt sich nicht aus der Existenz der Marktinformationen selbst, sondern erst aus der möglichen Weitergabe durch Dritte. Insofern lassen sich aus der Behandlung im Deliktsrecht möglicherweise Erkenntnisse ableiten. Dafür soll die Handhabung insbesondere im Common Law betrachtet werden.

Im Common Law werden Dritte als independent contractors bezeichnet.[533] Wie weit deren Haftung für ihr Fehlverhalten geht, hängt von der Einordnung der jeweiligen Pflicht ab. Möglich ist die Einordnung als delegable oder als non-delegable duty. Bei delegable duties (delegierbare Pflichten) ist eine Haftungsentlastung durch Delegation möglich. Voraussetzung ist eine sorgfältige Auswahl, Anleitung und Überwachung des independent contractor.[534] Bei non-delegable duties (nicht delegierbare Pflichten) ist eine Haftungsentlastung durch Delegation nicht möglich.[535] Ist die Pflicht nicht delegierbar, haftet der Schuldner für Dritte unabhängig von einer ausdrücklichen oder impliziten Übernahme der Haftung.[536] Im deutschen Recht bestimmt § 278 BGB die fehlende Delegierbarkeit von vertraglichen Pflichten.[537]

Für den Umfang der Pflicht von Art. 101 Abs. 1 AEUV soll abgeleitet werden, ob eine Entlastung bei kollusivem Verhalten Dritter möglich ist. Aufgrund der Nähe zum Deliktsrecht und der vergleichbaren Ausgangslage,[538] würde eine Einordnung der Pflicht anhand der Kriterien im Common Law als eher

---

532 Wobei dem entgegengehalten werden könnte, dass zumindest im vertraglichen Bereich Dritte, welche vom Mieter in die Mietwohnung gelassen werden, ebenfalls eine zusätzliche Gefahrenquelle sind und trotzdem Erfüllungsgehilfen sein können gem. § 278 BGB.

533 *Mückl,* Der Vertragsbruch des Dienstleisters, S. 567; *Schmidt-Kessel,* Standards vertraglicher Haftung nach englischem Recht, S. 420; *Wicke,* Respondeat Superior, S. 270.

534 *Mückl,* Der Vertragsbruch des Dienstleisters, S. 568. Eine vollkommene Haftungsbefreiung findet demnach nicht statt, sondern die Pflicht wandelt sich in eine Pflicht zur ordnungsgemäßen Auswahl, Anweisung und Überwachung.

535 *Wicke,* Respondeat Superior, S. 272.

536 *Mückl,* Der Vertragsbruch des Dienstleisters, S. 568.

537 Vgl. *Schmidt-Kessel,* Standards vertraglicher Haftung nach englischem Recht, S. 420 f.

538 Siehe Dritter Teil, F. V. 2.

non-delegable in systematischer Hinsicht eine begrenzte Reichweite der Pflicht nahelegen, sodass die Unternehmen nicht unabhängig von sonstigen Umständen haften.

Generell ist bei Pflichten keine klare Einteilung möglich, inwieweit sie delegierbar sind.[539] Dies ist durch Auslegung der Pflicht zu ermitteln. Allerdings lassen sich Grundsätze ermitteln, in welchen Bereichen Pflichten üblicherweise non-delegable sind. Es ist zu ermitteln, ob die kartellrechtliche Pflicht sich besser in den Bereich der delegable oder der non-delegable duties einordnen lässt.

Für eine Einordnung der Pflicht als non-delegable lässt sich die fehlende vollständige Übertragbarkeit der Pflicht anführen. Die Unternehmen müssen in jedem Fall immer noch selbst dafür Sorge tragen, keine Kartellverstöße durch ihre Angestellten zu begehen. Zudem ist bei Übertragung einer delegierbaren Pflicht der Dritte in diesen Fällen selbst deliktisch verantwortlich.[540] Wie eingangs gesehen, ist eine isolierte kartellrechtliche Verantwortlichkeit des Dritten jedoch nicht möglich.[541]

Um den Bereich von delegierbaren Pflichten zu bestimmen, ist der Haftungsgrund von non-delegable duties zu erfassen. Teilweise wird dieser so verstanden, dass die Plicht nicht im sorgfältigen Vorgehen besteht, sondern in der Sicherstellung des sorgfältigen Vorgehens, gegebenenfalls eben durch Dritte.[542] Andere sehen zwar eine Haftung für fremdes Fehlverhalten, diese sei jedoch dogmatisch als Haftung für eigenes Fehlverhalten zu verstehen.[543] Das eigene Fehlverhalten ist die Delegation selbst.[544] Bei Zugrundelegung einer solchen Dogmatik spräche dies gegen eine Zuordnung der kartellrechtlichen Pflicht zu non-delegable duties. Wie gesehen, ist es nach Art. 101 Abs. 1 AEUV erlaubt, Marktinformationen an Dritte weiterzugeben. Die Übertragung kartellrechtlicher Pflichten unmittelbar zu sanktionieren, passt damit nicht zusammen.[545] Für eine

539 Vgl. *Schmidt-Kessel*, Standards vertraglicher Haftung nach englischem Recht, S. 422.

540 Bamberger/Roth/Hau/Poseck-*Förster*, § 823 BGB, Rn. 356; MüKo BGB-*Wagner*, § 823 BGB, Rn. 467; Staudinger-*Hager*, § 823 BGB, Rn. E 63.

541 S. 19 f.

542 *Mückl*, Der Vertragsbruch des Dienstleisters, S. 568; ähnlich *Bar*, Gemeineuropäisches Deliktsrecht, Rn. 352.

543 *Schmidt-Kessel*, Standards vertraglicher Haftung nach englischem Recht, S. 408, 429.

544 *Schmidt-Kessel*, Standards vertraglicher Haftung nach englischem Recht, S. 408, 429.

545 Wobei auch im Common Law die Dogmatik nicht ganz zur Rechtspraxis passt. Ohne bspw. deliktische Handlung Dritter wird nur aufgrund der Aufgabenübertragung noch keine Verantwortlichkeit des Pflichtigen diskutiert, siehe *Schmidt-Kessel*, Standards vertraglicher Haftung nach englischem Recht, S. 429.

Delegierbarkeit spricht zudem der Sinn und Zweck von non-delegable duties. Dieser ist im Detail äußerst umstritten, was hier jedoch nicht weiter vertieft werden soll.[546] Vordergründig besteht der Sinn und Zweck darin, der Verantwortung der Haftung nicht durch Delegation entgehen zu können.[547] Weiterhin wird darauf abgestellt, dass, wer sich der Vorteile eines Dritten bedient, auch die Nachteile davon tragen muss.[548] Unternehmen haben jedoch durch die Einschaltung Dritter keine Vorteile in Bezug auf die Erfüllung der kartellrechtlichen Pflichten, sondern nur einen weiteren Risikofaktor. Ihrer Verantwortung können sie sich ohnehin nicht entziehen, da sie, wie soeben erläutert, in jedem Fall weiterhin verantwortlich bleiben.

Zudem sind Pflichten auf deliktischer Ebene regelmäßig delegierbar.[549] Dies gilt sowohl für das Common Law[550] als auch für das deutsche Recht.[551] Nur in seltenen Fällen wird hiervon eine Ausnahme gemacht. Welche Fälle dies sind, lässt sich nicht anhand einer greifbaren Theorie oder ähnlichem festmachen.[552] Es sind allerdings verschiedene Fallgruppen erkennbar. Im Wesentlichen lassen sich diese wie folgt kategorisieren: Erfasst sind Arbeiten auf öffentlichen Straßen, Pflichten von Arbeitgebern und besonders gefahrgeneigte Tätigkeiten.[553] Da sich bei den kartellrechtlichen Pflichten keine Gemeinsamkeiten zu den Fallgruppen finden und die kartellrechtlichen Pflichten deliktischer Natur sind, spricht dies dafür, die Pflicht eher im Bereich der delegable duties zu verorten. Somit lässt sich für die systematische Auslegung festhalten, dass diese keine Verantwortlichkeit nahelegt, welche lediglich auf dem kollusiven Verhalten Dritter beruht.

---

546 Zu dem Streit Beck Großkommentar-*Schaub*, § 278 BGB, Rn. 2 ff.

547 Prütting/Wegen/Weinreich-*Schmidt-Kessel/Kramme*, § 278 BGB, Rn. 1; *Schmidt-Kessel,* Standards vertraglicher Haftung nach englischem Recht, S. 410.

548 MüKo BGB-S. *Grundmann*, § 278 BGB, Rn. 3 m.w.N.; Staudinger-*Caspers*, § 278 BGB, Rn. 1 ff.

549 A.A. *Bar,* Verkehrspflichten, S. 274. Seiner Ansicht nach sind Verkehrspflichten nicht delegierbar. Diese Meinung steht im Widerspruch zur Rechtsprechung, *Wicke,* Respondeat Superior, S. 274.

550 *Bar,* Gemeineuropäisches Deliktsrecht, Rn. 201, 352; *Wicke,* Respondeat Superior, S. 274.

551 Vgl. *Mückl,* Der Vertragsbruch des Dienstleisters, S. 568; *Wicke,* Respondeat Superior, S. 274.

552 *Wicke,* Respondeat Superior, S. 287 f.

553 *Bar,* Gemeineuropäisches Deliktsrecht, Rn. 353; *Wicke,* Respondeat Superior, S. 276 ff. Wicke hat scheinbar noch zusätzlich die Kategorie der „Statutory duties“ (S. 281), welche inhaltlich jedoch lediglich Pflichten von Arbeitgebern beschreibt.

Die Unternehmen wären demnach in der Lage, durch entsprechendes Verhalten einer Verantwortlichkeit zu entgehen.

c) Teleologische Auslegung

Art. 101 Abs. 1 AEUV ist wie dargelegt nach seinem Sinn und Zweck nicht dahingehend konzipiert, jedes wettbewerbsschädliche Verhalten zu erfassen.[554] Dies muss erst recht für die Weitergabe von Informationen gelten, welche sich nur mittelbar wettbewerbsschädlich auswirkt. Es handelt sich ohne Anzeichen eines kollusiven Verhaltens des Dritten um eine wettbewerblich neutrale Handlung. Es fehlt an einer Fühlungnahme und damit an einer Abstimmung.

d) Ergebnis

Dem Kartellverbot lässt sich eine Verantwortlichkeit nur aufgrund der Weitergabe von marktrelevanten Informationen an Dritte, welche diese zu kollusiven Zwecken nutzen, nicht entnehmen. Dementsprechend sind die Unternehmen nicht ohne Weiteres verantwortlich.

2. Voraussetzungen für die Pflichterfüllung

Nachdem sich Art. 101 Abs. 1 AEUV eine uneingeschränkte Verantwortlichkeit nicht entnehmen lässt, gilt es den Umfang der Pflicht hinsichtlich der erforderlichen Tätigkeit der Unternehmen zu ermitteln, um eine Pflichtverletzung und damit die Verantwortlichkeit zu vermeiden.

a) Deutung der EuGH-Rechtsprechung

Für die Verantwortlichkeit von Unternehmen für Dritte hat der EuGH in der *VM Remonts*-Entscheidung drei Fallgruppen gebildet.[555] Wie bereits dargelegt wurde, scheidet eine Verantwortlichkeit nach der ersten Fallgruppe aus, welche Fälle einer wirtschaftlichen Einheit von Unternehmen und (dort eben nicht) Dritten erfasst.[556] Da sich die zweite Fallgruppe auf Konstellationen bezieht, in denen die Unternehmen das kollusive Verhalten kennen und dazu beitragen wollen, scheidet diese mangels Einschlägigkeit bezüglich der in dieser Arbeit untersuchten Fälle ebenfalls aus. Damit geht es um die dritte Fallgruppe des EuGH, bei der „[…] das Unternehmen […] das wettbewerbswidrige Verhalten seiner

---

554 S. 97.

555 Zu den drei Fallgruppen S. 79 f.

556 S. 83 f.

Konkurrenten und des Dienstleisters vernünftigerweise vorhersehen [konnte] und [...] bereit [war], die daraus erwachsende Gefahr auf sich zu nehmen."[557]

aa) Billigendes In-Kauf-Nehmen

Im Schrifttum werden die Ausführungen des EuGH teilweise so gedeutet, dass die Unternehmen das kollusive Verhalten des Dritten und des anderen Unternehmens billigend in Kauf nehmen müssen.[558] Diese Interpretation lässt sich vermutlich auf die Formulierung zurückführen, welche die Bereitschaft der Unternehmen voraussetzt, die Gefahr auf sich zu nehmen.[559] Aus dem „Auf-sich-Nehmen" wird ein In-Kauf-Nehmen abgeleitet. Unbeantwortet lässt diese Ansicht allerdings, wie die Fälle zu behandeln sind, in denen das Unternehmen die Gefahr nicht sieht, jedoch „vernünftigerweise vorhersehen"[560] konnte.

bb) Vorhersehbarkeit

Für die inhaltlich nahezu identische Formulierung im Rahmen der *Anic*-Entscheidung[561] wird teilweise eine deutlich weitergehende Interpretation angedeutet. Es wird maßgebend auf die Vorhersehbarkeit der kollusiven Handlungen Dritter als Zurechnungsgrund abgestellt.[562] Inwieweit dem Kriterium des Auf-sich-Nehmens der Gefahr entsprochen wird, lässt sich den Ausführungen nicht entnehmen.

cc) Pflicht zur Ergreifung geeigneter Maßnahmen

Eine andere Interpretation geht von einem Verzicht des Gerichtshofs auf ein billigendes In-Kauf-Nehmen aus, wobei ein einfaches Auf-sich-Nehmen der Gefahr erforderlich sei, was letztlich nur den Wortlaut wiedergibt.[563] Ein

557 *EuGH*, Urt. v. 21.7.2016, Rs. C-542/14 – *VM Remonts*, BeckRS 2016, 81617, Rn. 33.

558 *Bechtold*, ZEuP 2017, 701, 710; *Oechsler*, NZKart 2017, 21, 22; in Bezug auf die zugrunde liegende *Anic*-Entscheidung (*EuGH*, Urt. v. 8.7.1999, Rs. C-49/92 P – *Anic Partecipazioni*, Slg. 1999, I-4162) *Schwartz*, Kartellgehilfen im europäischen Kartellrecht, S. 39.

559 Vgl. *EuGH*, Urt. v. 21.7.2016, Rs. C-542/14 – *VM Remonts*, BeckRS 2016, 81617, Rn. 33.

560 So *EuGH*, Urt. v. 21.7.2016, Rs. C-542/14 – *VM Remonts*, BeckRS 2016, 81617, Rn. 33.

561 *EuGH*, Urt. v. 8.7.1999, Rs. C-49/92 P – *Anic Partecipazioni*, Slg. 1999, I-4162.

562 *Jüchser*, Die Beteiligung am Kartell, S. 100 f. In der *Anic*-Entscheidung geht es unstreitig (auch) um Zurechnungsfragen und nicht nur um eine Verantwortlichkeit für eigenes Fehlverhalten.

563 *Brömmelmeyer*, WuW 2017, 174, 181.

Auf-sich-Nehmen der Gefahr liege demnach vor, wenn keine geeigneten Maßnahmen ergriffen würden, um eine erkannte Kartellgefahr zu bannen.[564] Da allerdings der EuGH im ersten Teil seiner Formel darauf abstellt, dass „[…] das Unternehmen […] das wettbewerbswidrige Verhalten seiner Konkurrenten und des Dienstleisters vernünftigerweise vorhersehen [konnte]"[565], muss die Verantwortlichkeit weiter gehen. Insoweit stellt *Brömmelmeyer* deshalb zutreffenderweise auf die Notwendigkeit der Erfassung auch nicht erkannter Gefahren ab, um diesem Kriterium Rechnung zu tragen.[566] Diese Ansicht wird als das Erfordernis einer „qualifizierte[n] Fahrlässigkeit" betitelt.[567]

Weiterhin wird dieses Kriterium in Abgrenzung zur bewussten Fahrlässigkeit verstanden.[568] Worin der Unterschied bestehen soll, ist jedoch nicht erkennbar. Wird eine Gefahr erkannt und werden keine entsprechenden Maßnahmen ergriffen, handelt das Unternehmen bewusst fahrlässig. Möglich ist – wenn überhaupt – eine weitergehende Verantwortlichkeit, welche nicht einmal bewusste Fahrlässigkeit erfordert, nämlich bei bloßer Vorhersehbarkeit der Gefahr. Anhand der Formulierung ist allerdings davon auszugehen, dass *Brömmelmeyer* von einem strengeren Kriterium als der bewussten Fahrlässigkeit ausgeht. Ebenso ist nicht erkennbar, wie das Kriterium der Vorhersehbarkeit und des Auf-sich-Nehmens der Gefahr mit der Einschätzung vereinbar ist, die Erkennbarkeit und Vermeidbarkeit (einfache Fahrlässigkeit) nicht genügen zu lassen.[569]

dd) Abschließende Bewertung

Letztlich liegen die verschiedenen Interpretationen nicht so weit auseinander. Es werden lediglich die jeweiligen Konstellationen aus unterschiedlichen Blickwinkeln betrachtet, ohne sich darüber hinaus zu den anderen möglichen Problemen zu äußern. Diejenigen, welche auf ein billigendes In-Kauf-Nehmen abstellen, betrachten die Konstellation, in der die Gefahr bereits erkannt wurde. Wird

---

564 *Brömmelmeyer*, WuW 2017, 174, 181.

565 *EuGH*, Urt. v. 21.7.2016, Rs. C-542/14 – *VM Remonts*, BeckRS 2016, 81617, Rn. 33.

566 *Brömmelmeyer*, WuW 2017, 174, 181. In eine ähnliche Richtung geht anscheinend auch die *Monopolkommission*, Hauptgutachten XXII: Wettbewerb 2018, BT-Drucks. 19/3300, Rn. 211. Aufgrund der nahe am Wortlaut orientierten Beschreibung lässt sich dies allerdings nicht eindeutig ermitteln. Im Widerspruch dazu steht der Verweis auf *EuGH*, Urt. v. 21.1.2016, Rs. C-74/14 – *Eturas*, BeckRS 2016, 80157, Rn. 45, wo auf eine Billigung abgestellt wird.

567 *Brömmelmeyer*, WuW 2017, 174, 180.

568 *Brömmelmeyer*, WuW 2017, 174, 181.

569 Vgl. *Brömmelmeyer*, WuW 2017, 174, 181.

hingegen auf die Vorhersehbarkeit abgestellt, geht es in erster Linie darum zu erläutern, wann überhaupt eine Verantwortlichkeit in Betracht kommt. Insoweit ist eine Lesart, welche neben den Voraussetzungen für eine Kartellabsprache auf die erforderlichen Handlungen abstellt, um einer Verantwortlichkeit zu entgehen, am überzeugendsten. Die dort inkonsequent anmutenden Ausführungen, welche einfache Fahrlässigkeit nicht genügen lassen, sind auf die Wortwahl des EuGH zurückzuführen. Dies gilt es im Rahmen der Auslegung näher auszuführen.[570]

b) Grammatikalische Auslegung

Ausgangspunkt ist die Feststellung einer Entlastungsmöglichkeit bei bewusster Weitergabe von Marktinformationen. In der Konsequenz können die Unternehmen geeignete Maßnahmen treffen, um eine Verantwortlichkeit zu vermeiden. Deshalb ist zu ermitteln, unter welchen Voraussetzungen welche Maßnahmen getroffen werden müssen. Durch Auslegung wurde bereits bestimmt, dass für eine Absprache zwischen zwei Unternehmen sich das Mitbewerberverhalten gegenseitig mit hinreichender Wahrscheinlichkeit vorhersagen lassen muss.[571] Bei Beteiligung eines Dritten ist dieses Kriterium in jedem Fall erfüllt, wenn die Weitergabe von Marktinformationen des Dritten an die Mitbewerber mit Wissen und Wollen des Unternehmens geschieht. Grundvoraussetzung ist dabei wie gesehen die bewusste Erlangung der Informationen der Dritten von den Unternehmen.[572]

Problematischer ist dies bei Algorithmen. Dort gelangen die Softwareprogrammierer zwar ebenfalls bewusst an die Informationen von Unternehmen.[573] Darüber hinaus müsste sich das Marktverhalten anderer Unternehmen jedoch mit hinreichender Wahrscheinlichkeit vorhersagen lassen. Wissen und Wollen kann sich hier nicht unmittelbar auf die Informationsweitergabe des Dritten an die Mitbewerber beziehen, sondern nur auf die Implementierung eines Algorithmus, der auf den eigenen Algorithmus angepasst ist. Möglicherweise könnte dies lediglich einem bewussten Parallelverhalten entsprechen, welches erlaubt wäre.[574] Generell ist für die Abgrenzung zu abgestimmten Verhaltensweisen die Erlaubnis der Marktbeobachtung festzuhalten.[575] Kartellrechtlich relevant wird

570 Dazu sogleich Dritter Teil, F. VII. 2. b) – d).

571 S. 102 f.

572 Dritter Teil, F. VI.

573 Dritter Teil, F. VI. 3.

574 Groeben/Schwarze/Hatje-*Schröter/Voet van Vormizeele*, Art. 101 AEUV, Rn. 60.

575 Grabitz/Hilf/Nettesheim-*Stockenhuber*, Art. 101 AEUV, Rn. 108.

ein Fehlverhalten erst, wenn das bewusste gleichförmige Verhalten entsprechend qualifiziert ist.[576] Es geht um die Minimierung der wettbewerbsimmanenten Risiken.[577]

Übertragen auf die Algorithmen müssen diese miteinander (zumindest für eine Seite) gewinnbringend kooperieren und nicht nur das Marktverhalten der Mitbewerber beobachten, Vorhersagen treffen oder die Markttransparenz erhöhen.[578] In Abgrenzung zum bewussten Parallelverhalten findet in der in dieser Arbeit gebildeten Fallgruppe schon bei der Programmierung oder Implementierung des Algorithmus eine Weichenstellung für eine Kooperation statt, die über die bloße Beobachtung des anderen Algorithmus und des entsprechenden Reagierens des eigenen Algorithmus hinausgeht. Wenn ein Unternehmen von diesem Vorgehen weiß und es darüber hinaus will, entspricht dies einer Abstimmung. Aufgrund der Kenntnis des eigenen Algorithmus lässt sich mit hinreichender Wahrscheinlichkeit das Marktverhalten des Mitbewerbers vorhersagen.[579]

Daran anknüpfend ist die Frage zu beantworten, ob eine Abstimmung auch bei den gebildeten Fallgruppen vorliegt, wo seitens der Unternehmen gerade kein Wissen und Wollen hinsichtlich des kollusiven Verhaltens Dritter und Mitbewerber vorliegt. Es kommen dort deshalb nur erkannte oder erkennbare Gefahren in Betracht. Wird die Gefahr einer Kollusion erkannt und werden keine Maßnahmen dagegen ergriffen, handelt das Unternehmen regelmäßig mit Wissen und Wollen. Zumindest theoretisch könnten die Unternehmen hinsichtlich der Gefahr auf ein Ausbleiben vertrauen. Spätestens wenn ungeeignete Maßnahmen getroffen werden, welche das Unternehmen für geeignet hält, ist das wettbewerbswidrige Verhalten möglicherweise nicht mehr bewusst und gewollt. Darüber hinaus besteht die Möglichkeit, dass die Unternehmen die Gefahr schon gar nicht erkennen. Bei Beteiligung Dritter könnte deshalb die Erkennbarkeit der kollusiven Absichten genügen.[580]

---

576 *Kersten*, WuW 1972, 69, 81 f.

577 Immenga/Mestmäcker-*Zimmer*, Art. 101 Abs. 1 AEUV, Rn. 86 f.

578 Vgl. *Salaschek/Serafimova*, WuW 2018, 8, 13. Dass andernfalls die Algorithmen erlaubt wären, äußern auch *Dohrn/Huck*, DB 2018, 173, 176.

579 Nach *Salaschek/Serafimova*, WuW 2018, 8, 14 scheitert ein Kartellverstoß aber an der (nachweisbaren) Kenntnis von Preiskoordinierungseffekten.

580 Verneinend für das deutsche Recht Langen/Bunte-*Krauß*, § 1 GWB, Rn. 98, nach dem bei einer Abstimmung durch Dritte die Koordinierung vom gemeinsamen Willen der Beteiligten getragen werden muss.

Das fremde Marktverhalten müsste sich mit hinreichender Wahrscheinlichkeit ergeben. Dies vorausgesetzt, wäre eine Begehung durch Unterlassen möglich. Wird die hinreichende Wahrscheinlichkeit verneint, wäre die Pflicht entsprechend enger, sodass nur bei Wissen und Wollen von einer Verantwortlichkeit durch Unterlassen oder von „passivem Tun" ausgegangen werden könnte. Ohne die Kenntnis des kollusiven Verhaltens scheidet ein „passives" Tun – etwa auf Seiten des Empfängers der Information durch Dritte – aus. Die Unterschiede sind letztlich ohnehin marginal, da wie gesehen ein „passives Tun" ebenfalls auf der Nichteinhaltung einer Handlungspflicht beruht.[581]

Dem Wortlaut lässt sich nicht entnehmen, wann ein Unternehmen hinreichende Gewissheit hat und nach welchem Maßstab sich dies bestimmt. Zur Bestimmung sind deshalb die übrigen Auslegungsmethoden heranzuziehen.

c) Systematische Auslegung

Hinsichtlich der Systematik können auch an dieser Stelle vergleichbare nationale Regelungskomplexe untersucht werden. Eine Verantwortlichkeit durch Unterlassen gibt es gem. § 13 StGB ebenfalls im deutschen Strafrecht.[582] Möglicherweise lassen sich hieraus Erkenntnisse ziehen, wann eine Nichtvornahme geeigneter Maßnahmen einer aktiven Koordination gleichsteht. Im Strafrecht muss das Unterlassen nach der Entsprechungsklausel einem aktiven Tun gleichstehen, indem der „soziale Sinngehalt" übereinstimmt.[583] Die Modalitätenäquivalenz gibt allerdings keinen Aufschluss darüber, welche unterlassenen Maßnahmen einem Tun gleichstehen, sondern nur, ob ein Unterlassen generell einem Tun gleichgestellt werden kann. Insoweit lassen sich aus dem deutschen Strafrecht keine Erkenntnisse ableiten.

Aufschlussreicher könnte die Betrachtung von Organisationspflichten im deutschen Werkvertragsrecht sein. Dort hat ein Werkunternehmer die Pflicht, eine Sache mangelfrei herzustellen gem. § 633 Abs. 1 BGB.[584] Bei Herstellung und Abnahme des Werkes treffen ihn demnach Organisationspflichten.[585] Der Werkunternehmer ist verpflichtet, Voraussetzungen zu schaffen, unter denen er

---

581 S. 101.

582 Zur systematischen Vergleichbarkeit des Kartellrechts mit dem deutschen Strafrecht siehe S. 96 f.

583 Schönke/Schröder-*N. Bosch*, § 13 StGB, Rn. 4.

584 Dazu ausführlich MüKo BGB-*Busche*, § 633 BGB, Rn. 4 ff.

585 *BGHZ* 117, 318, 320; vgl. auch MüKo BGB-*Busche*, § 631 BGB, Rn. 107; Schulze BGB-*Scheuch*, § 631 BGB, Rn. 8.

in der Lage ist zu beurteilen, ob ein Werk mangelfrei ist oder nicht.[586] Dies gilt insbesondere dann, wenn mehrere Personen ein Werk arbeitsteilig herstellen. Schafft der Werkunternehmer solche Voraussetzungen nicht, verletzt er seine Organisationspflichten. Nach der Rechtsprechung des BGH wird dieser dann so behandelt, als wenn er arglistig ist.[587] Hintergrund ist die Überlegung, dass sich der Werkunternehmer nicht seinen Pflichten entziehen können soll, indem er durch Unwissenheit die Arglist vermeidet.

Diese Situation ist vergleichbar mit der kartellrechtlichen Ausgangslage. Wenn die Unternehmen ein kollusives Verhalten von Dritten und Mitbewerbern erkennen, sind sie verpflichtet, geeignete Maßnahmen zu treffen, um keinen Kartellverstoß zu begehen. Andernfalls ließe sich bei der Weitergabe der Marktinformationen an Dritte das fremde Marktverhalten mit hinreichender Wahrscheinlichkeit bestimmen. Voraussetzung ist dafür zunächst das Erkennen der Gefahr eines kollusiven Verhaltens. Wenn es jedoch nur auf das tatsächliche Erkennen der Kollusion ankommen würde, bestünde die Möglichkeit, durch bloße Nichtvornahme geeigneter Aufklärungsmöglichkeiten einer Haftung zu entgehen.

Fraglich ist, wie es zu handhaben wäre, wenn die Unternehmen zwar keine Maßnahmen zur Erkennung von Kollusionen treffen, allerdings nicht um bewusst ihre Pflichten zu umgehen. Im Werkvertragsrecht ist eine bewusste Nichtbeachtung der Organisationspflicht erforderlich, um eine Arglisthaftung auszulösen.[588] Ziel ist es, gleichwertige Anforderungen zu stellen, um den subjektiven Anforderungen der Arglist gerecht zu werden.[589] Im Kartellrecht gibt es hingegen keine Kriterien, die etwa ein Handeln entgegen Treu und Glauben[590] oder ähnliches fordern. Deshalb bedarf es keiner subjektiven Komponente, welche ein bewusstes Fehlverhalten sicherstellt. Es geht nur darum, ob sich das künftige Mitbewerberverhalten mit hinreichender Wahrscheinlichkeit ergibt. Die Pflicht, in diesen Fällen entsprechende Maßnahmen zur Verhinderung zu treffen, darf nicht umgangen werden. Auf eine bewusste Umgehung kommt es hingegen nicht an. Die systematische Auslegung legt somit eine Pflichtverletzung

---

586 *BGHZ* 117, 318, 320 f.; 174, 32, Rn. 16; 179, 55, Rn. 15; dem folgend *OLG Düsseldorf*, BeckRS 2018, 17821, Rn. 52.

587 *BGHZ* 117, 318, 320 f.; 174, 32, Rn. 16; 179, 55, Rn. 15; dem folgend *OLG Düsseldorf*, BeckRS 2018, 17821, Rn. 52; MüKo BGB-*Busche*, § 634a BGB, Rn. 41.

588 *OLG Düsseldorf*, BeckRS 2018, 17821, Rn. 52; vgl. BGH, BeckRS 2010, 20507, Rn. 7 f.

589 So lassen sich die Ausführungen des *OLG Düsseldorf*, BeckRS 2018, 17821, Rn. 52 deuten.

590 Vgl. *BGHZ* 62, 63, 66; 117, 318, 319.

durch die Unternehmen auch durch das Fehlen geeigneter Maßnahmen nahe, um die Gefahr einer Kollusion durch Dritte und Mitbewerber zu erkennen. Dafür müsste die Gefahr zudem erkennbar sein.

d) Teleologische Auslegung

Ausgangspunkt der teleologischen Auslegung ist die Betrachtung des Selbstständigkeitspostulats. Dieses trifft auf den ersten Blick keine direkte Aussage darüber, wie die Fühlungnahme oder die Verringerung der Unsicherheit genau zu verstehen ist. Die regelmäßig bemühte Abgrenzung zum bewussten Parallelverhalten ist dabei nicht ergiebig. Festhalten lässt sich nur die fehlende Vergleichbarkeit des Marktergebnisses in den hiesigen Fallkonstellationen mit einem bewussten Parallelverhalten. Es wird sich gerade nicht an öffentlich zugängliche Informationen angepasst, sondern an solche, die üblicherweise nur im Rahmen eines Kartells zugänglich gemacht werden. Wie bereits dargelegt wurde, kommt es auf das Marktergebnis jedoch nicht entscheidend an.[591]

Der maßgebende Ansatzpunkt zur Klärung, ob die Erkennbarkeit genügt, ist die Bestimmung des Beurteilungsmaßstabes. Es kommt darauf an, wie die hinreichende Wahrscheinlichkeit bezüglich des künftigen Marktverhaltens der Mitbewerber ermittelt wird. Entweder es wird ein objektiver oder ein subjektiver Maßstab angelegt. Bei einem objektiven Maßstab kommt es nur auf das Vorliegen ausreichender Anhaltspunkte für ein kollusives Verhalten Dritter und Mitbewerber an. Aus diesen muss sich die konkrete Gefahr einer Kollusion ergeben. Wird hingegen ein subjektiver Maßstab angelegt, muss das jeweilige Unternehmen tatsächlich die Anhaltspunkte erkannt haben, aus denen sich das kollusive Verhalten ermitteln lässt. Wenn das Unternehmen keine oder nicht genügend stichhaltige Anhaltspunkte für eine kollusive Handlung erkennt, kommt eine Abstimmung nur bei einem objektiven Maßstab in Betracht.

Die Sinnhaftigkeit eines objektiven Maßstabes lässt sich auf das Ziel des Wettbewerbsschutzes vor nicht autonomen Entscheidungen zurückführen. Letztlich gelten ähnliche Erwägungen, wie sie sich schon aus der systematischen Auslegung ergeben. Die Einhaltung der Pflichten, welche sich aus dem Sinn und Zweck oder dem daraus entwickelten Selbstständigkeitspostulat entnehmen lassen, kann nur dann effektiv gewährleistet werden, wenn ein objektiver Maßstab angelegt wird. Bei einem subjektiven Maßstab wäre die Konsequenz die Möglichkeit, sich bezüglich des Vorliegens einer konkreten Gefahr eines kollusiven Handelns Dritter und Mitbewerber bewusst unwissend halten zu können.

---

591 S. 97.

Es würde für die Unternehmen gerade ein Anreiz bestehen, keine geeigneten Maßnahmen zu treffen, um die Gefahr von Kollusion zu erkennen. Andernfalls bestünde die Gefahr eines Kartellverstoßes, wenn hinsichtlich erkannter Gefahren keine geeigneten Maßnahmen ergriffen werden würden. Wird hingegen ein objektiver Maßstab angelegt, käme eine Abstimmung auch dann in Betracht, wenn die Gefahr erkennbar gewesen wäre. Insofern bestünde für die Unternehmen kein Anreiz, durch ein fehlendes System zur Erkennung von Kartellgefahren eine Verantwortlichkeit zu vermeiden.

Wird das Selbstständigkeitspostulat herangezogen, wonach eine Fühlungnahme verboten ist, welche „[...] bezweckt oder bewirkt, entweder das Marktverhalten eines gegenwärtigen oder potentiellen Mitbewerbers zu beeinflussen oder einen solchen Mitbewerber über das Marktverhalten ins Bild zu setzen, welches das Unternehmen selbst an den Tag zu legen entschlossen ist oder in Erwägung zieht [...]",[592] lässt sich eine objektive Betrachtung damit vereinen. Durch sein Verhalten bewirkt ein Unternehmen auch bei Unkenntnis eine Inkenntnissetzung eines anderen Unternehmens über das eigene Marktverhalten. Dies geschieht über den Dritten. Für eine subjektive Betrachtung könnte allerdings sprechen, dass ein Unternehmen, wenn es die Gefahr eines kollusiven Verhaltens nicht sieht, trotzdem in jedem Fall sein eigenes Marktverhalten autonom bestimmt. Dies ist allerdings keine Frage der Abstimmung, sondern der daraus resultierenden Verhaltensweise. Wie gesehen, genügt hierfür eine einseitige Verhaltensanpassung des einen an das andere Unternehmen.[593] Eine solche Anpassung findet seitens des die Informationen vom Dritten empfangenden Unternehmens statt. Zudem vermindert sich ebenfalls das wettbewerbliche Risiko für beide Unternehmen, selbst wenn für eines der Unternehmen die Kollusion nur vorhersehbar ist.[594] Um das Kriterium der kausalen Verhaltensweise nicht obsolet werden zu lassen, muss für eine Abstimmung die Möglichkeit genügen, das eigene Verhalten entsprechend dem anderen Marktverhalten planen zu können. Ob die Unternehmen dies tatsächlich tun, ist nicht relevant. Diese Möglichkeit besteht, wenn genügend Anhaltspunkte vorliegen, die eine konkrete Gefahr eines kollusiven Verhaltens Dritter und Mitbewerber begründen.

---

592 *EuGH*, Urt. v. 16.12.1975, Rs. C-40/73 u.a. – *Suiker Unie*, Slg. 1975, 1663, Rn. 174; Urt. v. 14.7.1981, Rs. 172/80 – *Züchner*, Slg. 1981, 2021, Rn. 14; Urt. v. 4.6.2009, Rs. C-8/08 – *T-Mobile Netherlands*, Slg. 2009, I-4529, Rn. 33 m.w.N. So bereits in Fn. 407.

593 Dritter Teil, F. V. 1. b).

594 Dazu bereits S. 106.

Weiterhin kann ein effektiver Wettbewerbsschutz aus praktischer Perspektive nur durch eine objektive Betrachtung gewährleistet werden. Die zuständigen Kartellbehörden müssten das Vorliegen von genügend Anhaltspunkten nachweisen, aus denen sich die konkrete Gefahr eines kollusiven Verhaltens ergibt. Bei einer subjektiven Betrachtung müssten die Kartellbehörden hingegen den Unternehmen deren tatsächliche Kenntnis der objektiv vorliegenden Anhaltspunkte nachweisen. Da dies regelmäßig nicht möglich wäre, müsste ohnehin mit einer widerleglichen Vermutung oder einer Beweislastumkehr gearbeitet werden. Zumal ohnehin subjektive Kriterien anhand objektiver Tatsachen ermittelt werden. Praktisch lägen die objektive und die subjektive Betrachtung deshalb nicht weit auseinander. Trotzdem wäre es bei einer subjektiven Betrachtung immer noch möglich, durch nachweisbare Unwissenheit einen Kartellverstoß zu vermeiden.

Die konkrete Gefahr einer kollusiven Handlung von Dritten und Mitbewerbern bestimmt sich bei objektiver Betrachtung konsequenterweise ebenfalls objektiv. Nach allgemeiner Lebenserfahrung müssen die Anhaltspunkte auf ein kollusives Verhalten hindeuten. Hierbei kommt es ebenfalls auf eine hinreichende Wahrscheinlichkeit an. Bei der Perspektive ist auf ein verständiges Unternehmen aus Sicht des betrachteten Unternehmens abzustellen, also auf die jeweils zuständigen Angestellten oder die Unternehmensleitung. Im Ergebnis genügt es somit, dass ein verständiges Unternehmen das fremde Marktverhalten mit hinreichender Wahrscheinlichkeit bestimmen kann. An der Bestimmbarkeit fehlt es, wenn sich das kollusive Verhalten selbst bei Ergreifung geeigneter Maßnahmen zur Erkennung nicht erkennen lässt.

e) Ergebnis

Eine Abstimmung kommt bei bewusster Weitergabe von marktrelevanten Informationen eines Unternehmens an Dritte in Betracht, wenn eine konkrete Gefahr hinsichtlich eines kollusiven Verhaltens von Dritten und Mitbewerbern vorliegt. Die Unternehmen haben nach bewusster Informationsweitergabe insofern die Pflicht, geeignete Maßnahmen zur Vermeidung erkennbarer Gefahren zu ergreifen. Erfüllen sie diese Pflicht nicht und kommt es vorhersehbar zu einer kollusiven Handlung in Form einer Informationsweitergabe durch den Dritten und einem kausalen Marktverhalten des die Informationen empfangenden Unternehmens, begehen sie einen Kartellverstoß.

VIII. Vereinbarkeit mit dem Rechtsstaatsprinzip

Zuletzt soll die Vereinbarkeit des Auslegungsergebnisses von Art. 101 Abs. 1 AEUV mit dem Rechtsstaatsprinzip kurz dargelegt werden. Begonnen wird mit dem nullum crimen-Grundsatz, welcher wie gesehen nicht auf die Ausfüllungsnorm direkt, sondern nur auf bestimmte Rechtsfolgen Anwendung findet.[595] Wird der nullum crimen-Grundsatz gewahrt, werden die übrigen weniger restriktiven Ausprägungen des Rechtsstaatsprinzips ohnehin nicht verletzt.

Teilweise wird für eine abgestimmte Verhaltensweise nur eine aktive Handlung als tauglich angesehen.[596] Ein Unterlassen sei mit dem nullum crimen-Grundsatz nur schwer vereinbar. Allerdings bezieht sich diese Ansicht zumindest explizit nur auf Vereinbarungen und Beschlüsse.[597] Außerdem besteht der Lösungsvorschlag darin, Handlungen, die nicht auf aktivem Verhalten beruhen, als „passives Tun" einzuordnen.[598] Letztlich wird somit die Sinnhaftigkeit anerkannt, nicht aktive Handlungen für einen Kartellverstoß genügen zu lassen. Die Rechtsfigur des „passiven Tuns" wird nur aufgrund der schweren Vereinbarkeit von Handlungspflichten mit dem Wortlaut angewendet, bei dem sich die Bedenken nicht auf abgestimmte Verhaltensweisen beziehen.

Zwar lassen sich dem Wortlaut von Art. 101 Abs. 1 AEUV nicht unmittelbar Handlungspflichten entnehmen. Für eine Vereinbarkeit mit dem nullum crimen-Grundsatz ist dies jedoch nicht erforderlich. Es genügt, wenn in Bezug auf das strafrechtliche Analogieverbot Handlungspflichten und damit eine Verantwortlichkeit durch Unterlassen vom allgemeinsprachlichen, noch möglichen Wortsinn einer Norm erfasst ist.[599] Wie gesehen, ist dies in Bezug auf die marktbezogene Verhaltensweise unproblematisch der Fall[600] und steht nur hinsichtlich einer Abstimmung zur Diskussion. Mit dem möglichen Wortsinn lässt sich alles vereinbaren, was noch als eine Koordination verstanden werden kann. Die Koordination des Verhaltens eines Unternehmens mit dem Verhalten anderer Unternehmen durch Untätigkeit stellt sprachlich keine Überdehnung des Wortsinns dar. Die Auslegung hat gezeigt, dass sich dem Wortlaut keine wesentlichen

595 S. 40 f.

596 *Schwartz*, Kartellgehilfen im europäischen Kartellrecht, S. 37.

597 *Schwartz*, Kartellgehilfen im europäischen Kartellrecht, S. 37.

598 *Schwartz*, Kartellgehilfen im europäischen Kartellrecht, S. 37 f.

599 *BVerfGE* 71, 108, 115; 92, 1, 12; *BGHSt* 4, 144, 148; Kindhäuser/Neumann/Paeffgen-*Hassemer/Kargl*, § 1 StGB, Rn. 78 m.w.N.; MüKo StGB-*R. Schmitz*, § 1 StGB, Rn. 73; Sachs-*Degenhart*, Art. 103 GG, Rn. 69. Dazu bereits S. 45.

600 S. 104.

Beschränkungen entnehmen lassen. Dies entspricht ebenfalls dem Auffangcharakter des Tatbestandsmerkmals. Aus diesem Grund ist eine Verantwortlichkeit durch Unterlassen mit dem nullum crimen-Grundsatz vereinbar.

IX. Nichtergreifung geeigneter Maßnahmen

Nachdem die kartellrechtlichen Pflichten bestimmt wurden, ist darüber hinaus zu ermitteln, wie sich die Ausgestaltung dieser Kriterien abstrakt darstellt. Der EuGH selbst äußert sich nicht dazu, wie die Unternehmen ihre Pflichten erfüllen können. Letztlich ist dies eine Frage der Anforderungen an das Compliance-System der Unternehmen. Hinsichtlich der erforderlichen Maßnahmen ist auf drei Zeitpunkte abzustellen, welche ähnlich in den Schlussanträgen von Generalanwalt *Wathelet* kategorisiert werden. Erstens ist der Zeitpunkt relevant, bei dem Dritte mit einer Tätigkeit betraut werden.[601] Es geht also bereits bei der Auswahl darum, entsprechendes kollusives Handeln zu erkennen. Zweitens ist der gesamte Erfüllungszeitraum zu betrachten.[602] Drittens ist auf den Zeitpunkt abzustellen, an dem ein Unternehmen einen Wettbewerbsverstoß mitbekommt, unabhängig davon, ob zu diesem Zeitpunkt noch eine vertragliche Beziehung besteht.[603] Für die in dieser Arbeit betrachteten Fallgruppen ist der dritte Zeitpunkt nur bei fehlender Kenntniserlangung relevant. Sonst läge ohnehin unproblematisch ein Kartellverstoß vor, wenn nicht umgehend die Wettbewerbsbehörden informiert werden.[604] Geeignete Maßnahmen sind jedoch nach der Erfüllung auch ohne Kenntniserlangung erforderlich.

1. *Maßnahmen zur Erkennbarkeit der konkreten Gefahr von kollusiven Handlungen*

Bei der Bestimmung der Geeignetheit von Maßnahmen kann auf die Kriterien bei Verkehrspflichten zurückgegriffen werden. Der Umfang wird dort durch eine Interessenabwägung bestimmt.[605] Maßgebend ist insbesondere die

601 Ähnlich *GA Wathelet*, Schlussanträge v. 3.12.2015, Rs. C-542/14 – *VM Remonts*, BeckRS 2016, 80053, Rn. 66, welcher den ersten Zeitpunkt allerdings auch auf die Überwachung etc. bezieht. Inwieweit sich dies vom zweiten von ihm definierten Zeitpunkt unterscheidet, ist nicht erkennbar.

602 *GA Wathelet*, Schlussanträge v. 3.12.2015, Rs. C-542/14 – *VM Remonts*, BeckRS 2016, 80053, Rn. 67.

603 *GA Wathelet*, Schlussanträge v. 3.12.2015, Rs. C-542/14 – *VM Remonts*, BeckRS 2016, 80053, Rn. 68.

604 Vgl. Fn. 23.

605 *Bohrer*, Der morsche Baum, S. 17.

Zumutbarkeit einer Maßnahme.[606] Denkbar wären beispielsweise Maßnahmen im Vorfeld einer Beauftragung, welche sich auf eine ausgiebige Recherche erstrecken, wodurch vorherige Beteiligungen an Kartellen erkannt werden könnten. Weiterhin besteht die Gefahr gerade bei Dritten, welche bereits in engen Geschäftsbeziehungen mit anderen Mitbewerbern stehen. Derartige Indikatoren könnten vorab in Erfahrung gebracht werden. Wie zuvor bereits angedeutet, ist es zudem entscheidend, zu welchen Tätigkeiten Dritte beauftragt werden.[607] Für die Erkennbarkeit der Gefahr kollusiver Handlungen Dritter spielt es eine große Rolle, inwieweit diese berechtigt sind, mit Mitbewerbern in Verbindung zu treten. Wenn die Kommunikation Dritter mit Mitbewerbern bekannt ist, steigert dies automatisch die Erkennbarkeit kollusiven Verhaltens. Bei einem Handeln außerhalb der übertragenen Aufgaben ist die Erkennbarkeit üblicherweise erheblich eingeschränkt.[608]

2. *Maßnahmen zur Vermeidung erkannter Gefahren*

Wenn geeignete Maßnahmen zur Vermeidung erkannter Gefahren kollusiver Handlungen getroffen werden, besteht keine konkrete Gefahr eines solchen Verhaltens mehr. Folglich kommt es zu keinem Kartellverstoß. Die Geeignetheit einer Maßnahme hängt überwiegend vom Gefahrengrad ab. Dieser bestimmt sich danach, wie konkret die Indizien (objektiv) sind. Zur Bestimmung kann wiederum auf die Herangehensweise bei Verkehrspflichten abgestellt werden. An dieser Stelle sollen nur überblicksartig diejenigen Kriterien dargestellt werden, welche für die kartellrechtliche Situation geeignet sind. Den groben Rahmen bilden die rechtlichen und tatsächlichen Handlungsmöglichkeiten.[609] Sie bilden dabei nicht die äußerste Grenze, sondern das noch Zumutbare.[610] Es geht um eine Interessenabwägung zwischen dem möglichst umfassenden Schutz des Wettbewerbs und den insbesondere ökonomischen Interessen der Unternehmen.[611]

---

606 Staudinger-*Hager*, § 823 BGB, Rn. E 26.

607 S. 112 f.

608 So auch *Berg*, EuZW 2016, 737, 740.

609 MüKo BGB-*Wagner*, § 823 BGB, Rn. 421.

610 Bamberger/Roth/Hau/Poseck-*Förster*, § 823 BGB, Rn. 348; Beck Großkommentar-*Spindler*, § 823 BGB, Rn. 403; MüKo BGB-*Wagner*, § 823 BGB, Rn. 422; Schulze BGB-*Staudinger*, § 823 BGB, Rn. 65; Staudinger-*Hager*, § 823 BGB, Rn. E 31.

611 Zum Erfordernis der Interessenabwägung bei Verkehrspflichten *Bohrer*, Der morsche Baum, S. 17.

Je höher die Anforderungen an die Unternehmen sind, desto eher sind die Unternehmen verantwortlich, wenn Dritte ein kollusives Verhalten beabsichtigen. Wie sehr dieses Risiko den Unternehmen auferlegt werden soll, ist letztlich eine rechtspolitische Frage. Für strenge Anforderungen spricht in jedem Fall die schwierige Sanktionierbarkeit Dritter.[612]

Die Erfüllung der Pflichten müsste durch ein entsprechendes Compliance-System sichergestellt werden. In diesem Bereich wären denkbare Mittel die Einbeziehung einer Compliance-Klausel oder eine ausdrückliche Anweisung an Dritte, erhaltene Marktinformationen vertraulich zu behandeln.[613] Für sich genommen werden bloße Vertraulichkeitsvereinbarungen nicht ausreichen, unabhängig davon ob sie nur Teil der AGBs sind oder ausdrücklich vereinbart werden.[614] Gleiches gilt für Vertragsstrafen und ähnliche, rein vertragliche Maßnahmen. Besteht – wie erforderlich – schon eine konkrete Gefahr, sind darüber hinaus weitere Überwachungsmaßnahmen, bis hin zur Beschränkung der Aufgaben, vorzunehmen.[615]

Bei Algorithmen stellt sich sowohl die Erkennbarkeit als auch die Vermeidung der Gefahr als besonders problematisch dar. Hier ist es insbesondere im Vorfeld der Implementierung notwendig, den Erhalt eines entsprechend modifizierten Algorithmus zu verhindern. Eine Pflicht der Unternehmen, die ein vollständiges Verständnis der Arbeitsweise eines Algorithmus erforderlich macht, um nicht Gefahr zu laufen, einen Kartellverstoß zu begehen, würde allerdings zu weit gehen. Dies wäre zumindest für kleinere Unternehmen, ohne entsprechende IT-Abteilung, nicht wirtschaftlich vernünftig zu bewerkstelligen.

3. *Widerlegliche Vermutung*

Im Vorfeld der *VM Remonts*-Entscheidung hat sich Generalanwalt *Wathelet* mit der Möglichkeit einer widerleglichen Vermutung beschäftigt.[616] Er plädiert dafür, die Verantwortlichkeit eines Unternehmens für kollusive Handlungen Dritter

---

612 Dazu Vierter Teil und Fünfter Teil.

613 *Brömmelmeyer*, WuW 2017, 174, 181.

614 A.A. *Brömmelmeyer*, WuW 2017, 174, 181, welcher eine ausdrückliche Anweisung genügen lässt. Hintergrund ist, dass eine solche Handlung nach *Brömmelmeyer* ein Auf-sich-Nehmen der Gefahr ausschließt. Dies ist i.E. eine Wertungsfrage. Nach hier vertretener Ansicht wird eine konkrete Gefahr hierdurch nicht ausgeschlossen, um die Verantwortlichkeit der Unternehmen nicht zu eng zu fassen.

615 In seiner weitesten Form umfasst dies ein vollständiges Kontaktverbot.

616 *GA Wathelet*, Schlussanträge v. 3.12.2015, Rs. C-542/14 – *VM Remonts*, BeckRS 2016, 80053, Rn. 63.

zu vermuten.[617] Diese Vermutung lasse sich durch den Vortrag von Umständen widerlegen, welche die fehlende Kenntnis und die Ergreifung notwendiger Maßnahmen zur Vermeidung kollusiver Handlungen beweisen können.[618] Bezüglich der vorgeschlagenen maßgebenden Zeitpunkte ist auf die obigen Ausführungen zu verweisen.[619]

Übertragen auf die in dieser Arbeit gewählte Herangehensweise, würde sich die widerlegliche Vermutung auf das Vorliegen der konkreten Gefahr eines kollusiven Verhaltens Dritter und Mitbewerber beziehen. Denn entsprechend den obigen Ausführungen kann die Nichtergreifung geeigneter Maßnahmen ohne Erkennbarkeit nicht zu einem Kartellverstoß führen.[620] Inwieweit es einer widerleglichen Vermutung bedarf, ist letztlich eine rechtspolitische Frage. Sie würde vorliegend zur Vermutung der Vorhersehbarkeit führen. Der Gesetzgeber hat zumindest keine Vermutungsregelung normiert. Da sich in der Praxis die schwierige Widerlegbarkeit von Vermutungen gezeigt hat, wäre eine Verantwortlichkeit nur schwer abzuwenden. Insbesondere wenn keine Maßnahmen ergriffen werden, liegt es nahe, regelmäßig die Maßnahmen, die zu treffen gewesen wären, extensiv festzusetzen, sodass die Verantwortlichkeit weit ausgedehnt werden würde. Dies wäre mit der ohnehin weiten Auslegung des Art. 101 Abs. 1 AEUV in dieser Arbeit nicht vereinbar. Die Schwelle der Maßnahmen, die ergriffen werden müssen, sollte nicht zu hoch angesetzt werden. Nur so lässt sich eine weite Fassung der Verantwortlichkeit rechtfertigen.

---

617 *GA Wathelet*, Schlussanträge v. 3.12.2015, Rs. C-542/14 – *VM Remonts*, BeckRS 2016, 80053, Rn. 63 f.

618 *GA Wathelet*, Schlussanträge v. 3.12.2015, Rs. C-542/14 – *VM Remonts*, BeckRS 2016, 80053, Rn. 65.

619 S. 130.

620 S. 128.

Vierter Teil: Kartellrechtliche Verantwortlichkeit Dritter auf Tatbestandsebene

Liegen die entsprechenden Voraussetzungen vor, sodass zwischen den Unternehmen eine abgestimmte Verhaltensweise besteht, müssten die Dritten selbst Kartellanten oder Beteiligte an einem Kartell sein, um verantwortlich gemacht werden zu können. Da diese Thematik in sehr ähnlicher Form bereits ausgiebig in verschiedenen Dissertationen zu Kartellgehilfen behandelt wurde, soll nachfolgend nur noch punktuell auf diejenigen Bereiche eingegangen werden, bei denen sich hinsichtlich Dritter inhaltliche Änderungen ergeben.

Aufgrund der Konzeption von Täterschaft und Teilnahme ist mangels Einheitstäterprinzip im europäischen Kartellrecht ein eigener täterschaftlicher Kartellverstoß Dritter erforderlich. Eine Erfassung als bloße Teilnahme scheidet mangels Teilnahmenorm demnach sowohl auf Tatbestands- als auch Rechtsfolgenseite aus.[621] Dritte sind zudem geeignete Normadressaten, da sich dem Unternehmensbegriff keine Einschränkung, wie etwa das Erfordernis einer Tätigkeit auf dem kartellierten Markt, entnehmen lässt.[622] Weiterhin erfüllen Dritte das Kriterium des Bezweckens oder Bewirkens einer Wettbewerbsbeschränkung.[623]

Einzig bei der Tathandlung ergeben sich Abweichungen. Größtenteils kann zwar auf die Ausführungen zum Kartellgehilfen verwiesen werden. Hinsichtlich des Bestimmtheitsgrundsatzes, des Analogieverbotes und der Anwendbarkeit der *AC-Treuhand II*-Kriterien sind jedoch ergänzende Ausführungen vorzunehmen.

---

621 Dazu in Bezug auf Kartellgehilfen *Bremer,* Die Beteiligung Dritter an Wettbewerbsverstößen, S. 72 ff.; *J. Otto,* Der Kartellgehilfe als Bußgeldadressat im Europäischen Kartellrecht, S. 221 ff.; *Schwartz,* Kartellgehilfen im europäischen Kartellrecht, S. 13 ff.; *Schwarzkopf,* Externe Kartellunterstützer im Europäischen Kartellrecht, S. 83 ff.

622 Dazu in Bezug auf Kartellgehilfen *Bremer,* Die Beteiligung Dritter an Wettbewerbsverstößen, S. 8 ff.; *Jüchser,* Die Beteiligung am Kartell, S. 36 ff.; *J. Otto,* Der Kartellgehilfe als Bußgeldadressat im Europäischen Kartellrecht, S. 327 ff.; *Schwartz,* Kartellgehilfen im europäischen Kartellrecht, S. 5 ff.; *Schwarzkopf,* Externe Kartellunterstützer im Europäischen Kartellrecht, S. 94 ff.

623 Hinsichtlich des Dienstvertrages von Kartellgehilfen *J. Otto,* Der Kartellgehilfe als Bußgeldadressat im Europäischen Kartellrecht, S. 298 ff. Bei Dritten gelten ähnliche Erwägungen.

A. Gesamtbetrachtung im Lichte des Analogieverbotes und Bestimmtheitsgrundsatzes

Hinsichtlich der Auslegung von Art. 101 Abs. 1 AEUV ist den Ausführungen von *Otto* zu folgen.[624] Dieser legt die Norm i.V.m. Art. 23 Abs. 2 UAbs. 1 lit. a Alt. 1 VO 1/2003 dahingehend aus, dass – im Einklang mit den obigen Ausführungen – der strenge Maßstab des strafrechtlichen Gesetzlichkeitsprinzips berücksichtigt wird.[625] An dieser Stelle soll nur auf die Auslegung in einem verwaltungs- oder zivilrechtlichen Kontext eingegangen werden. Im Kontext einer zivilrechtlichen Rechtsfolge kann jedoch ohnehin nicht sanktioniert werden, wenn kein Verstoß gegen das verwaltungsrechtliche Eingriffsgesetz des Art. 101 Abs. 1 AEUV vorliegt. Deshalb ist als Maßstab sowohl für verwaltungs- als auch zivilrechtliche Rechtsfolgen das verwaltungsrechtliche Bestimmtheits- und Analogieverbot heranzuziehen.

Fraglich ist, ob dort gegenüber der Anwendung des strafrechtlichen Gesetzlichkeitsprinzips ein anderes Auslegungsergebnis möglich wäre, wonach Dritte sanktioniert werden können. Dies wäre in jedem Fall zu verneinen, wenn die Anforderungen an den Bestimmtheitsgrundsatz im Verwaltungsrecht identisch mit denen des Strafrechts sind. Wie gesehen, ist im Verwaltungsrecht jedoch ein milderer Maßstab anzulegen.[626] Bei der Auslegung wäre somit ein anderes Ergebnis grundsätzlich möglich. Ein weiter gefasstes Auslegungsergebnis ist jedoch aus zwei Gründen abzulehnen. Zum einen wäre es für den Gesetzgeber ohne Weiteres möglich gewesen, das Gesetz entsprechend auszugestalten, um den Schutz des Wettbewerbes zu gewährleisten.[627] Da es um die Regelung der Teilnahme geht, kann nicht auf die fehlende Vorhersehbarkeit abgestellt werden. Zudem sind keine anderen Gründe erkennbar, aus denen sich ein Zurückbleiben hinter dem Bestimmtheitserfordernis ergibt. Es handelt sich nicht um besonders komplexe Sachverhalte und in sprachlicher Hinsicht bestehen ebenfalls keine Probleme einer geeigneten Regelung.[628] Zum anderen deuten sämtliche

---

624 *J. Otto*, Der Kartellgehilfe als Bußgeldadressat im Europäischen Kartellrecht, S. 241 ff. Ähnlich *Schwartz*, Kartellgehilfen im europäischen Kartellrecht, S. 153 ff. I.E. a.A *Schwarzkopf*, Externe Kartellunterstützer im Europäischen Kartellrecht, S. 216 f.

625 Vgl. S. 34 ff., 38 ff.

626 S. 43 ff.

627 So auch *J. Otto*, Der Kartellgehilfe als Bußgeldadressat im Europäischen Kartellrecht, S. 296 f.

628 So auch *J. Otto*, Der Kartellgehilfe als Bußgeldadressat im Europäischen Kartellrecht, S. 297.

Auslegungsergebnisse auf eine fehlende Verantwortlichkeit von Dritten oder zumindest nicht auf ein gegenteiliges Ergebnis hin.[629] Dies verstärkt die fehlende Bestimmtheit bei einer anderen Lesart. Art. 101 Abs. 1 AEUV würde somit auch den geringeren Anforderungen des verwaltungsrechtlichen Bestimmtheitsgrundsatzes nicht genügen.

Eine Analogie kann entsprechend den obigen Ausführungen ebenfalls nicht vorgenommen werden, da das Analogieverbot wie gesehen im Zusammenhang mit dem Bestimmtheitsgrundsatz steht.[630] Darüber hinaus würden schon Zweifel hinsichtlich einer vergleichbaren Interessenlage bestehen, da sich dem Telos kein Verbot jeglichen wettbewerbsgefährdenden Verhaltens entnehmen lässt.[631] Dritte erfüllen demnach nicht die Tathandlung des Art. 101 Abs. 1 AEUV.

B. Anwendbarkeit der *AC-Treuhand II*-Kriterien

Aufgrund der Bejahung der möglichen Verantwortlichkeit von Kartellgehilfen nach Art. 101 Abs. 1 AEUV durch den EuGH[632] ist abschließend darauf einzugehen, ob die dort aufgestellten Kriterien auf Dritte anwendbar sind.

Ein Ansatzpunkt, von einem Fehlen der Übertragbarkeit der Kriterien auszugehen, könnte das Erfordernis des Beitragenwollens zu den „[...] von allen Beteiligten verfolgten gemeinsamen Ziele[n] [...]“ sein.[633] Die Besonderheit in den betrachteten Fallkonstellationen mit Dritten ist gerade, dass zumindest eines der Unternehmen gar kein kollusives Ziel verfolgt. Dies allein genügt jedoch nicht, um die Urteilskriterien unangewendet zu lassen. Weiterhin müssten Dritte eine „zentrale Rolle“[634] spielen und nicht nur „rein nebensächlich“[635] agieren. Aus der Zusammenschau der Kriterien lässt sich das Erfordernis eines hohen Bedeutungsgehalts der Handlung für das Kartell ableiten. Diesbezüglich ist der Bedeutungsgehalt bei Dritten grundsätzlich höher als bei Kartellgehilfen, da ohne sie schon konstitutiv kein Kartell zustande käme.

---

629 Vgl. dazu die Ausführungen von *J. Otto*, Der Kartellgehilfe als Bußgeldadressat im Europäischen Kartellrecht, S. 241 ff.

630 S. 45.

631 Vgl. dazu S. 97.

632 *EuGH*, Urt. v. 22.10.2015, Rs. C-194/14 P – *AC-Treuhand II*, BeckRS 2015, 81458.

633 *EuGH*, Urt. v. 22.10.2015, Rs. C-194/14 P – *AC-Treuhand II*, BeckRS 2015, 81458, Rn. 30.

634 *EuGH*, Urt. v. 22.10.2015, Rs. C-194/14 P – *AC-Treuhand II*, BeckRS 2015, 81458, Rn. 37.

635 *EuGH*, Urt. v. 22.10.2015, Rs. C-194/14 P – *AC-Treuhand II*, BeckRS 2015, 81458, Rn. 39.

Da die jeweiligen Entscheidungen auf ähnlichen Kriterien beruhen, wird in beide Richtungen ein ähnlicher Maßstab angelegt. Im Ergebnis würde eine Anwendung der Kriterien dazu führen, dass die Verantwortlichkeit Dritter davon abhinge, inwieweit die Unternehmen die *VM Remonts*-Kriterien erfüllen. Die Verantwortlichkeit Dritter letztlich vom Zufall abhängig zu machen, ist unbillig. Dies kann jedoch nur als ein weiteres Argument gegen die kartellrechtliche Verantwortlichkeit Dritter angeführt werden. Für die fehlende Anwendbarkeit der *AC-Treuhand II*-Kriterien lässt sich dies hingegen argumentativ nicht verwenden. In jedem Fall kann von einer ähnlichen Entscheidung des EuGH bei der Verantwortlichkeit von Dritten ausgegangen werden.

Fünfter Teil: Sanktionierung an einer Kollusion beteiligter Dritter

Neben Art. 101 Abs. 1 AEUV sind die kartellrechtliche Sanktionsebene sowie die außerkartellrechtliche Verantwortlichkeit Dritter zu betrachten.

A. Kartellverstoß auf Tatbestandsebene

Zwar vermag eine Verantwortlichkeit Dritter nach Art. 101 Abs. 1 AEUV nicht zu überzeugen, jedoch entspricht diese der europäischen Praxis. Deshalb sind die Rechtsfolgen kurz darzulegen.

I. Sanktionen der Kartellbehörden

Die maßgebliche Sanktionsnorm im Kartellrecht ist Art. 23 Abs. 2 UAbs. 1 lit. a Alt. 1 VO 1/2003. Hiernach ist die Kommission befugt, Geldstrafen zu verhängen. Voraussetzung ist ein vorsätzliches oder fahrlässiges Handeln hinsichtlich des Verstoßes gegen Art. 101 Abs. 1 AEUV. Dies ist vorliegend zu unterstellen.

Bei Kartellgehilfen ist die Kommission mittlerweile dazu übergegangen, erhebliche Geldbußen zu verhängen.[636] Diese Entwicklung lässt sich ebenfalls bei den mitgliedstaatlichen Kartellbehörden erkennen.[637] Für die Bebußung Dritter müssen konsequenterweise ähnliche Maßstäbe angelegt werden. Hinsichtlich der Höhe des Bußgeldes ergeben sich ähnliche Probleme wie bei Kartellgehilfen. Gem. den Rn. 13 ff. der Leitlinien für das Verfahren zu Festsetzung von Geldbußen[638] bemisst sich die Bußgeldhöhe nach den auf den kartellierten Märkten erwirtschafteten Umsätzen. Da Dritte gerade nicht auf den kartellierten Märkten agieren und somit dort keinen Umsatz erzielen, können die Leitlinien für die Bußgeldbemessung nicht zielführend herangezogen werden. Da die Leitlinien nicht Teil des Primär- oder Sekundärrechts sind, kommt ihnen zudem keine unmittelbare Bindungswirkung zu. Es wäre dahingehend allenfalls eine

---

636 Vgl. dazu die Nachweise in *Schwartz,* Kartellgehilfen im europäischen Kartellrecht, Fn. 473.

637 *Schwartz,* Kartellgehilfen im europäischen Kartellrecht, S. 69.

638 *Bundeskartellamt,* Leitlinien für die Bußgeldzumessung in Kartellordnungswidrigkeitenverfahren, (besucht am 15.5.2019; Stand: 25.6.2013), <https://www.bundeskartellamt.de/SharedDocs/Publikation/DE/Leitlinien/Bekanntmachung%20-%20Bu%C3%9Fgeldleitlinien-Juni%202013.pdf?__blob=publicationFile&v=5>.

Selbstbindung der Unionsorgane möglich. Im Ergebnis wird eine solche jedoch abgelehnt.[639]

Die Bemessung des Bußgeldes muss sich demnach an anderen Kriterien orientieren. Der von Dritten durch das Kartell erzielte Umsatz ist dabei keine taugliche Größe. Dieser lässt sich in jedem Fall nur sehr mittelbar auf das Kartell zurückführen und liegt regelmäßig bei der üblichen Vergütung für die Dienstleistung. Das kollusive Verhalten erhöht die Vergütung dabei nicht. Nur mittelbar können Dritte davon etwa in Form einer erhöhten Nachfrage oder durch Kostensenkung, welche zur Erhöhung der Gewinnmarge führt, profitieren, wie bereits bei der Erläuterung der Fallgruppen ausgeführt.[640] In Betracht käme etwa eine prozentuale Bezifferung anhand der von den Unternehmen erzielten Umsätze.

II. Schadensersatzansprüche

Die zivilrechtlichen Ansprüche erstrecken sich auf Beseitigungs-, Unterlassungs- und Schadensersatzansprüche. Relevant sind dabei insbesondere Schadensersatzansprüche, welche neben den verhängten Bußgeldern geltend gemacht werden können. Im Unionsrecht existieren hierzu keine Regelungen, sodass auf die nationalen Anspruchsgrundlagen zurückzugreifen ist.[641] Im deutschen Recht ist § 33a Abs. 1 GWB die maßgebliche Norm. Über den Verweis auf § 33 Abs. 1 GWB wird auf Art. 101 Abs. 1 AEUV Bezug genommen. Die Schadensersatzpflicht besteht, wenn hinsichtlich des Verstoßes gegen das Kartellverbot vorsätzlich oder fahrlässig gehandelt wird.

Problematisch ist dabei die Höhe des Schadensersatzanspruches, in der Dritte in Anspruch genommen werden können. In Bezug auf den Schaden wird gem. § 33a Abs. 2 S. 1 GWB widerleglich vermutet, dass ein Kartell einen solchen verursacht. Die Schadensvermutung sagt dabei nichts über die Höhe des Schadens aus.[642] Sie wirkt zugunsten aller Betroffenen im Sinne des § 33 Abs. 3 GWB. Dies umfasst Mitbewerber und sonstige beeinträchtigte Marktteilnehmer. Da Art. 101 Abs. 1 AEUV nicht darauf ausgelegt ist, Dritte als Kartellanten zu erfassen, gilt dies ebenfalls für die Schadensersatznormen des GWB. In der Konsequenz ist § 33a Abs. 2 GWB nicht auf marktfremde Unternehmen (Dritte)

639 Dazu ausführlich *Jüchser*, Die Beteiligung am Kartell, S. 106 ff.

640 S. 23 ff.

641 MüKo Kartellrecht-*Säcker/Jaecks*, Art. 101 AEUV, Rn. 676.

642 *Bechtold/Bosch*, § 33a GWB, Rn. 10.

zugeschnitten.[643] Letztlich kann dies allerdings ohnehin keine Auswirkung auf die Schadensvermutung haben, da diese für das gesamte Kartell gilt. Es kommt daher in jedem Fall zu einer gesamtschuldnerischen Haftung gem. § 33d Abs. 1 GWB i.V.m. §§ 830, 840 BGB aller Kartellbeteiligten. Eine Differenzierung hinsichtlich der Außenhaftung je nach Umfang der Verantwortlichkeit würde dem zuwiderlaufen.[644]

Ein Ansatzpunkt für eine im Einzelfall geringere oder höhere Verantwortlichkeit liegt jedoch in der Beschränkung oder Ausweitung des Innenregresses. Nach § 33d Abs. 2 S. 1 GWB bestimmt sich das Verhältnis der Ersatzpflicht insbesondere nach dem Maß der Schadensverursachung.[645] Der BGH stellt zur Ermittlung auf verschiedene Kriterien ab.[646] Dies sind die Art der Tatbeiträge[647] sowie der erwirtschaftete Erfolg.[648] Daneben wird in der Literatur zur Bestimmung die relative Bußgeldhöhe angeführt, welche im Ergebnis jedoch kein geeignetes Kriterium ist.[649] Aufgrund der fehlenden Teilnahme am Wettbewerb auf dem kartellierten Markt durch Dritte kann lediglich auf die Art des Tatbeitrags oder auf den Beitrag zur Sicherstellung und Aufrechterhaltung des Kartells abgestellt werden.[650] Bei Dritten ist dies insbesondere der Beitrag, welcher überhaupt zu einem Kartell geführt hat. Zwar könnte dem entgegengehalten werden, dass sich solche mittelbaren Verursachungsbeiträge nicht direkt auf den Schaden auswirken.[651] § 33d GWB ordnet jedoch in jeglichen Fällen von Beteiligung eine gesamtschuldnerische Haftung an, weshalb diesem Argument die Grundlage

---

643 Ähnlich in Bezug auf Kartellgehilfen *Schwarzkopf*, Externe Kartellunterstützer im Europäischen Kartellrecht, S. 225.

644 So auch hinsichtlich Kartellgehilfen *Schwarzkopf*, Externe Kartellunterstützer im Europäischen Kartellrecht, S. 226.

645 § 33d Abs. 2 GWB ist die Umsetzung von Art. 11 Abs. 5 Richtlinie 2014/104/EU des Europäischen Parlaments und des Rates vom 26. November 2014 über bestimmte Vorschriften für Schadensersatzklagen nach nationalem Recht wegen Zuwiderhandlungen gegen wettbewerbsrechtliche Bestimmungen der Mitgliedstaaten und der Europäischen Union, ABl. 2014 L 349/1.

646 Dazu ebenfalls *Schwarzkopf*, Externe Kartellunterstützer im Europäischen Kartellrecht, S. 227 f.

647 *BGHZ* 203, 193, Rn. 58 f.

648 *BGHZ* 203, 193, Rn. 62, 68.

649 Siehe dazu und zu der gesamten Diskussion *Schwarzkopf*, Externe Kartellunterstützer im Europäischen Kartellrecht, S. 228 ff.

650 *C. Krüger*, Kartellregress, S. 82 ff.

651 *Schwarzkopf*, Externe Kartellunterstützer im Europäischen Kartellrecht, S. 234.

fehlt.[652] Im Hinblick auf die entscheidende Rolle, die Dritten für die Kartellentstehung zukommt, ist die Schadensverantwortlichkeit im Innenverhältnis somit regelmäßig hoch. Letztlich ist dies jedoch eine Frage des Einzelfalls. Es kann in jedem Fall festgehalten werden, dass der fehlende Marktbezug nicht zu einer fehlenden Schadensverantwortlichkeit im Innenverhältnis führt, sondern auf den Beitrag des Dritten abgestellt werden kann, durch den es überhaupt erst zu einem Kartell gekommen ist.

B. Kein Kartellverstoß auf Tatbestandsebene

Da sich Art. 101 Abs. 1 AEUV entgegen der Rechtsprechung des EuGH keine Verantwortlichkeit von Dritten entnehmen lässt,[653] sind mögliche außerkartellrechtliche Haftungsnormen und sonstige Sanktionen zu betrachten.

I. Schadensersatzansprüche

In Betracht kommen Schadensersatzansprüche nach §§ 280 ff. BGB, welche teilweise i.V.m. § 437 Nr. 3 BGB oder § 634 Nr. 4 BGB entstehen können. Zudem sind Schadensersatzansprüche nach § 10 Abs. 1 GeschGehG denkbar.

1. Ansprüche nach §§ 280 ff. BGB

a) Anwendbarkeit

Eine Verantwortlichkeit Dritter scheitert im europäischen Kartellrecht daran, dass diese keine tauglichen Täter hinsichtlich eines Kartellverstoßes sind und eine Teilnahme mangels entsprechender Vorschrift ausscheidet.[654] Im deutschen Kartellrecht bestehen hingegen keine Probleme, eine Person als Teilnehmer einzuordnen. Gem. § 81 Abs. 1 Nr. 1 GWB handelt es sich bei einem vorsätzlichen oder fahrlässigen Verstoß gegen Art. 101 Abs. 1 AEUV um eine Ordnungswidrigkeit. Dort gilt im deutschen Recht gem. § 14 OWiG der Einheitstäterbegriff.[655]

---

652 *Bechtold/Bosch*, § 33d GWB, Rn. 2; MüKo BGB-*Wagner*, § 830 BGB, Rn. 77; *Schwarzkopf*, Externe Kartellunterstützer im Europäischen Kartellrecht, S. 234 f.

653 Siehe die Untersuchung im Vierten Teil.

654 Dazu Vierter Teil.

655 Karlsruher Kommentar OWiG-*Rengier*, § 14 OWiG, Rn. 4; Loewenheim/Meessen/Riesenkampff-*Meyer-Lindemann*, § 81 GWB, Rn. 20.

Da dies zur Folge hat, dass nicht zwischen Täterschaft, Beihilfe und Anstiftung differenziert wird,[656] ist eine Teilnahmehandlung möglich.

Eine Sperrwirkung des Unionsrechts besteht nicht. Art. 3 VO 1/2003 regelt das Verhältnis von unionsrechtlichem zu nationalem Recht auf sekundärrechtlicher Ebene. Maßgebend bestimmt Art. 3 Abs. 2 S. 1 VO 1/2003, dass nationale kartellrechtliche Regelungen keine Handlungen verbieten dürfen, welche nach Art. 101 Abs. 1 AEUV nicht verboten sind.[657] Allerdings werden Normen mit überwiegend abweichenden Zielen gem. Art. 3 Abs. 3 VO 1/2003 von dem Vorrang des Unionskartellrechts ausgenommen.[658] Die §§ 280 ff. BGB könnten eine solche abweichende Zielsetzung innehaben. In jedem Fall ist vorliegend die Anwendbarkeit schon deswegen möglich, da es nicht um Schadensersatzansprüche geht, die auf einem Kartellverstoß beruhen, sondern um vertragliche Pflichtverletzungen Dritter gegenüber den auftraggebenden Unternehmen. Diese stehen nur in einem mittelbaren Zusammenhang zu Kartellrechtsverstößen. Da die Anspruchsrichtung im Vergleich zu kartellrechtlichen Sanktionen eine andere ist, bestehen keine Probleme bei der Anwendbarkeit von vertraglichen Schadensersatzansprüchen.

b) Tatbestandsvoraussetzungen und Schaden

Für Ansprüche nach §§ 280 ff. BGB, auch i.V.m. § 437 Nr. 3 BGB oder § 634 Nr. 4 BGB, benötigt es einen (qualifizierten) Vertrag, eine Pflichtverletzung sowie Vertretenmüssen. Darüber hinaus ist die Feststellung eines Schadens erforderlich.

Ein Vertragsverhältnis zwischen den Unternehmen und den Dritten wird grundsätzlich immer bestehen, wenn es nicht im Einzelfall aus anderweitigen Gründen unwirksam ist. Schwieriger ist die Bestimmung der Pflichtverletzung. Das kollusive Verhalten ist für sich genommen keine Pflichtverletzung, wenn die Unternehmen nicht dafür kartellrechtlich verantwortlich sind. Teilweise wird durch die mögliche Weitergabe von Marktinformationen,[659] zu

---

656 Immenga/Mestmäcker-*Biermann*, § 81 GWB, Rn. 80; implizit Karlsruher Kommentar OWiG-*Rengier*, § 14 OWiG, Rn. 4; Loewenheim/Meessen/Riesenkampff-*Meyer-Lindemann*, § 81 GWB, Rn. 20.

657 Dieses Ergebnis ergibt sich zwar nicht unmittelbar aus dem Wortlaut, lässt sich aber in systematischer und teleologischer Hinsicht eindeutig der Norm entnehmen. Dazu *J. Otto*, Der Kartellgehilfe als Bußgeldadressat im Europäischen Kartellrecht, S. 375 ff. So i.E. ebenfalls Immenga/Mestmäcker-*Rehbinder*, Art. 3 VO 1/2003, Rn. 19 ff.; Kölner Kommentar Kartellrecht-*Schütz*, Art. 3 VO 1/2003, Rn. 14 ff.

658 Immenga/Mestmäcker-*Rehbinder*, Art. 3 VO 1/2003, Rn. 47.

659 Eine Offenlegung von Markinformationen liegt nicht immer vor, siehe S. 145.

der es konstruktiv ebenfalls beim bloßen Empfangen fremder Informationen kommen kann,[660] die Marktposition der Unternehmen geschwächt. Wenn beispielsweise die Preisstrategie von Unternehmen auf der Basis von Preisstrategien anderer Unternehmen entwickelt wird, kann dies wirtschaftlich nachteilig für letztere sein. Deshalb läge in diesen Fällen in der Informationsweitergabe eine Schutzpflichtverletzung nach § 241 Abs. 2 BGB vor. Umgekehrt kann ein solches kollusives Verhalten auch vorteilhaft für beide Unternehmen sein, sodass sich mit der Umkehrung der vorherigen Argumentation das Fehlen einer Pflichtverletzung begründen ließe. Allerdings ist es dem Vertrag immanent, dass eine Informationsweitergabe immer eine Schutzpflichtverletzung nach § 241 Abs. 2 BGB darstellt. In diesen Fällen fehlt es ohne wirtschaftliche Nachteile jedoch an einem kausalen Schaden.

Ein weiterer Ansatzpunkt ist die fehlerhafte Beratung, wenn ein Unternehmen eine Strategieberatung entwickelt, welche anhand der Informationen eines anderen Unternehmens erstellt wird. Die Pflichtverletzung besteht ebenfalls schon darin, einem Unternehmen ohne Rücksprache eine angepasste Preisstrategie zu erstellen.

Das Vertretenmüssen wird nach § 280 Abs. 1 S. 2 BGB vermutet. Wie bereits angedeutet, besteht das größte Problem in der Bestimmung eines Schadens. Regelmäßig werden den Unternehmen keine Schäden entstehen, sondern sogar wirtschaftliche Vorteile. Die Kunden haben ebenfalls keine Schadensersatzansprüche gegen die Unternehmen, welche an die Dritten als Schadensposten weitergegeben werden könnten. Selbst wenn ein Schaden entsteht, wird ein kausales Beruhen auf dem kollusiven Verhalten schwierig zu beweisen sein.[661] Mangels eines Kartellverstoßes ist die Anwendung sämtlicher Vermutungsregelungen von vornherein ausgeschlossen. Es lässt sich festhalten, dass ein Schadensersatzanspruch dem Grunde nach besteht, wenngleich er in vielen Fällen am Vorliegen eines Schadens scheitern wird.[662]

---

660 S. 100 ff.

661 Im Einzelfall kann die Beweiserleichterung nach § 252 BGB helfen. Hiernach ist der entgangene Gewinn zu ersetzen. Wenn es den Unternehmen gelingt nachzuweisen, dass „nach dem gewöhnlichen Lauf der Dinge“ ein höherer Gewinn zu erwarten gewesen wäre, könnte eine Schadensposition geltend gemacht werden.

662 Gleiches gilt für Schadensersatzansprüche im Mängelgewährleistungsrecht.

2. *Ansprüche nach § 10 Abs. 1 GeschGehG*

Das GeschGehG dient der Umsetzung der sog. Geschäftsgeheimnis-Richtlinie.[663] Erstmalig wird dort der Begriff des Geschäftsgeheimnisses legaldefiniert. Demnach ist ein Geschäftsgeheimnis „eine Information[,] die weder [...] allgemein bekannt oder ohne Weiteres zugänglich ist und daher von wirtschaftlichem Wert ist und die Gegenstand von den Umständen nach angemessenen Geheimhaltungsmaßnahmen durch ihren rechtmäßigen Inhaber ist und bei der ein berechtigtes Interesse an der Geheimhaltung besteht" (§ 2 Nr. 1 GeschGehG). Bei Informationen über das Marktverhalten ist davon auszugehen, dass diese nicht allgemein bekannt sind, Geheimhaltungsmaßnahmen getroffen werden sowie ein berechtigtes Geheimhaltungsinteresse besteht.

In Betracht kommt ein Anspruch nach § 10 Abs. 1 i.V.m. § 4 Abs. 2 Nr. 3 GeschGehG. Hinsichtlich der Anwendbarkeit gelten die Ausführungen zu den §§ 280 ff. BGB. Voraussetzung für den Anspruch ist, dass Dritte, entgegen einer Verpflichtung, ein Geschäftsgeheimnis offenlegen. Nach der Gesetzesbegründung ist eine Offenlegung die Eröffnung des Geschäftsgeheimnisses gegenüber Dritten.[664] Im Kontext dieser Arbeit ist von einer Vertraulichkeitsvereinbarung auszugehen. Eine Offenlegung liegt bei einer Weitergabe an andere Unternehmen ebenfalls vor. Dies gilt jedoch nicht, wenn eine Kollusion ohne Kenntnis der anderen Unternehmen herbeigeführt wird. In diesen Fällen wird beispielsweise eine angepasste Preisstrategie implementiert. Die Unternehmen erlangen dadurch jedoch keine Kenntnis über die Marktinformationen der Gegenseite. Eine Offenlegung von Geschäftsgeheimnissen liegt daher nicht vor.

Bei Vorliegen der Voraussetzungen von § 4 Abs. 2 Nr. 3 GeschGehG besteht ein Schadensersatzanspruch nach § 10 Abs. 1 GeschGehG dem Grunde nach, da ein vorsätzliches Verhalten zu unterstellen ist. Wie bereits ausgeführt, fehlt es jedoch regelmäßig an einem Schaden.

---

663 Richtlinie 2016/943 des Europäischen Parlaments und des Rates vom 8. Juni 2016 über den Schutz vertraulichen Know-hows und vertraulicher Geschäftsinformationen (Geschäftsgeheimnisse) vor rechtswidrigem Erwerb sowie rechtswidriger Nutzung und Offenlegung, ABl. 2016 L 157/1.

664 Gesetzesbegründung, BT-Drucks. 19/4724, S. 27.

II. Mängelgewährleistung

Bei Verträgen mit Unternehmensberatungen wird es sich regelmäßig um Dienstverträge handeln und nur in Ausnahmefällen um Werkverträge. Eine Mängelgewährleistung kommt deshalb nur selten in Betracht. Hingegen wird es sich bei Verträgen mit Softwareherstellern um Kaufverträge (§§ 433, 453 BGB) oder Werklieferungsverträge (§ 650 BGB) handeln, wenn diese einen Algorithmus implementieren müssen. Hinsichtlich der Anwendbarkeit ist auf die vorherigen Ausführungen zum Schadensersatz zu verweisen.[665]

Für sämtliche Mängelgewährleistungsansprüche bedarf es gem. §§ 437, 434 BGB eines Mangels. Ein solcher besteht nach § 434 BGB in der Abweichung der Soll- von der Ist-Beschaffenheit.[666] Hierfür gelten ähnliche Erwägungen wie bei der Pflichtverletzung im Rahmen eines Schadensersatzanspruches. Ein Algorithmus soll ohne anderweitige Vereinbarung so programmiert sein, dass er autonom arbeitet. Sonst hat er keine Beschaffenheit, die bei Sachen der gleichen Art üblich ist und die der Käufer nach der Art der Sache erwarten kann (§ 434 Abs. 1 S. 2 Nr. 2 BGB). Problematisch ist dies nur, wenn der Softwarehersteller einen handelsüblichen Algorithmus verkauft und die Kollusion nur durch entsprechend angepasste, weitere Algorithmen entsteht, welche an andere Unternehmen verkauft werden. In diesen Fällen liegt kein Mangel vor. Es kann allenfalls ein Anspruch auf Austausch (oder ähnliches) auf Basis einer vertraglichen Nebenpflichtverletzung gem. §§ 280 Abs. 1, 241 Abs. 2 BGB entstehen.

Liegt ein Mangel vor, können bei Vorliegen der weiteren Voraussetzungen die Ansprüche nach § 437 BGB geltend gemacht werden. Dahingehend unterliegen Dritte somit einem Haftungsrisiko.

III. Strafrechtliche Sanktionen

Im Strafrecht stellen sich hinsichtlich der Anwendbarkeit der Strafnormen im Ausgangspunkt ähnliche Fragen wie bei der zivilrechtlichen Sanktionierung.[667] Allerdings ist für strafrechtliche Normen die unterschiedliche Zielsetzung im Sinne des Art. 3 Abs. 3 VO 1/2003 grundsätzlich nach Erwägungsgrund 8 anerkannt.[668] Etwas anderes gilt dann, wenn es sich bei der strafrechtlichen

---

665 S. 142 f.

666 Staudinger-*Matusche-Beckmann*, § 434 BGB, Rn. 40 ff.

667 Dazu Fünfter Teil, B. I. 1. a).

668 Frankfurter Kommentar Kartellrecht-*Jaeger*, Art. 3 VO 1/2003, Rn. 26; Immenga/Mestmäcker-*Rehbinder*, Art. 3 VO 1/2003, Rn. 50; Langen/Bunte-*Sura*, Art. 3 VO 1/2003, Rn. 30.

Norm um spezielles Wettbewerbsstrafrecht handelt. Geht es um eine strafrechtliche Sanktionierung natürlicher Personen, um Wettbewerbsrecht durchzusetzen, ist die Anwendung ausgeschlossen.[669] Die unterschiedliche Zielsetzung ist zudem für die Regelungen des UWG anerkannt.[670]

1. *Verstöße bei öffentlichen Ausschreibungen*

Nach § 298 Abs. 1 StGB sind wettbewerbsbeschränkende Absprachen bei Ausschreibungen strafbar. Die Strafbarkeit Dritter scheitert schon am Erfordernis einer rechtswidrigen Absprache. Dabei kommt es aufgrund der Kartellrechtsakzessorietät auf einen Verstoß gegen Art. 101 Abs. 1 AEUV oder § 1 GWB an.[671] Da kein Verstoß gegen Art. 101 Abs. 1 AEUV vorliegt, darf § 1 GWB nach Art. 3 Abs. 2 S. 1 VO 1/2003 zu keinem anderen Ergebnis führen. Es handelt sich bei § 298 StGB aufgrund der Bezugnahme auf kartellrechtliche Vorschriften um eine wettbewerbsrechtliche Norm, welche nicht von Art. 3 Abs. 3 VO 1/2003 erfasst ist. Aufgrund der Einordnung der Norm in den Bereich des Wettbewerbsstrafrechts gilt der Vorrang des Unionskartellrechts.[672] Eine strafrechtliche Verantwortlichkeit Dritter nach § 298 Abs. 1 StGB scheidet somit aus.

2. *Verletzung von Privatgeheimnissen*

Dritte können sich auch nicht gem. § 203 Abs. 1 StGB strafbar machen, indem sie Betriebs- oder Geschäftsgeheimnisse von Unternehmen anderen Unternehmen offenbaren. Bei den relevanten Marktinformationen handelt es sich um fremde Geschäftsgeheimnisse.[673] Offenbart wird ein Geheimnis, wenn es

---

669 So ausdrücklich in Erwägungsgrund 8: „[…] außer wenn solche Sanktionen als Mittel dienen, um die für Unternehmen geltenden Wettbewerbsregeln durchzusetzen."

670 *Bechtold/Bosch/Brinker*, Art. 3 VO 1/2003, Rn. 13; Frankfurter Kommentar Kartellrecht-*Jaeger*, Art. 3 VO 1/2003, Rn. 24; Kölner Kommentar Kartellrecht-*Schütz*, Art. 3 VO 1/2003, Rn. 27; Langen/Bunte-*Sura*, Art. 3 VO 1/2003, Rn. 27. Dieses Ergebnis lässt sich ebenfalls Erwägungsgrund 9 entnehmen.

671 MüKo StGB-*Hohmann*, § 298 StGB, Rn. 70 ff.

672 Immenga/Mestmäcker-*Rehbinder*, Art. 3 VO 1/2003, Rn. 50.

673 In Abgrenzung zum Betriebsgeheimnis geht es bei einem Geschäftsgeheimnis um den kaufmännischen Bereich, wie etwa Marktstrategien (Schönke/Schröder-*Eisele*, § 203 StGB, Rn. 11). Ein Geheimnis ist eine Tatsache, die nur einem beschränkten Personenkreis bekannt und zugänglich ist und an deren Geheimhaltung die geschützte Person ein subjektives berechtigtes Interesse hat (von seinem Standpunkt aus) (dazu näher Kindhäuser/Neumann/Paeffgen-*Kargl*, § 203 StGB, Rn. 6; MüKo StGB-*Cierniak/*

in einer beliebigen Weise an einen anderen gelangt.[674] Diesbezüglich bestehen ebenfalls keine Probleme. Problematisch ist hingegen der taugliche Täterkreis. Bei den abschließend genannten Berufsgruppen werden weder Unternehmensberater noch Softwareprogrammierer aufgezählt. Unternehmensberater sind zwar ähnlich zu den Berufsgruppen in § 203 Abs. 1 Nr. 3 StGB, bei denen insbesondere Rechtsanwälte, Wirtschaftsprüfer und Steuerberater umfasst sind. Der Wortlaut ist jedoch eindeutig.[675] Eine Erfassung wäre nur über die Bildung einer Analogie möglich, was im Strafrecht wie gesehen nicht zulässig ist.[676] Eine Strafbarkeit Dritter nach § 203 Abs. 1 Nr. 3 StGB scheidet somit ebenfalls aus.

3. *Verletzung von Geschäftsgeheimnissen*

Die Vorgängervorschrift § 17 UWG a.F. wurde durch § 23 GeschGehG ersetzt.[677] Die Anwendbarkeit ergibt sich aus der Anwendbarkeit der Vorschriften des UWG.[678] Für die neue Regelung kann nichts anderes gelten. Zudem handelt es sich nicht um spezifisches Wettbewerbsstrafrecht.

Zunächst könnten Dritte gem. § 23 Abs. 1 Nr. 3 GeschGehG verantwortlich sein, wenn ihre Handlung gegen eine Verpflichtung verstößt, das Geschäftsgeheimnis nicht offenzulegen (§ 4 Abs. 2 Nr. 3 GeschGehG). Von einer solchen Verpflichtung ist zwar bei Dritten auszugehen. Sie müssten darüber hinaus jedoch bei dem betroffenen Unternehmen beschäftigt sein. Dieses Kriterium findet sich in § 17 UWG a.F. wieder, bei dem anerkannt war, dass selbstständige Dritte hiervon nicht erfasst sind.[679] Eine Strafbarkeit lässt sich auch nicht auf § 23 Abs. 1 Nr. 2 GeschGehG stützen. Hierfür müssten Dritte ein Geschäftsgeheimnis nutzen oder offenlegen, welches sie durch unbefugten

---

Niehaus, § 203 StGB, Rn. 12). Fremd ist das Geheimnis, da es eine andere (natürliche oder juristische) Person betrifft (Schönke/Schröder-*Eisele*, § 203 StGB, Rn. 8). Siehe auch § 2 Nr. 1 GeschGehG.

674 Kindhäuser/Neumann/Paeffgen-*Kargl*, § 203 StGB, Rn. 19; Schönke/Schröder-*Eisele*, § 203 StGB, Rn. 20.

675 Kindhäuser/Neumann/Paeffgen-*Kargl*, § 203 StGB, Rn. 32; MüKo StGB-*Cierniak/Niehaus*, § 203 StGB, Rn. 36.

676 Dazu Zweiter Teil, D. II.

677 § 17 UWG ist am 26.4.2019 außer Kraft getreten und zeitgleich das GeschGehG in Kraft getreten.

678 Dazu bereits S. 147 f.

679 Vgl. MüKo Lauterkeitsrecht-*Brammsen*, § 17 UWG, Rn. 34.

Zugang, Aneignung oder ähnliches nach §§ 4 Abs. 2 Nr. 1 lit. a, Abs. 1 Nr. 1 GeschGehG erlangt haben. Unbefugt setzt ein Handeln ohne Ermächtigung und ohne Rechtfertigungsgrund voraus.[680] Den Zugang zu den Marktinformationen bekommen die Dritten von den Unternehmen eingeräumt, sodass sie nicht unbefugt handeln.

680 Zu § 17 UWG a.F. Harte-Bavendamm/Henning-Bodewig-*Harte-Bavendamm*, § 17 UWG, Rn. 21; Köhler/Bornkamm/Feddersen-*H. Köhler*, § 17 UWG, Rn. 43.

Sechster Teil: Kartellrechtliche Verantwortlichkeit Dritter de lege ferenda

Da Dritte entgegen der Rechtsprechung des EuGH nicht kartellrechtlich verantwortlich gemacht werden können, stellt sich die Frage, ob und wie eine Verantwortlichkeit gesetzlich ausgestalten werden könnte.

A. Kompetenzverteilung zwischen der Europäischen Union und den Mitgliedstaaten

Zunächst sind für etwaige Gesetzesänderungen die in Betracht kommenden Befugnisnormen und deren Zuständigkeiten zu klären. Wie sich Art. 5 EUV entnehmen lässt, muss sich die Kompetenz der europäischen Union aus den Verträgen ergeben.[681]

I. Art. 103 AEUV

Im Regelungsbereich von Art. 101 AEUV kommt als mögliche Befugnisnorm in erster Linie Art. 103 AEUV in Betracht. Voraussetzung ist die Zweckdienlichkeit einer Verordnung oder Richtlinie, um die Grundsätze von Art. 101 AEUV (oder Art. 102 AEUV) zu verwirklichen. Die Auslegung von Art. 101 Abs. 1 AEUV hat ergeben, dass Dritte keinen Kartellverstoß begehen. Da es bei Art. 103 AEUV gerade darauf ankommt, Art. 101 AEUV zu verwirklichen, ist dieses Kriterium nicht erfüllt, wenn hierüber eine Verordnung oder Richtlinie geschaffen wird, wonach Dritte kartellrechtlich sanktioniert werden. Sämtliche Änderungen, die den Regelungsgehalt von Art. 101 Abs. 1 AEUV ergänzen, lassen sich daher nicht auf Art. 103 AEUV stützen.[682]

---

681 Streitig ist, ob Art. 101 Abs. 1 AEUV von Art. 3 Abs. 1 lit. b AEUV erfasst ist, sodass eine ausschließliche Zuständigkeit vorliegt (so die wohl h.M., vgl. Calliess/Ruffert-*Calliess*, Art. 3 AEUV, Rn. 7 ff.).

682 Calliess/Ruffert-*Jung*, Art. 103 AEUV, Rn. 8, 43; Frankfurter Kommentar Kartellrecht-*Lohse*, Art. 103 AEUV, Rn. 16; Grabitz/Hilf/Nettesheim-*Ludwigs*, Art. 103 AEUV, Rn. 19; Immenga/Mestmäcker-*Ritter/Wirtz*, Art. 103 AEUV, Rn. 2; Kölner Kommentar Kartellrecht-*Klees*, Art. 103 AEUV, Rn. 9; Langen/Bunte-*Stadler*, Art. 103 AEUV, Rn. 6; Loewenheim/Meessen/Riesenkampff-*Sturhahn*, Art. 103 AEUV, Rn. 4; Streinz-*Reidlinger*, Art. 103 AEUV, Rn. 5.

II. Art. 48 EUV

Die kartellrechtliche Verantwortlichkeit Dritter kann über eine Änderung der Verträge gem. Art. 48 EUV vorgenommen werden. Durch ein ordentliches Änderungsverfahren ist beispielsweise eine entsprechende Ausgestaltung von Art. 101 Abs. 1 AEUV denkbar. Eine solche Vertragsänderung ist zwar rechtlich möglich. In politischer Hinsicht wäre dafür allerdings die Zustimmung sämtlicher Mitgliedstaaten erforderlich.[683] Dies wird als in der Praxis – zumindest in absehbarer Zeit – nicht möglich bewertet.[684] Deshalb sind in erster Linie andere Befugnisnormen zu betrachten.

III. Art. 352 AEUV

Zuletzt könnte Art. 352 AEUV als Ergänzungsklausel eine taugliche Befugnisnorm sein. Auf die erforderlichen Tatbestandsmerkmale ist nur kurz einzugehen, da die Anwendbarkeit bereits ausführlich für den ähnlich gelagerten Fall des Kartellgehilfen diskutiert wurde.[685]

Erforderlich ist ein „Tätigwerden der Union im Rahmen der in den Verträgen festgelegten Politikbereiche“ (Art. 352 Abs. 1 S. 1 AEUV). Demnach muss der Aufgabenbereich bereits gesetzlich zugewiesen sein und dürfte nicht durch Art. 352 AEUV geschaffen werden.[686] Für den Bereich der Wettbewerbsregeln im Binnenmarkt ist die EU gem. Art. 3 Abs. 1 lit. b AEUV zuständig.[687] Ein Handeln innerhalb der festgelegten Politikbereiche läge somit vor. Weiterhin müssten die Ziele der Verträge verwirklicht werden (Art. 352 Abs. 1 S. 1 AEUV). Wie zuvor bereits dargelegt, ist eines der Ziele der EU, den Wettbewerb vor Verfälschungen zu schützen.[688] Daran hat die Verbannung des Ziels aus Art. 3 Abs. 1 lit. g EGV nichts geändert. Eine mögliche Sanktionierung Dritter würde der Verwirklichung dieses Ziels dienen.

---

683 Dazu *J. Otto,* Der Kartellgehilfe als Bußgeldadressat im Europäischen Kartellrecht, S. 684.

684 So etwa *Glöckner*, NZKart 2018, 464, 465; *J. Otto,* Der Kartellgehilfe als Bußgeldadressat im Europäischen Kartellrecht, S. 384.

685 Dazu eingehend *J. Otto,* Der Kartellgehilfe als Bußgeldadressat im Europäischen Kartellrecht, S. 386 ff.

686 Calliess/Ruffert-*Rossi*, Art. 352 AEUV, Rn. 12a; Groeben/Schwarze/Hatje-*M. Schröder*, Art. 352 AEUV, Rn. 31; Streinz-*Streinz*, Art. 352 AEUV, Rn. 31 ff.

687 Vgl. dazu Fn. 681.

688 Siehe S. 51.

Ferner dürften in den Verträgen die hierfür erforderlichen Befugnisse nicht vorgesehen sein (Art. 352 Abs. 1 S. 1 AEUV). Demnach ist Art. 352 AEUV subsidiär gegenüber anderen Befugnisnormen.[689] Festzuhalten ist dabei, dass Art. 103 AEUV, mangels Einschlägigkeit in der konkreten Situation und mangels Sperrwirkung, vorliegend keine vorrangige Befugnisnorm darstellt.[690] Somit fehlen anderweitige Befugnisse. Das Tätigwerden müsste darüber hinaus erforderlich sein. Wie dieses Kriterium zu verstehen ist, wird unterschiedlich bewertet. Die überwiegende Ansicht geht von einer Erforderlichkeit in Bezug auf die Verwirklichung des Ziels aus.[691] Da es genügt, wenn das Tätigwerden erforderlich „erscheint" und die Formulierung der Ziele regelmäßig weit erfolgt, hat der Rat einen entsprechend großen Beurteilungsspielraum.[692] Das Kriterium stellt demnach keine Hürde dar, da die nachfolgend vorgeschlagenen Änderungen als zum Schutz des Wettbewerbs erforderlich anzusehen sind.

Da sich Art. 352 AEUV als anwendbar herausgestellt hat, ist dessen Umfang zu ermitteln. Maßgeblich ist die Geeignetheit der erlassenen Vorschriften. Zudem dürfen durch die Anwendung von Art. 352 AEUV nicht die Voraussetzungen von Art. 48 EUV ausgehebelt werden. Änderungen nach Art. 352 AEUV dürfen deshalb zu keiner faktischen Änderung der Verträge führen. Die Grenzziehung erfolgt nach Ansicht des EuGH anhand der eintretenden Folgen.[693] Aufgrund der notwendigen ex ante Perspektive handelt es sich hierbei um eine Prognoseentscheidung.[694] Nach Ermittlung der Änderungsvorschläge ist auf hierauf zurückzukommen.

---

689 Calliess/Ruffert-*Rossi*, Art. 352 AEUV, Rn. 58; Grabitz/Hilf/Nettesheim-*Winkler*, Art. 352 AEUV, Rn. 73 f.; Groeben/Schwarze/Hatje-*M. Schröder*, Art. 352 AEUV, Rn. 17; Streinz-*Streinz*, Art. 352 AEUV, Rn. 40.

690 Dazu m.w.N. *J. Otto*, Der Kartellgehilfe als Bußgeldadressat im Europäischen Kartellrecht, S. 387 f. Die Norm weist keinen abschließenden Charakter auf.

691 Zur Diskussion und m.w.N. *J. Otto*, Der Kartellgehilfe als Bußgeldadressat im Europäischen Kartellrecht, S. 389 f.; Schwarze-*Gundel*, Art. 352 AEUV, Rn. 17; Streinz-*Streinz*, Art. 352 AEUV, Rn. 37.

692 Calliess/Ruffert-*Calliess*, Art. 352 AEUV, Rn. 46; Grabitz/Hilf/Nettesheim-*Winkler*, Art. 352 AEUV, Rn. 72; Streinz-*Streinz*, Art. 352 AEUV, Rn. 34.

693 *EuGH*, Gutachten v. 28.3.1996, 2/94, Stellungnahme des Gerichtshofes, Slg. 1996, I-1759, Rn. 30.

694 So i.E. auch *J. Otto*, Der Kartellgehilfe als Bußgeldadressat im Europäischen Kartellrecht, S. 391.

B. Vorschläge für mögliche Änderungen des kartellrechtlichen Regelungsregimes

Nachdem die Kompetenz der EU gem. Art. 352 AEUV und – wenngleich eher theoretisch – Art. 48 EUV besteht, soll die Notwendigkeit von Änderungen sowie deren tatsächlicher Umsetzung diskutiert werden.

I. Grundsätzliche Notwendigkeit einer Änderung

Die Monopolkommission hat in ihrem Hauptgutachten aus 2018 auf die Möglichkeit von „Haftungslücken" im Bereich von Dritten hingewiesen.[695] Diese Gefahr sieht sie in Fällen, in denen Dritte kollusive Handlungen vornehmen, ohne dass die Unternehmen dies wollen, da eine Sanktionierbarkeit nach Art. 101 Abs. 1 AEUV nur schwer möglich sei.[696] Das Problem besteht letztlich in der Möglichkeit von Dritten, rechtmäßig kollusive Marktergebnisse erzeugen zu können. Diese Möglichkeit besteht entweder aufgrund der trotz der Ergreifung geeigneter Maßnahmen fehlenden Erkennbar- und Verhinderungsmöglichkeit des Handelns Dritter oder da Dritte in jedem Fall nicht selbst gegen Art. 101 Abs. 1 AEUV verstoßen können. Die rechtliche Situation, Dritte nicht geeignet sanktionieren zu können, führt zu einem fehlenden Anreiz, kollusive Handlungen zu unterlassen. Dem stehen die bereits herausgearbeiteten Vorteile gegenüber, die ein solches Verhalten für Dritte hat.[697] Darüber hinaus bliebe im Falle einer fehlenden Verantwortlichkeit eines Unternehmens das jeweilige andere – sich möglicherweise vorsätzlich an der Kollusion beteiligende – Unternehmen sanktionslos.

Hinsichtlich der Erforderlichkeit einer Sanktionierung gelten ähnliche Erwägungen wie bei Kartellgehilfen. Die Notwendigkeit der Sanktionierung von Kartellgehilfen wurde anhand einer spieltheoretischen Betrachtung dargelegt.[698] Die Erwägungen, die für die Sanktionierung von Kartellgehilfen sprechen, lassen sich in vergleichbarer Form auf Dritte übertragen. Zwar ergibt sich bei Dritten das Sanktionierungsbedürfnis nicht schon aus der Stärkung eines Kartells, wie dies bei Kartellgehilfen insbesondere im Hinblick auf die Dauer eines Kartells

695 *Monopolkommission*, Hauptgutachten XXII: Wettbewerb 2018, BT-Drucks. 19/3300, Rn. 266.

696 *Monopolkommission*, Hauptgutachten XXII: Wettbewerb 2018, BT-Drucks. 19/3300, Rn. 266.

697 Dazu S. 23 ff.

698 *Schwarzkopf*, Externe Kartellunterstützer im Europäischen Kartellrecht, S. 27 ff.

und deren Aufdeckbarkeit der Fall ist.[699] Jedoch sind die kollusiven Handlungen Dritter geeignet, konstitutiv einen Kartellverstoß herbeizuführen. Selbst wenn aufgrund geeigneter Maßnahmen der Unternehmen kein Kartellverstoß zustande kommt, liegt im Falle einer Kollusion die gleiche wettbewerbsschädliche Marktsituation vor, die über Art. 101 Abs. 1 AEUV verhindert werden soll. Um eine Verzerrung der Marktergebnisse zu vermeiden, ist eine Sanktionierung Dritter und anderer beteiligter Unternehmen mit der damit verbundenen Gesetzesänderung erforderlich. Aufgrund der bewussten Erzeugung kollusiver Marktergebnisse ist eine Verantwortlichkeit zudem billig.[700]

II. Sanktionierungsbedürftige Fälle

Bevor sich einem Umsetzungsvorschlag genähert wird, ist zu klären, welche Beteiligten überhaupt sanktioniert werden sollen. Es müssen folglich die Anforderungen an die zu entwickelnde Norm ermittelt werden. Festzuhalten ist zunächst, dass nur vorsätzliche kollusive Handlungen erfasst sein sollen. Welche Fallgruppen dabei besonders im Fokus stehen, wurde zu Beginn dieser Arbeit bereits erläutert.[701]

Zusätzlich könnten andere Beteiligte sanktionierungsbedürftig sein. Gemeint sind damit Anstifter und Gehilfen im Sinne des deutschen Strafrechts.[702] Aufschlussreich ist hierfür die Betrachtung der Sanktionierung von unmittelbarer Anstiftung und Beihilfe gegenüber den Unternehmen im Sinne des Art. 101 Abs. 1 AEUV. Der Bereich der Beihilfe entspricht dabei der Thematik der Kartellgehilfen. Nach der Rechtsprechung des EuGH können diese selbst einen Kartellverstoß begehen.[703] Entsprechend der bereits bei der Verantwortlichkeit von Dritten dargelegten Auslegung ist dieses Ergebnis zwar dogmatisch nicht überzeugend.[704] Da der Sache nach eine Verantwortlichkeit von Kartellgehilfen jedoch wünschenswert ist, wäre in diesem Bereich ebenfalls eine Gesetzesänderung zu begrüßen.[705] Aufgrund der soeben dargelegten Vergleichbarkeit der

---

699 Zu der wettbewerbsschädlichen Wirkung von Kartellgehilfen *J. Otto*, Der Kartellgehilfe als Bußgeldadressat im Europäischen Kartellrecht, S. 295, 319.

700 Zu diesem Ergebnis ebenfalls kommend *Monopolkommission*, Hauptgutachten XXII: Wettbewerb 2018, BT-Drucks. 19/3300, Rn. 267.

701 Erster Teil, C.

702 Anstiftung gem. § 26 StGB, Beihilfe gem. § 27 Abs. 1 StGB.

703 *EuGH*, Urt. v. 22.10.2015, Rs. C-194/14 P – *AC-Treuhand II*, BeckRS 2015, 81458.

704 Siehe Vierter Teil.

705 Dazu soeben S. 154 f. und der Vorschlag von *J. Otto*, Der Kartellgehilfe als Bußgeldadressat im Europäischen Kartellrecht, S. 392 ff.

Fälle lässt sich ableiten, dass ein entsprechendes Ergebnis konsequenterweise auch für Dritte umzusetzen ist.

Eine Kartellanstiftung ist, soweit erkennbar, im Bereich des europäischen Kartellrechts noch nicht relevant geworden, sodass hierzu keine EuGH-Entscheidung vorliegt.[706] Die Begrifflichkeit wird sonst nur im Zusammenhang mit Kartellbeteiligten verwendet, welche den Kartellverstoß selbst initiiert haben.[707] Dies wirkt sich demnach nur erschwerend im Rahmen der Bußgeldbemessung aus.[708] Da nicht die Möglichkeit bestehen soll, Dritte sanktionslos zu kollusiven Handlungen in Bezug auf andere Unternehmen anzustiften, muss die Anstiftung ebenfalls sanktioniert werden können.

III. Vorschlag einer Umsetzung

Für eine Sanktionierung kommen verschiedene Ansatzpunkte in Betracht. Eine Möglichkeit besteht darin, die Verantwortlichkeit von Unternehmen bei kollusivem Verhalten Dritter zu erhöhen. Da Dritte in diesen Fällen nach geltendem Recht jedoch nicht verantwortlich sind, bedürfte es darüber hinaus auf zweiter Stufe einer Norm, welche die Sanktionierung an einen Verstoß gegen Art. 101 Abs. 1 AEUV knüpft.

Im Bereich von (insbesondere autonom agierenden) Algorithmen wird für die erste Stufe vorgeschlagen, eine Analogie zur Verantwortlichkeit von Angestellten und externen Beratern zu bilden.[709] Das Verhalten des Algorithmus sei dann dem Unternehmen wie ein eigenes Verhalten zuzurechnen.[710] Diese Ansicht berücksichtigt dabei jedoch anscheinend nicht den Umstand, dass das Verhalten externer Berater den Unternehmen nicht wie ein eigenes zugerechnet wird.[711] Abseits dieser dogmatisch schwierigen Einordnung wäre ein solches Ergebnis zudem nicht überzeugend. Die Haftung von Unternehmen würde so weit ausgedehnt, dass Unternehmen für das Fehlverhalten Dritter – der Softwareentwickler – verantwortlich wären, selbst wenn diese selbst keine Kollusion wollen würden und

706 Zu dieser Einschätzung kommt auch *J. Otto*, Der Kartellgehilfe als Bußgeldadressat im Europäischen Kartellrecht, S. 394.

707 Vgl. *EuG*, Urt. v. 29.4.2004, Rs. T-236/01 u.a. – *Tokai Carbon*, Slg. 2004, II-1181, Rn. 302 ff.; Urt. v. 15.3.2006, Rs. T-15/02 – *BASF*, Slg. 2006, II-497, Rn. 17.

708 *Kommission*, Leitlinien für das Verfahren zur Festsetzung von Geldbußen gemäß Artikel 23 Absatz 2 Buchstabe a) der Verordnung (EG) Nr. 1/2003, ABl. 2006 C 210/2, Rn. 28.

709 *Dohrn/Huck*, DB 2018, 173, 178 f.

710 *Dohrn/Huck*, DB 2018, 173, 179.

711 Dazu Dritter Teil, F. II. 4.

dies unabhängig von jeglichen Gegenmaßnahmen der Unternehmen. Rechtspolitisch besteht allerdings kein Bedürfnis, die Verantwortlichkeit von Unternehmen zu erhöhen. Eine erhöhte Verantwortlichkeit wäre im konkreten Fall nur ein Mittel zum Zweck, um die lückenlose Sanktionierung Dritter zu gewährleisten. Hieraus die Verschärfung der Haftung der Unternehmen abzuleiten, wäre jedoch nicht interessengerecht. Vielmehr muss für die Verantwortlichkeit Dritter und anderer Unternehmen ein Ansatzpunkt gewählt werden, welcher die Sanktionierung ohne einen Kartellverstoß durch die Unternehmen sicherstellt.

In der Konsequenz muss die bewusste Kollusion als solche sanktioniert werden, ohne an einen Verstoß nach Art. 101 Abs. 1 AEUV anzuknüpfen. Als Sanktionen sind sowohl strafrechtliche als auch zivil- und verwaltungsrechtliche Rechtsfolgen sinnvoll. Nur durch die Sanktionsmöglichkeiten auf allen drei Ebenen kann der Schutz des Wettbewerbes im Binnenmarkt sichergestellt werden. Durch das Fehlen etwa zivilrechtlicher Sanktionen würden beispielsweise die den übrigen Marktteilnehmer entstehenden Schäden nicht kompensiert werden. Da für Kartellverstöße bereits Regelungen auf Rechtsfolgenseite bestehen, liegt eine Anknüpfung an diese nahe. Die Regelungen finden sich insbesondere in Art. 7 ff. VO 1/2003 und § 33a GWB. Aufgrund der Notwendigkeit einer europäischen Regelung ist die VO 1/2003 die geeignete Stelle, eine entsprechende Norm einzufügen.

Klärungsbedürftig ist der Normadressat. Wie bei Art. 101 Abs. 1 AEUV ist der Anwendungsbereich auf Unternehmen zu begrenzen und nicht auf natürliche Personen zu erweitern. Eine Erweiterung würde zum einen Kompetenzprobleme im Rahmen von Art. 352 AEUV aufwerfen. Zum anderen würde dies ebenfalls dazu führen, dass die Mitarbeiter der Kartellanten als potenzielle Adressaten in Betracht kämen.[712] Bei diesen ist es jedoch interessengerechter, die Sanktionierung auf die entsprechenden Normen des GeschGehG zu beschränken. Andernfalls könnten die Angestellten mit entsprechenden Geldbußen bedacht werden. Zudem können natürliche Personen bei gewichtigen Tätigkeiten ebenfalls als Unternehmen eingeordnet werden, da die Wahl der Rechtsform für die Einordnung irrelevant ist.[713] Die wirtschaftliche Einheit kann sich daher für die jeweilige Tätigkeit in einer natürlichen Person bündeln.[714]

---

712 Dieses Problem stellt sich ebenfalls bei Kartellgehilfen und der Frage der Anwendung auf natürliche Personen *J. Otto*, Der Kartellgehilfe als Bußgeldadressat im Europäischen Kartellrecht, S. 392.

713 *J. Otto*, Der Kartellgehilfe als Bußgeldadressat im Europäischen Kartellrecht, S. 330, 392.

714 Vgl. *J. Otto*, Der Kartellgehilfe als Bußgeldadressat im Europäischen Kartellrecht, S. 330 m.w.N.

Die Normadressaten sind zudem nicht auf Dritte zu beschränken. Da Angestellte als natürliche Personen ausscheiden, ist die Herbeiführung eines kollusiven Marktergebnisses durch Unternehmen, welche keine Vertragspartner sind, ohnehin nicht vorstellbar. Sollte es wider Erwarten einem Unternehmen doch gelingen, besteht kein Grund, dieses von der Verantwortlichkeit auszunehmen. Zudem soll das jeweilige Unternehmen sanktioniert werden, welches unmittelbar Teil der Kollusion ist, etwa da bei diesem der erhöhte Preis (möglicherweise über einen Algorithmus) ebenfalls implementiert wurde. Diese Unternehmen sind zwar grundsätzlich unmittelbar von Art. 101 Abs. 1 AEUV erfasst. Eine Verantwortlichkeit scheitert jedoch regelmäßig an der fehlenden Verantwortlichkeit des anderen Unternehmens.

Im Bereich der Weitergabe von Marktinformationen gibt es zum Schutz der Geheimnisträger das GeschGehG. Dies wirft die Frage auf, ob nicht in die Wertungen dieses Gesetzes eingegriffen wird. Im Ergebnis ist das zu verneinen. Ausweislich der Gesetzesbegründung sollen Geschäftsgeheimnisse gerade nicht umfassend geschützt werden.[715] Da es sich nicht um ein immaterielles Recht handelt, sollen keine subjektiven Ausschließlichkeitsrechte bestehen.[716] Eine Aushebelung der Wertungen des GeschGehG wird durch die entsprechende Eingrenzung der zu schaffenden Regelung verhindert. Es geht nicht darum, die Weitergabe von marktrelevanten Informationen zu sanktionieren. Diese spielt zwar für die Verantwortlichkeit der Unternehmen nach Art. 101 Abs. 1 AEUV eine Rolle. Auf der hiesigen Ebene der Sanktionierung geht es jedoch nur um eine Kollusion. Inwieweit dabei marktrelevante Informationen weitergegeben werden, welche Geschäftsgeheimnisse darstellen,[717] ist nicht relevant.

Bevor ein spezifischer Formulierungsvorschlag erfolgt, sind nochmals die Anforderungen zu benennen. Erfasst sein sollen Handlungen, bei denen ein kollusiv herbeigeführtes Marktergebnis billigend in Kauf genommen wird. Ob dies zu einem Kartellverstoß führt, ist unerheblich, darf jedoch der Anwendbarkeit der Norm nicht entgegenstehen. Sanktionsfähig sollen sowohl die Beihilfe als auch die Anstiftung im Sinne des deutschen Strafrechts sein. Als übergeordneter Begriff kann das „Hilfeleisten" verwendet werden. Dieser Begriff soll nicht der deutschen Beihilfe entsprechen, sondern jeden fördernden Kausalbeitrag erfassen.[718] Die Anstiftung als das Hervorrufen eines Tatentschlusses wird

715 Gesetzesbegründung, BT-Drucks. 19/4724, S. 26.

716 Gesetzesbegründung, BT-Drucks. 19/4724, S. 26.

717 Siehe Fn. 673.

718 *J. Otto*, Der Kartellgehilfe als Bußgeldadressat im Europäischen Kartellrecht, S. 394.

daher erfasst. Weiterhin ist es erforderlich, dass es tatsächlich zu einer Kollusion kommt. Im Einklang mit Art. 101 Abs. 1 AEUV ist der Versuch einer Kollusion kein Verstoß.[719] Als geeignete Stelle für die Regelung bietet sich Art. 1 VO 1/2003 an, da dort erstmals auf Art. 101 Abs. 1 AEUV (damals Art. 81 Abs. 1 EGV) Bezug genommen wird. Dort könnte der Absatz 1a eingefügt werden. Entsprechend dem Vorschlag zu den Kartellgehilfen könnte ebenfalls Art. 1a VO 1/2003 eingeschoben werden.[720] Um die inhaltliche Wichtigkeit der Norm und die unterschiedliche Richtung des Aussagegehaltes deutlich zu machen, ist die Schaffung einer eigenen Norm angezeigt. Somit soll Art. 1a VO 1/2003 mit folgendem Inhalt eingefügt werden:

> *„Einem Kartellverstoß nach Art. 101 Abs. 1 AEUV steht ein vorsätzliches Hilfeleisten von Unternehmen zu einer Kollusion gleich. Eine Kollusion stellt ein Marktergebnis dar, bei dem durch Koordinierung höhere Gewinne als im Wettbewerb erzielt werden.“*

Hinsichtlich dieses Ergebnisses ist festzuhalten, dass es für den Wettbewerbsschutz erforderlich im Sinne des Art. 352 Abs. 1 S. 1 AEUV ist. Der Schutz des Wettbewerbes vor Verzerrungen kann hierdurch in Bezug auf die Gefahren von Kollusionen durch Dritte und Unternehmen effektiv hergestellt werden. Für eine Anwendbarkeit von Art. 352 AEUV dürfte das Ergebnis zudem keine Vertragsänderung gem. Art. 48 EUV darstellen. Vorliegend ist nicht von einer Vertragsänderung auszugehen. Wie bereits ausgeführt, wird dies anhand der zu erwartenden Folgen bestimmt.[721] Stellt die Änderung der Sache nach eine Vertragsänderung dar, ist nur der strengere Art. 48 EUV anwendbar. Da sich die Änderung darauf beschränkt, den Wettbewerbsschutz des Binnenmarkts zu gewährleisten, ist hierin keine politisch richtungsweisende Entscheidung zu sehen. Die Regelung dient nur der Ergänzung von Art. 101 Abs. 1 AEUV für Fälle, wo trotz der Notwendigkeit eines Verbotes und der damit verbundenen Sanktionen keine Regelung existiert.[722] Art. 352 AEUV ist daher anwendbar.

---

719 Ausdrücklich Frankfurter Kommentar Kartellrecht-*W.-H. Roth/Ackermann*, Art. 81 Abs. 1 EG Grundfragen, Rn. 188. Siehe dazu auch die Ausführungen in Fn. 466.

720 *J. Otto*, Der Kartellgehilfe als Bußgeldadressat im Europäischen Kartellrecht, S. 395.

721 S. 153.

722 Dies kann durchaus anders gesehen werden. So könnte etwa argumentiert werden, dass gerade nicht an Art. 101 Abs. 1 AEUV angeknüpft wird, woraus sich eine faktische Vertragsänderung ergäbe.

Siebter Teil: Zusammenfassung

Zu Beginn der Arbeit wurden Fallgruppen gebildet, welche die in dieser Arbeit zu untersuchenden, problematischen Situationen exemplarisch darstellen sollen.[723] Diese Situationen beziehen sich auf kollusive Handlungen durch Dritte. Zum einen geht es um externe Berater, welche ohne Kenntnis von zumindest einem der Unternehmen auf Grundlage der bei einem Projekt erlangten Informationen beispielsweise eine identische Preisstrategie bei einem anderen Unternehmen implementieren. Zum anderen werden Fälle betrachtet, bei denen Softwareprogrammierer bei mehreren Unternehmen aufeinander abgestimmte Preisalgorithmen einsetzen, ohne dass die Unternehmen davon Kenntnis haben. Nicht Teil dieser Arbeit sind die Fälle von Kartellgehilfen sowie Hub-and-Spoke-Kartelle.

Hiernach wurde der Auslegungsmaßstab festgelegt. Im Bereich von strafrechtlichen Sanktionsnormen ist dabei der strenge Maßstab des strafrechtlichen Bestimmtheits- und Analogieverbotes anzulegen.[724]

Bei der Verantwortlichkeit der Unternehmen gibt es verschiedene Ansätze, welche in der Literatur aufgegriffen werden.[725] Diese stellen jeweils ein Kriterium auf, nach welchem den Unternehmen Handlungen zugerechnet werden können. Die Kriterien sind jedoch größtenteils entweder für eine kartellrechtliche Betrachtung ungeeignet oder auf die Zurechnung von Handlungen durch Angestellte zugeschnitten.

Da sich der Gerichtshof ebenfalls zu der Problematik geäußert hat, wurden die mit der Thematik verknüpften Urteile zusammengetragen.[726] Im Mittelpunkt steht dabei die *VM Remonts*-Entscheidung, welche den Ausgangspunkt der rechtlichen Bewertung zur Verantwortlichkeit von Unternehmen bei einem Fehlverhalten Dritter bildet. Der EuGH stellt in diesem Urteil Kriterien auf, unter welchen Voraussetzungen Unternehmen für das Fehlverhalten Dritter verantwortlich sind. Im Gegensatz dazu, wird in dieser Arbeit ein anderer dogmatischer Ansatzpunkt verfolgt. Weichenstellend für die Auslegung von Art. 101 Abs. 1 AEUV ist die Erkenntnis, dass Unternehmen nicht *für* fremdes Fehlverhalten verantwortlich gemacht werden können. Stattdessen sind Unternehmen

723 Erster Teil, C.
724 Zweiter Teil, C.
725 Dritter Teil, B.–E.
726 Dritter Teil, F. I.

bei fremdem Fehlverhalten verantwortlich und können daher nur für ihr eigenes kartellrechtswidriges Verhalten sanktioniert werden. Eine Verantwortlichkeit für das Fehlverhalten Dritter scheidet schon mangels der Zugehörigkeit von Dritten zur wirtschaftlichen Einheit und mangels einer Zurechnungsnorm aus. Die Verantwortlichkeit beruht deshalb auf eigenen Handlungspflichten, die in Art. 101 Abs. 1 AEUV enthalten sind. Im Unterschied zu der bisherigen Diskussion in der Literatur und der Rechtsprechung des EuGH, können daher keine von Art. 101 Abs. 1 AEUV losgelösten Kriterien zu einer Verantwortlichkeit führen. Eine abgestimmte Verhaltensweise kommt in Betracht, wenn bewusst marktrelevante Informationen an Dritte weitergegeben werden. Liegt in der Folge eine konkrete Gefahr hinsichtlich eines kollusiven Verhaltens von Dritten und Mitbewerbern vor, müssen die Unternehmen geeignete Maßnahmen zu deren Vermeidung treffen. Erfüllen sie diese Pflicht nicht und kommt es vorhersehbar zu einer kollusiven Handlung, begehen sie einen Kartellverstoß.[727]

Die kartellrechtliche Verantwortlichkeit des Dritten selbst nach Art. 101 Abs. 1 AEUV ist im Ergebnis nicht möglich. Hinsichtlich der zahlreichen Ausführungen zu den Kartellgehilfen ergeben sich für Dritte keine Änderungen im Hinblick auf den Bestimmtheitsgrundsatz und das Analogieverbot.[728] Die Kriterien des EuGH in der *AC-Treuhand II*-Entscheidung sind dabei anwendbar.[729] Neben den üblichen Sanktionsmechanismen, die bei einem unterstellten Kartellverstoß Dritter Anwendung finden, sind bei fehlendem Kartellverstoß die außerkartellrechtlichen Ansprüche und Sanktionsnormen regelmäßig nicht zielführend.[730]

Zuletzt wurde sich mit der Situation de lege ferenda beschäftigt. Die EU hat dabei die Möglichkeit, die erforderliche Sanktionierung rechtlich gem. Art. 352 AEUV umzusetzen.[731] Dafür ist die Einfügung einer Norm in die VO 1/2003 erforderlich, die nicht an die Verwirklichung des Tatbestandes von Art. 101 Abs. 1 AEUV anknüpft.[732] Nur durch eine derartige Gesetzesänderung kann eine effektive Sanktionierung von Dritten gewährleistet werden.

727 Dritter Teil, F.
728 Vierter Teil, A.
729 Vierter Teil, B.
730 Fünfter Teil.
731 Sechster Teil, A.
732 Sechster Teil, B.

Literaturverzeichnis

Achenbach, Hans/Ransiek, Andreas/Rönnau, Thomas (Hrsg.), Handbuch Wirtschaftsstrafrecht, 5. Aufl., Heidelberg 2019 (zit. als Handbuch Wirtschaftsstrafrecht-*Bearbeiter*).

Anweiler, Jochen, Die Auslegungsmethoden des Gerichtshofs der Europäischen Gemeinschaften, Zugl.: Göttingen, Univ., Diss., 1996, Frankfurt am Main 1997 (zitiert: *Anweiler*, Die Auslegungsmethoden des Gerichtshofs der Europäischen Gemeinschaften).

Bamberger, Heinz Georg et al. (Hrsg.), BeckOK BGB, 49. Aufl., München 2019 (zit. als Bamberger/Roth/Hau/Poseck-*Bearbeiter*).

Bar, Christian von, Gemeineuropäisches Deliktsrecht, Band I, Die Kernbereiche des Deliktsrechts, seine Angleichung in Europa und seine Einbettung in die Gesamtrechtsordnungen, München 1996 (zitiert: *Bar*, Gemeineuropäisches Deliktsrecht).

Bar, Christian von, Verkehrspflichten, Richterliche Gefahrsteuerungsgebote im deutschen Deliktsrecht, Köln 1980 (zitiert: *Bar*, Verkehrspflichten).

Basedow, Jürgen, Das Sozialmodell von Lissabon: Solidarität statt Wettbewerb?, EuZW 2008, 225 (zitiert: *Basedow*, EuZW 2008, 225).

Beale, Sara Sun, Die Entwicklung des US-amerikanischen Rechts der strafrechtlichen Verantwortlichkeit von Unternehmen, ZStW 2014, 27–54 (zitiert: *Beale*, ZStW 2014, 27).

Bechtold, Rainer, Vorlage autonomen nationalen Kartellrechts zum EuGH, Urt. des Europäischen Gerichtshofes vom 21.7.2016 – C-542/14 – SIA „VM Remonts", ZEuP 2017, 701–711 (zitiert: *Bechtold*, ZEuP 2017, 701).

Bechtold, Rainer/Bosch, Wolfgang (Hrsg.), Gesetz gegen Wettbewerbsbeschränkungen, §§ 1–96, 185, 186, Kommentar, 9. Aufl., München 2018 (zit. als Bechtold/Bosch-*Bearbeiter*).

Bechtold, Rainer/Bosch, Wolfgang/Brinker, Ingo (Hrsg.), EU-Kartellrecht, Artikel 101–106 AEUV, EU-Kartell-VO 1/2003, Gruppenfreistellungsverordnungen Vertikalvereinbarungen (330/2010), Kraftfahrzeugsektor (461/2010), Technologietransfer (316/2014), Forschung und Entwicklung (1217/2010) Spezialisierung (1218/2010) und Versicherungen (267/2010) sowie EU-FusionskontrollVO (139/2004); Kommentar, 3. Aufl., München 2014 (zit. als Bechtold/Bosch/Brinker-*Bearbeiter*).

Beck, Gunnar, The legal reasoning of the Court of Justice of the EU, Oxford 2012 (zitiert: *Beck*, The legal reasoning of the Court of Justice of the EU).

Behrens, Peter, Der Wettbewerb im Vertrag von Lissabon, EuZW 2008, 193 (zitiert: *Behrens*, EuZW 2008, 193).

Bellamy, Christopher/Child, Graham D., European Union law of competition, 8. Aufl., Oxford 2018 (zitiert: *Bellamy/Child*, European Union law of competition).

Berg, Werner, Kartellrecht: Haftung für das Fehlverhalten eines Dienstleisters, Anmerkung zum EuGH, Urt. v. 21.7.2016, Rs. C-542/14 – SIA VM Remonts, EuZW 2016, 737–740 (zitiert: *Berg*, EuZW 2016, 737).

Bleckmann, Albert, Die Rechtsvergleichung im Europäischen Gemeinschaftsrecht, in: Hans F. Zacher (Hrsg.), Sozialrechtsvergleich im Bezugsrahmen internationalen und supranationalen Rechts, Colloquium der Projektgruppe für Internationales und Vergleichendes Sozialrecht der Max-Planck-Gesellschaft, Berlin 1978, S. 97–122 (zitiert: *Bleckmann*, Die Rechtsvergleichung im Europäischen Gemeinschaftsrecht).

Bleckmann, Albert, Zu den Auslegungsmethoden des Europäischen Gerichtshofs, NJW 1982, 1177–1182 (zitiert: *Bleckmann*, NJW 1982, 1177).

Blomeyer, Wolfgang/Schachtschneider, Karl Albrecht, Die Europäische Union als Rechtsgemeinschaft, Berlin 1995 (zitiert: *Blomeyer/Schachtschneider*, Die Europäische Union als Rechtsgemeinschaft).

Bohrer, Melanie, Der morsche Baum, Verkehrssicherheit und Fahrlässigkeit in der Rechtsprechung des Reichsgerichts, Zugl.: Mannheim, Univ., Diss., 2009, Frankfurt am Main 2010 (zitiert: *Bohrer*, Der morsche Baum).

Bosch, Wolfgang, Die Entwicklung des deutschen und europäischen Kartellrechts, NJW 2017, 1714–1720 (zitiert: *Bosch*, NJW 2017, 1714).

Brei, Gerald, Die einheitliche und fortgesetzte Zuwiderhandlung – eine mehr als fragwürdige Rechtsfigur im Europäischen Kartellrecht, NZKart 2017, 211–217 (zitiert: *Brei*, NZKart 2017, 211).

Bremer, Nils, Die Beteiligung Dritter an Wettbewerbsverstößen, Zugl.: Marburg, Univ., Diss., 2012, Marburg 2012 (zitiert: *Bremer*, Die Beteiligung Dritter an Wettbewerbsverstößen).

Brömmelmeyer, Christoph, Haftung und Zurechnung im Europäischen Kartellrecht – Für wen ist ein Unternehmen verantwortlich?, WuW 2017, 174–182 (zitiert: *Brömmelmeyer*, WuW 2017, 174).

Brox, Hans/Walker Wolf-Dietrich, Allgemeiner Teil des BGB, 43. Aufl., München 2019 (zitiert: *Brox/Walker*, Allgemeiner Teil des BGB).

Brüggemeier, Gert, Haftungsrecht, Struktur, Prinzipien, Schutzbereich, Ein Beitrag zur Europäisierung des Privatrechts, Berlin 2006 (zitiert: *Brüggemeier*, Haftungsrecht).

Buck, Carsten, Über die Auslegungsmethoden des Gerichtshofs der Europäischen Gemeinschaft, Zugl.: Münster, Univ., Diss., 1997, Frankfurt am Main 1998 (zitiert: *Buck*, Über die Auslegungsmethoden des Gerichtshofs der Europäischen Gemeinschaft).

Bühler, Margit, Einschränkung von Grundrechten nach der europäischen Grundrechtecharta, Zugl.: Tübingen, Univ., Diss., 2003/2004, Berlin 2005 (zitiert: *Bühler*, Einschränkung von Grundrechten nach der europäischen Grundrechtecharta).

Bundeskartellamt, Leitlinien für die Bußgeldzumessung in Kartellordnungswidrigkeitenverfahren, besucht am 15.5.2019; Stand: 25.6.2013, https://www.bundeskartellamt.de/SharedDocs/Publikation/DE/Leitlinien/Bekanntmachung%20-%20Bu%C3%9Fgeldleitlinien-Juni%202013.pdf?__blob=publicationFile&v=5, (zitiert: *Bundeskartellamt*, Leitlinien für die Bußgeldzumessung in Kartellordnungswidrigkeitenverfahren).

Bürger, Sebastian, Geldbußen gegen Unternehmen im deutschen Kartellrecht – quo vadis?, NZKart 2017, 624–630 (zitiert: *Bürger*, NZKart 2017, 624).

Busche, Jan/Röhling, Andreas (Hrsg.), Kölner Kommentar zum Kartellrecht, Band 4, VO Nr. 1/2003, FKVO (VO Nr. 139/2004), Besondere Wirtschaftszweige: Landverkehr (VO Nr. 169/2009), Luftverkehr, Seeverkehr, Postwesen, Telekommunikation, Kreditwirtschaft, Versicherungswirtschaft, 1. Aufl., Köln 2013 (zit. als Kölner Kommentar Kartellrecht-*Bearbeiter*).

Busche, Jan/Röhling, Andreas (Hrsg.), Kölner Kommentar zum Kartellrecht, Band 3, Art. 101–106 AEUV, Gruppenfreistellungsverordnungen, 1. Aufl., Köln 2016 (zit. als Kölner Kommentar Kartellrecht-*Bearbeiter*).

Callewaert, Johan, Die EMRK und die EU-Grundrechtecharta, EuGRZ 2003, 198–206 (zitiert: *Callewaert*, EuGRZ 2003, 198).

Calliess, Christian, Grundlagen, Grenzen und Perspektiven europäischen Richterrechts, NJW 2005, 929–933 (zitiert: *Calliess*, NJW 2005, 929).

Calliess, Christian/Ruffert, Matthias (Hrsg.), EUV/AEUV, Das Verfassungsrecht der Europäischen Union mit Europäischer Grundrechtecharta, Kommentar, 5. Aufl., München 2016 (zit. als Calliess/Ruffert-*Bearbeiter*).

Christensen, Ralph/Kudlich, Hans, Theorie richterlichen Begründens, Berlin 2001 (zitiert: *Christensen/Kudlich*, Theorie richterlichen Begründens).

Dannecker, Gerhard, Strafrecht der Europäischen Gemeinschaft, Freiburg im Breisgau 1995 (zitiert: *Dannecker*, Strafrecht der Europäischen Gemeinschaft).

Dannecker, Gerhard/Fischer-Fritsch, Jutta, Das EG-Kartellrecht in der Bußgeldpraxis, Köln 1989 (zitiert: *Dannecker/Fischer-Fritsch*, Das EG-Kartellrecht in der Bußgeldpraxis).

Dänzer-Vanotti, Wolfgang, Unzulässige Rechtsfortbildung des Europäischen Gerichtshofs, RIW 1992, 733–742 (zitiert: *Dänzer-Vanotti*, RIW 1992, 733).

Dohrn, Daniel/Huck, Linda, Der Algorithmus als „Kartellgehilfe"? – Kartellrechtliche Compliance im Zeitalter der Digitalisierung, DB 2018, 173–179 (zitiert: *Dohrn/Huck*, DB 2018, 173).

Dreier, Horst (Hrsg.), Grundgesetz Kommentar, Band III, Artikel 83–146, 3. Aufl., Tübingen 2018 (zit. als Dreier-*Bearbeiter*).

Eiffler, Sven-R., Der Grundrechtsschutz durch BVerfG, EGMR, und EuGH, JuS 1999, 1068–1073 (zitiert: *Eiffler*, JuS 1999, 1068).

Epping, Volker/Hillgruber, Christian (Hrsg.), Grundgesetz, Kommentar, 41. Aufl., München 2019 (zit. als Epping/Hillgruber-*Bearbeiter*).

Eufinger, Alexander, Die Strafbarkeit der Kartellbeihilfe aus der Sicht des Generalanwalts, EWS 2015, 198–202 (zitiert: *Eufinger*, EWS 2015, 198).

Everling, Ulrich, Rechtsanwendungs- und Auslegungsgrundsätze des Gerichtshofs der Europäischen Gemeinschaften, in: Heinrich Wilhelm Kruse (Hrsg.), Zölle, Verbrauchsteuern, europäisches Marktordnungsrecht, Köln 1988, S. 51–73 (zitiert: *Everling*, Rechtsanwendungs- und Auslegungsgrundsätze des Gerichtshofs der Europäischen Gemeinschaften).

Everling, Ulrich, Richterliche Rechtsfortbildung in der Europäischen Gemeinschaft, JZ 2000, 217–268 (zitiert: *Everling*, JZ 2000, 217).

Frankfurter Kommentar zu EUV, GRC und AEUV, *Pechstein, Matthias/Nowak, Carsten/Häde, Ulrich* (Hrsg.), 1. Aufl., Tübingen 2017 (zit. als Frankfurter Kommentar EUV, GRC und AUEV-*Bearbeiter*).

Frankfurter Kommentar zum Kartellrecht, *Jaeger, Wolfgang et al.* (Hrsg.), Mit Kommentierung des EG-Kartellrechts, des GWB und einer Darstellung ausländischer Kartellrechtsordnungen, Stand: Lfg. 93, Mai 2019, Köln 2019 (zit. als Frankfurter Kommentar Kartellrecht-*Bearbeiter*).

Friedmann, Ruben, Die Geltung rechtsstaatlicher Grundsätze im kartellrechtlichen Bußgeldverfahren der Europäischen Gemeinschaft (unter besonderer Berücksichtigung des italienischen Rechts), Zugl.: Bonn, Univ., Diss., 2005, Bonn 2005 (zitiert: *Friedmann*, Die Geltung rechtsstaatlicher Grundsätze im kartellrechtlichen Bußgeldverfahren der Europäischen Gemeinschaft (unter besonderer Berücksichtigung des italienischen Rechts)).

Glöckner, Jochen, Norm- und Zurechnungsstrukturen im Kartellrecht – Haftung von Unternehmen, Handelnden und Organen – Teil 2, NZKart 2018, 464–472 (zitiert: *Glöckner*, NZKart 2018, 464).

Grabitz, Eberhard/Hilf, Meinhard/Nettesheim, Martin (Hrsg.), Das Recht der Europäischen Union, Stand: Februar 2019 (67. Erg.-Lfg.), München 2019 (zit. als Grabitz/Hilf/Nettesheim-*Bearbeiter*).

Griller, Stefan, Der Anwendungsbereich der Grundrechtecharta und das Verhältnis zu sonstigen Gemeinschaftsrechten, Rechten aus der EMRK und zu verfassungsgesetzlich gewährleisteten Rechten, in: Alfred Duschanek (Hrsg.), Grundrechte für Europa, Die Europäische Union nach Nizza, Wien 2002, S. 131–182 (zitiert: *Griller*, Der Anwendungsbereich der Grundrechtecharta und das Verhältnis zu sonstigen Gemeinschaftsrechten, Rechten aus der EMRK und zu verfassungsgesetzlich gewährleisteten Rechten).

Groeben, Hans von der/Schwarze, Jürgen/Hatje, Armin (Hrsg.), Europäisches Unionsrecht, Vertrag über die Europäische Union, Vertrag über die Arbeitsweise der Europäischen Union, Charta der Grundrechte der Europäischen Union, Band 4, Art. 174 bis 358 AEUV, 7. Aufl., Baden Baden 2015 (zit. als Groeben/Schwarze/Hatje-*Bearbeiter*).

Groeben, Hans von der/Schwarze, Jürgen/Hatje, Armin (Hrsg.), Europäisches Unionsrecht, Vertrag über die Europäische Union, Vertrag über die Arbeitsweise der Europäischen Union, Charta der Grundrechte der Europäischen Union, Band 1, Art. 1 bis 55 EUV, Art. 1 bis 54 GRC, Art. 1 bis 66 AEUV, 7. Aufl., Baden-Baden 2015 (zit. als Groeben/Schwarze/Hatje-*Bearbeiter*).

Groeben, Hans von der/Schwarze, Jürgen/Hatje, Armin (Hrsg.), Europäisches Unionsrecht, Vertrag über die Europäische Union, Vertrag über die Arbeitsweise der Europäischen Union, Charta der Grundrechte der Europäischen Union, Band 2, Art. 67 bis 105 AEUV, 7. Aufl., Baden-Baden 2015 (zit. als Groeben/Schwarze/Hatje-*Bearbeiter*).

Grundmann, Stephan, Die Auslegung des Gemeinschaftsrechts durch den Europäischen Gerichtshof, Zugleich eine rechtsvergleichende Studie zur Auslegung im Völkerrecht und im Gemeinschaftsrecht, Zugl.: Bochum, Univ., Diss., 1997, Konstanz 1997 (zitiert: *Grundmann*, Die Auslegung des Gemeinschaftsrechts durch den Europäischen Gerichtshof).

Gsell, Beate et al. (Hrsg.), Beck-online GROSSKOMMENTAR, BGB, München 2019 (zit. als Beck Großkommentar-*Bearbeiter*).

Häberle, Peter, Grundrechtsgeltung und Grundrechtsinterpretation im Verfassungsstaat, Zugleich zur Rechtsvergleichung als „fünfter" Auslegungsmethode, JZ 1989, 913–919 (zitiert: *Häberle*, JZ 1989, 913).

Häberle, Peter/Kotzur, Markus, Europäische Verfassungslehre, 8. Aufl., Baden-Baden 2016 (zitiert: *Häberle/Kotzur*, Europäische Verfassungslehre).

Hainz, Josef/Benditz, Robert, Indirekter Informationsaustausch in Hub and Spoke-Konstellationen – Der Teufel steckt im Detail, EuZW 2012, 686–690 (zitiert: *Hainz/Benditz*, EuZW 2012, 686).

Hamann, Hartmut, Das Unternehmen als Täter im europäischen Wettbewerbsrecht, Pfaffenweiler 1992 (zitiert: *Hamann*, Das Unternehmen als Täter im europäischen Wettbewerbsrecht).

Harte-Bavendamm, Henning/Henning-Bodewig, Frauke (Hrsg.), Gesetz gegen den unlauteren Wettbewerb (UWG), Mit Preisangabenverordnung, Kommentar, 4. Aufl., München 2016 (zit. als Harte-Bavendamm/Henning-Bodewig-*Bearbeiter*).

Heermann, Peter W./Schlingloff, Jochen (Hrsg.), Lauterkeitsrecht, Band 2, §§ 5–20 UWG, 2. Aufl., München 2014 (zit. als MüKo Lauterkeitsrecht-*Bearbeiter*).

Heine, Günter, Quasi-Strafrecht und Verantwortlichkeit von Unternehmen im Kartellrecht der Europäischen Gemeinschaften und der Schweiz, ZStrR 2007, 105–132 (zitiert: *Heine*, ZStrR 2007, 105).

Heintschel-Heinegg, Bernd von (Hrsg.), BeckOK StGB, 43. Aufl., München 2019 (zit. als BeckOK StGB-*Bearbeiter*).

Hommelhoff, Peter, Die Auslegung angeglichenen Gesellschaftsrechts – eine Analyse der EuGH-Rechtsprechung, in: Reiner Schulze (Hrsg.), Auslegung europäischen Privatrechts und angeglichenen Rechts, Baden-Baden 1999, S. 29–46 (zitiert: *Hommelhoff*, Die Auslegung angeglichenen Gesellschaftsrechts – eine Analyse der EuGH-Rechtsprechung).

Immenga, Ulrich/Mestmäcker, Ernst-Joachim (Hrsg.), Wettbewerbsrecht, Band 1. EU/Teil 1, Kommentar zum Europäischen Kartellrecht, 5. Aufl., München 2012 (zit. als Immenga/Mestmäcker 5. Auflage-*Bearbeiter*).

Immenga, Ulrich/Mestmäcker, Ernst-Joachim (Hrsg.), Wettbewerbsrecht, Band 1. EU/Teil 1, Kommentar zum Europäischen Kartellrecht, 6. Aufl., München 2019 (zit. als Immenga/Mestmäcker-*Bearbeiter*).

Immenga, Ulrich/Mestmäcker, Ernst-Joachim (Hrsg.), Wettbewerbsrecht, Band 2. GWB, Kommentar zum Deutschen Kartellrecht, 5. Aufl., München 2014 (zit. als Immenga/Mestmäcker-*Bearbeiter*).

Jarass, Hans D. (Hrsg.), Charta der Grundrechte der Europäischen Union, Unter Einbeziehung der vom EuGH entwickelten Grundrechte, der Grundrechtsregelungen der Verträge und der EMRK Kommentar, 3. Aufl., München 2016 (zit. als Jarass-*Bearbeiter*).

Jarass, Hans D./Pieroth, Bodo (Hrsg.), Grundgesetz für die Bundesrepublik Deutschland, Kommentar, 15. Aufl., München 2018 (zit. als Jarass/Pieroth-*Bearbeiter*).

Jauernig, Othmar (Hrsg.), Bürgerliches Gesetzbuch, Kommentar, Mit Rom-I-, Rom-II-VO, EuUnthVOHUntProt und EuErbVO, 17. Aufl., München 2018 (zit. als Jauernig-*Bearbeiter*).

Jüchser, Alexander, Die Beteiligung am Kartell, Zugl.: Bonn, Univ., Diss., 2013, Hamburg 2014 (zitiert: *Jüchser*, Die Beteiligung am Kartell).

Jungermann, Sebastian/Steger, Jens, EuGH bestätigt Bußgeld gegen „Kartell-Dienstleister“ – in manchen Ländern droht Gefängnis, DB 2015, 2865–2866 (zitiert: *Jungermann/Steger*, DB 2015, 2865).

Kersten, Hans-Christian, Bewußtes Parallelverhalten – aufeinander abgestimmte Verhaltensweisen – Kartellvertrag, WuW 1972, 69–83 (zitiert: *Kersten*, WuW 1972, 69).

Kindhäuser, Urs/Neumann, Ulfrid/Paeffgen, Hans-Ullrich (Hrsg.), Strafgesetzbuch, 5. Aufl., Baden-Baden 2017 (zit. als Kindhäuser/Neumann/Paeffgen-*Bearbeiter*).

Klotz, Marius, Wirtschaftliche Einheit und Konzernhaftung im Kartellzivilrecht, Zugl.: Münster, Univ., Diss., 2015, Köln 2016 (zitiert: *Klotz*, Wirtschaftliche Einheit und Konzernhaftung im Kartellzivilrecht).

Kober, Martin, Der Grundrechtsschutz in der Europäischen Union, Zugl.: München, Univ., Diss., 2008, München 2009 (zitiert: *Kober*, Der Grundrechtsschutz in der Europäischen Union).

Köhler, Helmut/Bornkamm, Joachim/Feddersen, Jörn (Hrsg.), Gesetz gegen den unlauteren Wettbewerb, Preisangabenverordnung, Unterlassungsklagengesetz, Dienstleistungs-Informationspflichten-Verordnung, 37. Aufl., München 2019 (zit. als Köhler/Bornkamm/Feddersen-*Bearbeiter*).

Köhler, Michael, Strafrecht, Allgemeiner Teil, Berlin 1997 (zitiert: *Köhler*, Strafrecht).

Krüger, Carsten, Kartellregress, Der Gesamtschuldnerausgleich als Instrument der privaten Kartellrechtsdurchsetzung, Zugl.: Münster, Univ., Diss., 2010, Baden-Baden 2010 (zitiert: *Krüger*, Kartellregress).

Kudlich, Hans/Christensen, Ralph, Die Kanones der Auslegung als Hilfsmittel für die Entscheidung von Bedeutungskonflikten, JA 2004, 74–83 (zitiert: *Kudlich/Christensen*, JA 2004, 74).

Kutscher, Hans, Thesen zu den Methoden der Auslegung des Gemeinschaftsrechts, aus der Sicht eines Richters, in: Gerichtshof der Europäischen Gemeinschaft (Hrsg.), Begegnung von Justiz und Hochschule 27.–28. September 1976, Luxemburg 1976 (zitiert: *Kutscher*, Thesen zu den Methoden der Auslegung des Gemeinschaftsrechts, aus der Sicht eines Richters).

Lackner, Karl/Kühl, Kristian (Hrsg.), Strafgesetzbuch, Kommentar, 29. Aufl., München 2018 (zit. als Lackner/Kühl-*Bearbeiter*).

Langen, Eugen/Bunte, Hermann-Josef (Hrsg.), Kartellrecht, Kommentar, Band 2, Europäisches Kartellrecht, 13. Aufl., Köln 2018 (zit. als Langen/Bunte-*Bearbeiter*).

Langen, Eugen/Bunte, Hermann-Josef (Hrsg.), Kartellrecht, Kommentar, Band 1, Deutsches Kartellrecht, 13. Aufl., Köln 2018 (zit. als Langen/Bunte-*Bearbeiter*).

Langenbucher, Katja, Vorüberlegungen zu einer Europarechtlichen Methodenlehre, in: Thomas Ackermann, Arnd Arnold, Diederich Eckardt et al. (Hrsg.), Tradition und Fortschritt im Recht, Bonner Tagung, 8.–11. September 1999, Stuttgart, München 2000, S. 65–83 (zitiert: *Langenbucher*, Vorüberlegungen zu einer Europarechtlichen Methodenlehre).

Larenz, Karl/Canaris, Claus-Wilhelm, Methodenlehre der Rechtswissenschaft, 3. Aufl., Berlin 1995 (zitiert: *Larenz/Canaris*, Methodenlehre der Rechtswissenschaft).

Leipziger Kommentar Strafgesetzbuch, *Laufhütte, Heinrich Wilhelm/Rissing-van Saan, Ruth/Tiedemann, Klaus* (Hrsg.), Band 1: Einleitung; §§ 1 bis 31, 12. Aufl., Berlin 2007 (zit. als Leipziger Kommentar StGB-*Bearbeiter*).

Leisner, Georg, Die subjektiv-historische Auslegung des Gemeinschaftsrechts, Der „Wille des Gesetzgebers" in der Judikatur des EuGH, EuR 2007, 689–707 (zitiert: *Leisner*, EuR 2007, 689).

Lemberg, Nils, EuGH zur Haftung für Kartellrechtsverstöße von unabhängigen Dienstleistern, Newsdienst Compliance 2016, 22023 (zitiert: *Lemberg*, Newsdienst Compliance 2016, 22023).

Lessenich, Christof A., Unternehmensbegriff und Zurechnung, Grundlage und Reichweite der Unternehmenspersonifizierung in Art. 15 der europäischen Kartellverordnung Nr. 17/62, Zugl.: Bonn, Univ., Diss., 1999/2000, Sinzheim 2000 (zitiert: *Lessenich*, Unternehmensbegriff und Zurechnung).

Loewenheim, Ulrich et al. (Hrsg.), Kartellrecht, Europäisches und Deutsches Recht, Kommentar, 3. Aufl., München 2016 (zit. als Loewenheim/Meessen/Riesenkampff-*Bearbeiter*).

Lübbert, Hans-Dieter, Das Verbot abgestimmten Verhaltens im deutschen und europäischen Kartellrecht, Zugl.: Hamburg, Univ., Diss., 1975, Heidelberg 1975 (zitiert: *Lübbert*, Das Verbot abgestimmten Verhaltens im deutschen und europäischen Kartellrecht).

Mangoldt, Hermann von/Klein, Friedrich/Starck, Christian (Hrsg.), Kommentar zum Grundgesetz, Band 3 Art. 83–146, 7. Aufl., München 2018 (zit. als Mangoldt/Klein/Starck-*Bearbeiter*).

Martens, Sebastian A. E., Methodenlehre des Unionsrechts, Zugl.: Regensburg, Univ., Habil.-Schr., 2012, Tübingen 2013 (zitiert: *Martens*, Methodenlehre des Unionsrechts).

Maunz, Theodor/Dürig, Günter, Grundgesetz, Kommentar, 87. Aufl., hrsg. von Roman Herzog, Rupert Scholz, Matthias Herdegen u.a., München 2018 (zit. als Maunz/Dürig-*Bearbeiter*).

Mestmäcker, Ernst-Joachim/Schweitzer, Heike, Europäisches Wettbewerbsrecht, 3. Aufl., München 2014 (zitiert: *Mestmäcker/Schweitzer*, Europäisches Wettbewerbsrecht).

Meyer, Jürgen (Hrsg.), Charta der Grundrechte der Europäischen Union, 5. Aufl., Baden-Baden 2019 (zit. als Meyer-*Bearbeiter*).

Mitsch, Wolfgang (Hrsg.), Karlsruher Kommentar zum Gesetz über Ordnungswidrigkeiten, 5. Aufl., München 2018 (zit. als Karlsruher Kommentar OWiG-*Bearbeiter*).

Möhring, Philipp, Die Analogie im Kartellrecht, GRUR 1968, 541–545 (zitiert: *Möhring*, GRUR 1968, 541).

Mückl, Patrick, Der Vertragsbruch des Dienstleisters, Deutsches Recht, Englisches Recht und Entwurf des Gemeinsamen Referenzrahmens, Zugl.: Ossnabrück, Univ., Diss., 2009, München 2010 (zitiert: *Mückl*, Der Vertragsbruch des Dienstleisters).

Müller, Friedrich/Christensen, Ralph, Juristische Methodik II, Europarecht, 3. Aufl., Berlin 2012 (zitiert: *Müller/Christensen*, Juristische Methodik II).

Münch, Ingo von/Kunig, Philip (Hrsg.), Grundgesetz, Kommentar, Band 2, Art. 70–146, 6. Aufl., München 2012 (zit. als Münch/Kunig-*Bearbeiter*).

Münchener Kommentar Europäisches und Deutsches Wettbewerbsrecht, *Bornkamm, Joachim/Montag, Frank/Säcker, Franz Jürgen* (Hrsg.), Kartellrecht, Missbrauchs- und Fusionskontrolle, Band 1, Europäisches Wettbewerbsrecht, 2. Aufl., München 2015 (zit. als MüKo Kartellrecht-*Bearbeiter*).

Münchener Kommentar Europäisches und Deutsches Wettbewerbsrecht, *Hirsch, Günter/Montag, Frank/Säcker, Franz Jürgen* (Hrsg.), Kartellrecht, Missbrauchs- und Fusionskontrolle, Band 1, Europäisches Wettbewerbsrecht, 1. Aufl., München 2007 (zit. als MüKo Kartellecht 1. Auflage-*Bearbeiter*).

Münchener Kommentar Strafgesetzbuch, *Joecks, Wolfgang/Miebach, Klaus* (Hrsg.), Band 1, §§ 1–37, 3. Aufl., München 2017 (zit. als MüKo StGB-*Bearbeiter*).

Münchener Kommentar Strafgesetzbuch, *Joecks, Wolfgang/Miebach, Klaus* (Hrsg.), Band 4, §§ 185–262, 3. Aufl., München 2017 (zit. als MüKo StGB-*Bearbeiter*).

Münchener Kommentar Strafgesetzbuch, *Joecks, Wolfgang/Miebach, Klaus* (Hrsg.), Band 5, §§ 263–358, 3. Aufl., München 2019 (zit. als MüKo StGB-*Bearbeiter*).

Münchener Kommentar zum Bürgerlichen Gesetzbuch, *Säcker, Franz Jürgen et al.* (Hrsg.), Band 6, Schuldrecht Besonderer Teil IV, §§ 705–853, Partnerschaftsgesellschaftsgesetz, Produkthaftungsgesetz, 7. Aufl., München 2018 (zit. als MüKo BGB-*Bearbeiter*).

Münchener Kommentar zum Bürgerlichen Gesetzbuch, *Säcker, Franz Jürgen et al.* (Hrsg.), Band 5/1, Schuldrecht Besonderer Teil III/1, §§ 631–651, 7. Aufl., München 2018 (zit. als MüKo BGB-*Bearbeiter*).

Münchener Kommentar zum Bürgerlichen Gesetzbuch, *Säcker, Franz Jürgen et al.* (Hrsg.), Band 1, Allgemeiner Teil, §§ 1–240, AllgPersönlR, ProstG, AGG, 8. Aufl., München 2018 (zit. als MüKo BGB-*Bearbeiter*).

Münchener Kommentar zum Bürgerlichen Gesetzbuch, *Säcker, Franz Jürgen et al.* (Hrsg.), Band 2, Schuldrecht Allgemeiner Teil I (§§ 241–310), 8. Aufl., München 2019 (zit. als MüKo BGB-*Bearbeiter*).

Nettesheim, Martin, Verfassungsrecht und Unternehmenshaftung, Verfassungsrechtliches Freiheitskonzept und präventionsgetragene Verschärfung des Wettbewerbssanktionsrechts, Tübingen 2018 (zitiert: *Nettesheim*, Verfassungsrecht und Unternehmenshaftung).

Neuner, Jörg, Die Rechtsfindung contra legem, Teilw. zugl.: München, Univ., Diss., 1990/1991, 2. Aufl., München 2005 (zitiert: *Neuner*, Die Rechtsfindung contra legem).

Oechsler, Jürgen, Der mittelbare Stellvertreter als Teil der wirtschaftlichen Einheit im europäischen Kartellrecht, NZKart 2017, 21–24 (zitiert: *Oechsler*, NZKart 2017, 21).

Otto, Harro, Die Auslegung ambivalenter Normen und ihre Bedeutung der verdeckten Sacheinlage, in: Meinhard Heinze (Hrsg.), Festschrift für Wolfgang Gitter, Zum 65. Geburtstag am 30. Mai 1995, Wiesbaden 1995, S. 715–729 (zitiert: *Otto*, FS Gitter).

Otto, Jannik, Bußgeldverantwortlichkeit von Kartellgehilfen, Anm. zu EuGH, Urt. v. 22.10.2015, Rs. C-194/14 P, WuW 2016, 71 – AC Treuhand II –, WuW 2016, 454–459 (zitiert: *Otto*, WuW 2016, 454).

Otto, Jannik, Der Kartellgehilfe als Bußgeldadressat im Europäischen Kartellrecht, Zugl.: Düsseldorf, Univ., Diss., 2014, Berlin 2015 (zitiert: *Otto*, Der Kartellgehilfe als Bußgeldadressat im Europäischen Kartellrecht).

Palandt, Otto (Hrsg.), Bürgerliches Gesetzbuch, mit Nebengesetzen, insbesondere mit Einführungsgesetz (Auszug) einschließlich Rom I-, Rom II- und Rom III-Verordnungen sowie EU-Güterrechtsverordnungen, Haager Unterhaltsprotokoll und EU-Erbrechtsverordnung, Allgemeines Gleichbehandlungsgesetz (Auszug), Wohn- und Betreuungsvertragsgesetz, Unterlassungsklagengesetz, Produkthaftungsgesetz, Erbbaurechtsgesetz, Wohnungseigentumsgesetz, Versorgungsausgleichsgesetz, Lebenspartnerschaftsgesetz, Gewaltschutzgesetz, 78. Aufl., München 2019 (zit. als Palandt-*Bearbeiter*).

Papakiriakou, Theodoros, Das europäische Unternehmensstrafrecht in Kartellsachen, Beitrag zur materiellrechtlichen Ausgestaltung eines rechtsstaatlichen und effektiven Verwaltungs- bzw. Unternehmensstrafrechts am Beispiel ausgewählter Grundprobleme des europäischen Kartellbußgeldrechts, Zugl.: Bayreuth, Univ., Diss., 1999, Herbolzheim 2002 (zitiert: *Papakiriakou*, Das europäische Unternehmensstrafrecht in Kartellsachen).

Pascu, Octavian Gabriel, Strafrechtliche Fundamentalprinzipien im Gemeinschaftsrecht, Unter besonderer Berücksichtigung des Kartellordnungswidrigkeitenrechts, Zugl.: Augsburg, Univ., Diss., 2009, Frankfurt am Main 2010 (zitiert: *Pascu*, Strafrechtliche Fundamentalprinzipien im Gemeinschaftsrecht).

Potacs, Michael, Auslegung im öffentlichen Recht, Eine vergleichende Untersuchung der Auslegungspraxis des Europäischen Gerichtshofs und der österreichischen Gerichtshöfe des öffentlichen Rechts, Baden-Baden 1994 (zitiert: *Potacs*, Auslegung im öffentlichen Recht).

Prütting, Hanns/Wegen, Gerhard/Weinreich, Gerd (Hrsg.), Bürgerliches Gesetzbuch, Kommentar, 14. Aufl., Köln 2019 (zit. als Prütting/Wegen/Weinreich-*Bearbeiter*).

Ransiek, Andreas, Unternehmensstrafrecht, Strafrecht, Verfassungsrecht, Regelungsalternativen, Heidelberg 1996 (zitiert: *Ransiek*, Unternehmensstrafrecht).

Reimer, Franz, Ziele und Zuständigkeiten Die Funktionen der Unionszielbestimmungen, EuR 2003, 992–1012 (zitiert: *Reimer*, EuR 2003, 992).

Richter, Hans, Die Diskriminierung als Kartellordnungswidrigkeit, Ein Beitrag zum Bußgeldrecht in der Wirtschaft, Zugl.: Freiburg, Univ., Diss., 1981, Köln 1982 (zitiert: *Richter*, Die Diskriminierung als Kartellordnungswidrigkeit).

Riesenhuber, Karl (Hrsg.), Europäische Methodenlehre, Handbuch für Ausbildung und Praxis, 3. Aufl., Berlin 2015 (zit. als Riesenhuber-*Bearbeiter*).

Robles Morchón, Gregorio, Rechtsregeln und Spielregeln, Eine Abhandlung zur analytischen Rechtstheorie, Wien 1987 (zitiert: *Robles Morchón*, Rechtsregeln und Spielregeln).

Röhl, Klaus Friedrich/Röhl, Hans Christian, Allgemeine Rechtslehre, Ein Lehrbuch, 3. Aufl., Köln 2008 (zitiert: *Röhl/Röhl*, Allgemeine Rechtslehre).

Roth, Wulf-Henning, Europäische Verfassung und europäische Methodenlehre, RabelsZ 2011, 787–844 (zitiert: *Roth*, RabelsZ 2011, 787).

Ruffert, Matthias, Schlüsselfragen der Europäischen Verfassung der Zukunft: Grundrechte – Institutionen – Kompetenzen – Ratifikation, EuR 2004, 165–201 (zitiert: *Ruffert*, EuR 2004, 165).

Rüthers, Bernd/Fischer, Christian/Birk, Axel, Rechtstheorie, Mit juristischer Methodenlehre, 10. Aufl., München 2018 (zitiert: *Rüthers/Fischer/Birk*, Rechtstheorie).

Sachs, Michael (Hrsg.), Grundgesetz, Kommentar, 8. Aufl., München 2018 (zit. als Sachs-*Bearbeiter*).

Salaschek, Uwe/Serafimova, Mariya, Preissetzungsalgorithmen im Lichte von Art. 101 AEUV, Innovation des Preiswettbewerbs oder kartellrechtliche Grauzone?, WuW 2018, 8–17 (zitiert: *Salaschek/Serafimova,* WuW 2018, 8).

Schillig, Michael, Konkretisierungskompetenz und Konkretisierungsmethoden im Europäischen Privatrecht, Berlin 2009 (zitiert: *Schillig,* Konkretisierungskompetenz und Konkretisierungsmethoden im Europäischen Privatrecht).

Schmidt-Bleibtreu, Bruno/Hofmann, Hans/Henneke, Hans-Günter (Hrsg.), GG, Grundgesetz Kommentar, 14. Aufl., Köln 2018 (zit. als Schmidt-Bleibtreu/Hofmann/Henneke-*Bearbeiter*).

Schmidt-Kessel, Martin, Standards vertraglicher Haftung nach englischem Recht, Limits of frustration, Zugl.: Freiburg, Univ., Diss., 2001, Baden-Baden 2003 (zitiert: *Schmidt-Kessel,* Standards vertraglicher Haftung nach englischem Recht).

Schmitz, Thomas, Die Grundrechtecharta als Teil der Verfassung der Europäischen Union, EuR 2004, 691–713 (zitiert: *Schmitz,* EuR 2004, 691).

Schneiders, Benedikt, Die Grundrechte der EU und die EMRK, Das Verhältnis zwischen ungeschriebenen Grundrechten, Grundrechtecharta und Europäischer Menschenrechtskonvention, Zugl.: Bochum, Univ., Diss., 2009, Baden-Baden 2010 (zitiert: *Schneiders,* Die Grundrechte der EU und die EMRK).

Schöbener, Burkhard, Europarecht, Lexikon zentraler Begriffe und Themen, Heidelberg 2019 (zitiert: *Schöbener,* Europarecht).

Schönke, Adolf/Schröder, Horst (Hrsg.), Strafgesetzbuch, Kommentar, 30. Aufl., München 2019 (zit. als Schönke/Schröder-*Bearbeiter*).

Schröter, Helmuth et al. (Hrsg.), Europäisches Wettbewerbsrecht, Großkommentar, 2. Aufl., Baden-Baden 2014 (zit. als Schröter/Jakob/Klotz/Mederer-*Bearbeiter*).

Schuhmacher, Florian, Das Urt. AC-Treuhand als Teil der schutzzweckbezogenen Auslegung des Kartellverbots, ZfRV 2009, 9–14 (zitiert: *Schuhmacher,* ZfRV 2009, 9).

Schulze, Reiner et al. (Hrsg.), Bürgerliches Gesetzbuch, Handkommentar, 10. Aufl., Baden-Baden 2019 (zit. als Schulze BGB-*Bearbeiter*).

Schwartz, Simone, Kartellgehilfen im europäischen Kartellrecht, Die einheitliche Konzeption der kartellrechtlichen Zuwiderhandlung, Zugl.: Mainz, Univ., Diss., 2014, Köln 2015 (zitiert: *Schwartz,* Kartellgehilfen im europäischen Kartellrecht).

Schwarze, Jürgen, EU-Kommentar, 4. Aufl., hrsg. von Ulrich Becker, Armin Hatje, Johann Schoo u.a., Baden-Baden, Basel, Wien 2019 (zit. als Schwarze-*Bearbeiter*).

Schwarze, Jürgen, Rechtsstaatliche Defizite des europäischen Kartellbußgeldverfahrens, WuW 2009, 6–12 (zitiert: *Schwarze*, WuW 2009, 6).

Schwarze, Jürgen/Weitbrecht, Andreas, Grundzüge des europäischen Kartellverfahrensrechts, Die Verordnung (EG) Nr. 12003, Baden-Baden 2004 (zitiert: *Schwarze/Weitbrecht*, Grundzüge des europäischen Kartellverfahrensrechts).

Schwarzkopf, Benedikt, Externe Kartellunterstützer im Europäischen Kartellrecht, Zugl.: Berlin, Univ., Diss., 2017, Baden-Baden 2018 (zitiert: *Schwarzkopf*, Externe Kartellunterstützer im Europäischen Kartellrecht).

Schweitzer, Michael/Hummer, Waldemar, Europarecht, Das Recht der Europäischen Union, 5. Aufl., Neuwied 1996 (zitiert: *Schweitzer/Hummer*, Europarecht).

Seyr, Sibylle, Der effet utile in der Rechtsprechung des EuGH, Zugl.: Göttingen, Univ., Diss., 2007, Berlin 2008 (zitiert: *Seyr*, Der effet utile in der Rechtsprechung des EuGH).

Soergel, Hans-Theodor (Hrsg.), Bürgerliches Gesetzbuch, Schuldrecht 10, §§ 823–853, ProdHG, UmweltHG, Band 12, 13. Aufl., Stuttgart 2005 (zit. als Soergel-*Bearbeiter*).

Staudinger BGB, *Gursky, Karl-Heinz* (Hrsg.), Sachenrecht; §§ 985–1011 (Eigentum 3), Neubearb. 2013, Berlin 2013 (zit. als Staudinger-*Bearbeiter*).

Staudinger BGB, *Habermann, Norbert et al.* (Hrsg.), Allgemeiner Teil; §§ 164–240 (Allgemeiner Teil 5), Neubearb. 2014, Berlin 2014 (zit. als Staudinger-*Bearbeiter*).

Staudinger BGB, *Hager, Johannes* (Hrsg.), Recht der Schuldverhältnisse; §§ 823 E–I, 824, 825 (Unerlaubte Handlungen 1 – Teilband 2), Neubearb. 2009, Berlin 2009 (zit. als Staudinger-*Bearbeiter*).

Staudinger BGB, *Hager, Johannes/Eberl-Borges, Christina* (Hrsg.), Recht der Schuldverhältnisse; §§ 830–838 (Unerlaubte Handlungen 3), Neubearb. 2018, Berlin 2018 (zit. als Staudinger-*Bearbeiter*).

Staudinger BGB, *Löwisch, Manfred* (Hrsg.), Recht der Schuldverhältnisse; §§ 255–304 (Leistungsstörungsrecht 1), Neubearb. 2014, Berlin 2014 (zit. als Staudinger-*Bearbeiter*).

Staudinger BGB, *Martinek, Michael* (Hrsg.), Recht der Schuldverhältnisse; §§ 433–480 (Kaufrecht), Neubearb. 2013, Berlin 2013 (zit. als Staudinger-*Bearbeiter*).

Stein, Thorsten, Haben die Engländer nicht eigentlich Recht?: Bemerkungen zu einer verpassten Chance für die Europäische Grundrechtecharta, EuZ 2008, 37–43 (zitiert: *Stein*, EuZ 2008, 37).

Stein, Thorsten, Richterrecht wie anderswo auch? Der Gerichtshof der Europäischen Gemeinschaft als „Integrationsmotor", in: Gert Reinhart (Hrsg.), Richterliche Rechtsfortbildung, Erscheinungsformen, Auftrag und Grenzen; Festschrift der Juristischen Fakultät zur 600-Jahr-Feier der Ruprecht-Karls-Universität Heidelberg, Heidelberg 1986, S. 619–641 (zitiert: *Stein*, FS 600 Jahre Univ. Heidelberg).

Stieglitz, Edgar, Allgemeine Lehren im Grundrechtsverständnis nach der EMRK und der Grundrechtsjudikatur des EuGH, Zur Nutzbarmachung konventionsrechtlicher Grundrechtsdogmatik im Bereich der Gemeinschaftsgrundrechte, Zugl.: Bochum, Univ., Diss., 2001, Baden-Baden 2002 (zitiert: *Stieglitz*, Allgemeine Lehren im Grundrechtsverständnis nach der EMRK und der Grundrechtsjudikatur des EuGH).

Stöcker, Matthias, Abstimmung über Dritte, WuW 2012, 935–947 (zitiert: *Stöcker*, WuW 2012, 935).

Streicher, René, Vertikale Information im Lichte des Kartellverbots, Zugl.: Mainz, Univ., Diss., 2013, Berlin 2014 (zitiert: *Streicher*, Vertikale Information im Lichte des Kartellverbots).

Streinz, Rudolf (Hrsg.), EUVAEUV, Vertrag über die Europäische Union, Vertrag über die Arbeitsweise der Europäischen Union, Charta der Grundrechte der Europäischen Union, 3. Aufl., München 2018 (zit. als Streinz-*Bearbeiter*).

Streng, Franz, „Passives Tun" als dritte Handlungsform – nicht nur beim Betrug, ZStW 2010, 1–23 (zitiert: *Streng*, ZStW 2010, 1).

Thomas, Stefan, Der Schutz des Wettbewerbs in Europa – welcher Zweck heiligt die Mittel?, JZ 2011, 485–495 (zitiert: *Thomas*, JZ 2011, 485).

Tiedemann, Klaus, Der allgemeine Teil ds Strafrechts im Lichte der europäischen Rechtsvergleichung, in: Theo Vogler, Joachim Herrmann, Justus Krümpelmann et al. (Hrsg.), Festschrift für Hans-Heinrich Jescheck zum 70. Geburtstag, Band II, Berlin 1985, S. 1411–1440 (zitiert: *Tiedemann*, FS Jescheck).

Tiedemann, Klaus, Gegenwart und Zukunft des Europäischen Strafrechts, ZStW 2004, 945–958 (zitiert: *Tiedemann*, ZStW 2004, 945).

Tiedemann, Klaus, Straftatbestand und Normambivalenz am Beispiel der Geschäftsberichtsfälschung, in: Gerald Grünwald, Olaf Miehe, Hans-Joachim Rudolphi et al. (Hrsg.), Festschrift für Friedrich Schaffstein, Zum 70. Geburtstag am 28. Juli 1975, Göttingen 1975, S. 195–210 (zitiert: *Tiedemann*, FS Schaffstein).

Tiedemann, Klaus, Tatbestandsfunktionen im Nebenstrafrecht, Untersuchungen zu einem rechtsstaatlichen Tatbestandsbegriff, entwickelt am Problem des Wirtschaftsstrafrechts, Zugl.: Tübingen, Univ., Habil.-Schr., 1968, Tübingen 1969 (zitiert: *Tiedemann*, Tatbestandsfunktionen im Nebenstrafrecht).

Tsolka, Olga, Der allgemeine Teil des europäischen supranationalen Strafrechts i.w.S., Grundlegung und Ausgestaltung, Zugl.: Freiburg, Univ., Diss., 1992, Frankfurt am Main 1995 (zitiert: *Tsolka*, Der allgemeine Teil des europäischen supranationalen Strafrechts i.w.S.).

Walter, Konrad, Rechtsfortbildung durch den EuGH, Eine rechtsmethodische Untersuchung ausgehend von der deutschen und französischen Methodenlehre, Zugl.: Göttingen, Univ., Diss., 2007, Berlin 2009 (zitiert: *Walter*, Rechtsfortbildung durch den EuGH).

Walz, Christian, Das Ziel der Auslegung und die Rangfolge der Auslegungskriterien, ZJS 2010, 482–490 (zitiert: *Walz*, ZJS 2010, 482).

Weitbrecht, Andreas, Bußgeld wegen Beihilfe zu einem Kartell? Zum Urt. des EuG vom 8. Juli 2008 (Rs. T-99/2004 - AC Treuhand), EuR 2010, 230–241 (zitiert: *Weitbrecht*, EuR 2010, 230).

Weitbrecht, Andreas/Mühle, Jan, Die Entwicklung des europäischen Kartellrechts 2016, EuZW 2017, 165–171 (zitiert: *Weitbrecht/Mühle*, EuZW 2017, 165).

Weitbrecht, Andreas/Mühle, Jan, Europäisches Kartellrecht 2009, EuZW 2010, 327–333 (zitiert: *Weitbrecht/Mühle*, EuZW 2010, 327).

Westermann, Harm Peter/Grunewald, Barbara/Meier-Reimer, Georg (Hrsg.), Bürgerliches Gesetzbuch, Handkommentar mit AGG, EGBGB (Auszug), ErbbauRG, LPartG, ProdHaftG, VBVG, VersAusglG nd WEG, Band 2, 15. Aufl., Köln 2017 (zit. als Erman BGB-*Bearbeiter*).

Wicke, Hartmut, Respondeat Superior, Haftung für Verrichtungsgehilfen im römischen, römisch-holländischen, englischen und südafrikanischen Recht, Zugl.: Regensburg, Univ., Diss., 1999, Berlin 2000 (zitiert: *Wicke*, Respondeat Superior).

Wiedemann, Gerhard (Hrsg.), Handbuch des Kartellrechts, 3. Aufl., München 2016 (zit. als Wiedemann-*Bearbeiter*).

Wolf, Maik, Algorithmengestützte Preissetzung im Online-Einzelhandel als abgestimmte Verhaltensweise – Ein Beitrag zur Bewältigung des „Predictable Agent“ über Art. 101 Abs. 1 AEUV, NZKart 2019, 2–10 (zitiert: *Wolf*, NZKart 2019, 2).

Wright, Georg Henrik von, Norm und Handlung, Eine logische Untersuchung, Kronberg/Taunus 1979 (zitiert: *Wright*, Norm und Handlung).

Kolibri 360 GmbH
Ferdinand-Jühlke-Straße 7
99095 Erfurt, Deutschland
produktsicherheit@kolibri360.de